Die Legitimation der Medien nach dem Grundgesetz

Studien zum deutschen und europäischen Medienrecht

Herausgegeben von
Dieter Dörr und Udo Fink
mit Unterstützung der Dr. Feldbausch Stiftung

Band 60

Zur Qualitätssicherung und Peer Review der vorliegenden Publikation

Die Qualität der in dieser Reihe erscheinenden Arbeiten wird vor der Publikation durch Herausgeber der Reihe geprüft.

Notes on the quality assurance and peer review of this publication

Prior to publication, the quality of the work published in this series is reviewed by editors of the series.

Freya Gräfin Kerssenbrock

Die Legitimation der Medien nach dem Grundgesetz

Zur verfassungsrechtlichen Stellung von Rundfunk und Presse im Zeitalter von Social Media.

PL ACADEMIC RESEARCH

Bibliografische Information der Deutschen Nationalbibliothek
Die Deutsche Nationalbibliothek verzeichnet diese Publikation in der Deutschen Nationalbibliografie; detaillierte bibliografische Daten sind im Internet über http://dnb.d-nb.de abrufbar.

Zugl.: Trier, Univ., Diss., 2014

D 385
ISSN 1438-4981
ISBN 978-3-631-66430-8 (Print)
E-ISBN 978-3-653-05585-6 (E-Book)
DOI 10.3726/978-3-653-05585-6

PL Academic Research ist ein Imprint der Peter Lang GmbH.

Peter Lang – Frankfurt am Main · Bern · Bruxelles ·
New York · Oxford · Warszawa · Wien

Diese Publikation wurde begutachtet.

www.peterlang.com

Meiner Großmutter Anna Maria Steinbrink geb. Wittke

Vorwort

Die vorliegende Dissertation wurde im Wintersemester 2014/2015 vom Fachbereich Rechtswissenschaft der Universität Trier als Dissertation angenommen.

Ich möchte mich bei allen denjenigen bedanken, die mich bei der Arbeit an dieser Dissertation unterstützt haben, sei es durch Anregungen und konstruktiver Kritik, als auch durch Ermutigung und fröhliche Ablenkung.

Mein umfassender Dank gilt in erster Linie meinem Doktorvater Professor Dr. Alexander Proelß. Die stets freundliche und konstruktive Unterstützung in Zusammenhang mit Verständnis, Interesse und der Gewährung von Freiraum, hat mir die idealen Voraussetzungen für das Verfassen dieser Schrift ermöglicht. Mein Dank gilt auch Professor Dr. Gerhard Robbers für die rasche Erstellung des Zweitgutachtens.

Bedanken möchte ich mich besonders bei meinem Verlobten Heiner Perrey für dessen unbegrenzte Geduld, Fürsprache und Optimismus, die mich durch die lange Zeit der Arbeit begleitet haben. Dieser Dank gilt auch den Dres. Gudrun und Hans-Jürgen Perrey für ihre Hilfe und das stets offene Ohr.

Meinen Eltern und meinen Brüdern gebührt meine tiefe Dankbarkeit für die intensive Unterstützung, die von finanzieller Hilfestellung bis hin zu einem inspirierenden Gesprächsumfeld reicht, das unzählige anregende Diskussionen hervorgebracht hat.

Und zuletzt möchte ich meiner 2011 verstorbenen Großmutter danken, der ich diese Schrift widmen möchte. Sie hat in mir die Leidenschaft geweckt, mit der ich diese Arbeit geschrieben habe.

Hamburg, im Januar 2015 Freya Gräfin Kerssenbrock

Inhaltsverzeichnis

A. Einführung

„Geben Sie Gedankenfreiheit", fordert der Marquis von Posa in *Friedrich Schillers* „Don Carlos".[1] Mit diesem Aufruf verlangt der junge Malteserritter vom König von Spanien nicht weniger als eine der Grundfesten einer freiheitlichen Gesellschaft. Gedankenfreiheit ist auch immer die Freiheit, sich seine Gedanken individuell und selbstständig bilden zu können.[2] Denn bevor man eine Meinung äußern oder sich auch nur bilden kann, muss die Freiheit bestehen, zu denken – oder auch nicht zu denken – was man möchte.

Die Freiheit der Meinung ist ein Grundpfeiler einer demokratischen Gesellschaft.[3] Somit bekommt die vorgelagerte Gedankenfreiheit für das Demokratieprinzip entscheidende Bedeutung. Ohne die Freiheit des Volkes, sich seine Gedanken und seine Meinungen frei bilden zu können, ist eine Herrschaft des Volkes ausgeschlossen.[4]

Das Grundgesetz garantiert nicht nur die Freiheit gegenüber dem Staat, seine Meinung frei zu äußern und zu verbreiten. Um vollständige Kommunikation zu gewährleisten, räumt es auch das Recht ein, sich umfassend zu informieren und sich so seine Meinung frei bilden zu können.[5] Art. 5 GG[6] schützt als zentrales Gut die Meinungsbildungsfreiheit.[7] Doch das Grundgesetz kann zunächst nur den Schutz dieser Freiheit gegen staatliche Beschränkungen gewährleisten. Denn wie alle Grundrechte ist Art. 5 zunächst ein Abwehrrecht des Einzelnen gegen den Staat.[8]

Die konkrete Ausübung der Meinungsbildungsfreiheit wird heutzutage aber nicht mehr primär von staatlichen Einflüssen bestimmt. Die öffentliche Meinungsbildung wird von Kräften gelenkt, die unmittelbar selbst in der Gesellschaft und nicht im Staat wurzeln. Die Gesellschaft bestimmt darüber, welche Meinung frei gesagt werden kann und welche nicht. Sie erzeugt eine „soziale Kontrolle" der geäußerten Meinungen zur Herstellung von gesellschaftlichem Konsens. Dies

1 *Schiller,* Don Carlos – Infant von Spanien, Dritter Akt, Zehnter Auftritt, Vers 3123 f.
2 Vgl. *Tinnefeld,* Sapere aude! Über Informationsfreiheit, Privatheit und Raster, NJW 2007, 625 (628).
3 Vgl. BVerfGE 5, 85 (205).
4 Vgl. BVerfGE 7, 198 (208).
5 Vgl. *Schemmer* in: BeckOK, GG, Art. 5, Rn. 1.
6 Art. ohne Angabe sind solche des GG.
7 Vgl. *Rossen-Stadtfeld* in: Hahn/Vesting, Rundfunkrecht, § 25, Rn. 9.
8 Vgl. *Alexy,* Theorie der Grundrechte, S. 174 ff.

geht so weit, dass 41 % der befragten Teilnehmer einer repräsentativen Umfrage durch das Institut für Demoskopie Allensbach der Ansicht waren, dass es Themen gibt, zu denen man nicht das sagen darf, was man wirklich denkt, obwohl das Grundgesetz ihnen umfassende Meinungsfreiheit gibt.[9]

Doch wenn es tatsächlich so ist, dass die Gesellschaft die Grenzen der verfassungsrechtlich garantierten Meinungsfreiheit bestimmt, stellt sich die Frage, wie sie das tut. Eine Kraft in diesem Bereich sind die Parteien, die schon verfassungsrechtlich angehalten sind, an der öffentlichen Meinungsbildung mitzuwirken.[10] Eine andere Kraft sind die Medien.[11] Sie haben die Autorität, darüber zu bestimmen, welche Meinungen und Ansichten ein Abbild in ihren Angeboten finden und welche nicht. Doch ihr Einfluss beschränkt sich nicht darauf, dass sie nur darüber bestimmen, was gesagt wird und gesagt werden darf. Ihre besondere Rolle in einer demokratischen Gesellschaft bezieht sich auch darauf, dass sie eine besondere Suggestionskraft hinsichtlich der Meinungsbildung haben.[12] Denn zur Bildung einer eigenen Meinung zählt auch, sich einen Überblick über die bestehenden Meinungen zu verschaffen, und zu entscheiden, ob man einer von diesen folgt. Mit anderen Worten beeinflussen sie nicht nur, was gesagt werden darf, sondern auch das, was gedacht wird. Sie tragen nicht nur Verantwortung für die Freiheit der Meinung, sondern auch für die Freiheit der Gedanken.[13]

I. Medienkampagnen

Eine von dieser Maßgabe getragene Betrachtung der Medien rücken einige „Kampagnen" der letzten Jahre in den Fokus des Interesses. Kampagnen sind dabei eine Reihe von Medienerzeugnissen, die durch gezielte Berichterstattung zusammen

---

9 Vgl. *Petersen,* Tatsächliche und gefühlte Intoleranz, FAZ v. 20.3.2013, S. 8; http://www.ifd-allensbach.de, abgerufen am 30.3.2013.

10 Vgl. hierzu schon den Wortlaut von Art. 21: „Die Parteien wirken an der politischen Willensbildung des Volkes mit."

11 Vgl. *Schertz,* Der Schutz des Individuums in der modernen Mediengesellschaft, NJW 2013, 721 (722).

12 So werden z. B. Rundfunk und Fernsehen wegen ihrer besonders hohen Suggestivkraft als „besonders problematische Medien" betrachtet, vgl. *Beckmann/Müller* in: Spindler/Schuster, Recht der elektronischen Medien, Teil 10 Kartellrecht, Rn. 117; zur „Sondersituation" des Rundfunks vgl. BVerfGE 119, 181 (214 f.).

13 So erfasst die Meinungsfreiheit aus Art. 10 der Europäischen Konvention der Menschenrechte (EMRK) auch die Freiheit der Gedanken vgl. *Meyer-Ladewig* in: Meyer-Ladewig, Europäische Menschenrechtskonvention, Art. 10, Rn. 12.

ein gemeinsames politisches Ziel fördern sollen. Die öffentliche Meinungsbildung soll also in eine bestimmte Richtung gelenkt werden.[14]

Eine besonders auffällige Berichterstattung erfuhr etwa der Bau des neuen Bahnhofs in Stuttgart. Das als „Stuttgart 21" bekannte Projekt stand insbesondere im Jahr 2010 im Zentrum bundesweiter Nachrichten. Hintergrund war der Baubeginn eines neuen Hauptbahnhofes in Stuttgart.[15] Das Auffällige an der Berichterstattung war, dass sie Beschlüsse betraf, die längst getroffen worden waren. Das Planfeststellungsverfahren betreffend Stuttgart war 2005 abgeschlossen und 2007 rechtsgültig geworden.[16] Am 12. Oktober 2006 hatte der Landtag von Baden-Württemberg einen Entschließungsantrag zur Realisierung des Bauprojektes angenommen.[17] Mit diesem Beschluss bekam der Bau des neuen Bahnhofs demokratische Legitimität, vermittelt durch die vom Volk gewählten Repräsentanten im Landtag von Baden-Württemberg.

Dennoch entfaltete die Berichterstattung rund um das Projekt im Jahr 2010 bundesweite Relevanz. Der Hintergrund waren die starken Proteste im Schlosspark von Stuttgart, bei denen die Polizei teilweise gewaltsam einschreiten musste.[18] Im Spiegel fand sich eine Stimme, die diese Proteste als einen „Segen für die Demokratie" bezeichnete, weil sie den Bürgersinn der Menschen wieder beleben würden. Von einer Krise der repräsentativen Demokratie war die Rede, weil die

---

14 Vgl. *Vesting* in: Hahn/Vesting, Rundfunkrecht, § 25 RStV, Rn. 12; *von Danwitz,* Die Sicherung der Meinungsvielfalt im Privatfernsehen nach der Kirchpleite, ZUM 2002, 769 (774); *Holznagel,* Anreize für die vertikale Verflechtung zwischen Presse und Rundfunk oder wirksame Konzentrationsbekämpfung, ZUM 2009, 620 (622).

15 Vgl. http://www.bild.de/politik/2010/politik/ist-der-bahnhofs-umbau-noch-zu-stoppen-14152974.bild.html, abgerufen am 30.3.2013; http://www.spiegel.de/spiegel/print/d-73388901.html, abgerufen am 30.3.2013; http://www.tagesschau.de/multimedia/video/sendungsbeitrag77110.html, abgerufen am 30.3.2013.

16 Vgl. *Soldt,* Nabelschau in Schwaben – Die Chronik von Stuttgart 21, Frankfurter Allgemeine Zeitung v. 30.11.2011, abrufbar unter http://www.faz.net/themenarchiv/politik/stuttgart-21/die-chronik-vonstuttgart-21-nabelschau-in-schwaben-1582946.html, abgerufen am 1.5.2013.

17 Vgl. Protokoll der 10. Sitzung der 14. Wahlperiode des Landtages von Baden-Württemberg, abrufbar unter http://www.landtag-bw.de/files/live/sites/LTBW/files/dokumente/WP14/PlP/14_0010_12102006.pdf, abgerufen am 6.4.2013.

18 Vgl. http://www.bild.de/politik/2010/politik/ist-der-bahnhofs-umbau-noch-zu-stoppen-14152974.bild.html, abgerufen am 6.4.2013; http://www.spiegel.de/politik/deutschland/protest-gegen-bahnhofsumbau-polizei-raeumt-stuttgart-21-gelaende-mit-gewalt-a-720516.html, abgerufen am 6.4.2013.

Menschen ihr Vertrauen in ihre Vertreter verloren hätten.[19] Die demokratisch legitimierte Entscheidung für den Bau des Bahnhofs war angesichts dieser Proteste nebensächlich. Es entstand der mediale Eindruck, dass die Mehrheit der Bevölkerung das Projekt stoppen wollte.[20] Vor diesem Hintergrund wurde die Entscheidung für den Bau des Bahnhofs erneut auf den Prüfstand gestellt. Es kam am 27. November 2011 zum Volksentscheid über die Fortführung des Projekts durch das Land Baden-Württemberg. Mit 58,9 % der abgegebenen Stimmen wurde ein „Ausstieg" aus dem Projekt abgelehnt.[21] Im Ergebnis produzierten die Medien somit bundesweit einen falschen Eindruck. Und dennoch bewirkte unter anderem ihre intensive Berichterstattung in diesem Kontext, dass die Notwendigkeit eines Volksentscheides überhaupt gesehen wurde. Sie trugen maßgeblich dazu bei, dass eine demokratisch bereits legitimierte Entscheidung erneut überprüft wurde.

Eine weitere Reihe von Berichten, die Relevanz für das Verfassungsleben entfalteten, widmete sich dem ehemaligen Verteidigungsminister zu Guttenberg. Hier wurde zum ersten Mal deutlich, dass die Medien mit ihrem Einfluss auf das Verfassungsleben, den sie bereits in ihrer Berichterstattung zu Stuttgart 21 demonstriert hatten, nicht mehr über ein Monopol verfügten. Nach der Promotion in den Jahren 2000 bis 2007 durfte zu Guttenberg seit dem 28. Januar 2009 offiziell den Doktorgrad vor seinem Namen führen.[22] Bereits im Sommer 2010 stieß ein Münsteraner Doktorand auf Textpassagen in der Dissertation des Ministers, die offensichtlich aus anderen Texten übernommen worden waren. Er verfasste einen Aufsatz darüber, der erst wesentlich später veröffentlich wurde. Der Doktorvater des Doktoranden hatte aufgrund der Brisanz des Vorwurfs von einer Veröffentlichung zunächst abgeraten.[23] Im Februar 2011 stieß dann Andreas Fischer-Lescano auf Passagen, die ohne Quellenangaben aus anderen Texten stammten. Mit Hilfe der Suchmaschine Google prüfte er deren Herkunft und fand insgesamt neun Textstellen mit Plagiaten.[24] Mit einem Bericht in der Süddeutschen Zeitung vom

19 Vgl. *Supp*, Der Mutbürger, Der Spiegel 42/2010, S. 42 (43).

20 Vgl. http://www.tagesschau.de/inland/neumann106.html, abgerufen am 6.4.2013.

21 Vgl. das endgültige Endergebnis am 27.11.2011 über die Gesetzesvorlage „Gesetz über die Ausübung von Kündigungsrechten bei den vertraglichen Vereinbarungen über das Bahnprojekt Stuttgart 21", abrufbar unter http://www.statistik-bw.de/Wahlen/Volksabstimmung_2011/Land.asp, abgerufen am 6.4.2013.

22 Vgl. http://www.zeit.de/news-022011/23/iptc-bdt-20110223-514-28895892xml, abgerufen am 7.4.2013.

23 Vgl. http://www.wn.de/Archiv/2011/02/Plagiats-Debatte-Guttenbergs-Doktorarbeit-Ein-Student-weiss-schon-lange-Bescheid, abgerufen am 7.4.2103.

24 Vgl. http://www.sueddeutsche.de/politik/guttenberg-affaere-verhasster-enthueller-1.1067213-2, abgerufen am 7.4.2013.

16. Februar 2011 begann die sogenannte „Plagiatsaffäre" um den damaligen Verteidigungsminister. Nur einen Tag später wurde von einem anonymen Doktoranden die Online-Plattform GuttenPlag-Wiki gegründet.[25] Hier konnte jedermann sich an der Suche nach weiteren Plagiaten in der Dissertation beteiligen. Journalisten und Privatpersonen überprüften daraufhin gemeinsam die Dissertation auf der Suche nach weiteren Plagiaten.[26]

Am 21. Februar 2011 veröffentlichte GuttenPlag-Wiki einen ersten Zwischenbericht, in dem verkündet wurde, dass 271 Seiten der Dissertation Plagiate aufwiesen und somit 68,96 % des Textes abgeschrieben worden war.[27] Am Abend dieses Tages verkündete zu Guttenberg, dass er auf die Führung seines Doktortitels verzichten wolle.[28] Am 1. März 2013 wurde ein zweiter Zwischenbericht auf GuttenPlag-Wiki veröffentlicht. In diesem hieß es, dass auf 324 Seiten Plagiate aufgefunden worden waren und sich somit auf 82 % aller Seiten Passagen befanden, die aus anderen Texten abgeschrieben worden seien, ohne dass eine Quelle angegeben worden sei. Am selben Tag erklärte zu Guttenberg seinen Rücktritt vom Amt des Verteidigungsministers.[29]

Während im sozialen Netzwerk des GuttenPlag-Wikis sich eine große Zahl von Privatpersonen an dem Versuch beteiligte, das Fehlverhalten des Verteidigungsministers außerhalb seiner Amtstätigkeit nachzuweisen, schilderte ein Medium immer wieder die große Zustimmung, die der Verteidigungsminister in der Bevölkerung genoss, und die Meinung, dass ein Rücktritt von zu Guttenberg von der öffentlichen Meinung als unnötig empfunden wurde.[30] So berichtete die BILD-Zeitung, dass 222.175 (87 % der abgegebenen Stimmen per Telefon oder Telefax) ihrer Leser der Meinung seien, Freiherr von und zu Guttenberg sollte im Amt des Verteidigungsministers verbleiben. Gleichzeitig veröffentlichte sie zugesandte Lesermeinungen, in denen der Verteidigungsminister aufgefordert wurde, nicht

---

25 Vgl. http://de.guttenplag.wikia.com/wiki/GuttenPlag_Wiki, abgerufen am 7.4.2013.

26 Vgl. http://www.tagesschau.de/inland/guttenplag100.html, abgerufen am 7.4.2013.

27 Vgl. http://de.guttenplag.wikia.com/wiki/1._Zwischenbericht, abgerufen am 7.4.2013.

28 Vgl. http://www.sueddeutsche.de/politik/plagiatsvorwuerfe-gegen-guttenberg-sag-dem-titel-leise-servus-1.1063178, abgerufen am 7.4.2013.

29 Vgl. http://www.spiegel.de/politik/deutschland/guttenberg-ruecktritt-copy-paste-delete-a-746260.html, abgerufen am 7.4.2013.

30 Vgl. http://www.bild.de/politik/2011/karl-theodor-zu-guttenberg/unterstuetzer-bei-facebook-16086470.bild.html, abgerufen am 7.4.2013; http://www.bild.de/politik/2011/karl-theodor-zu-guttenberg/ueber-den-minister-nach-plagiatsvorwuerfen-16063396.bild.html, abgerufen am 7.4.2013.

zurückzutreten.[31] Gegen diese Berichterstattung gab es heftige Kritik angesichts der Tatsache, dass die Mehrheiten beim „Guttenberg-Entscheid" auf bild.de, der Online-Präsenz der Zeitung, anders verteilt waren. Von 640.000 abgegebenen Stimmen hatten lediglich 36 % dafür gestimmt, dass die Plagiate in der Dissertation keinen Rücktritt vom Amt rechtfertigen würden.[32] Die Berichterstattung in der Printversion ignorierte somit die Tendenz, die online präsentiert wurde, um stattdessen die Botschaft an die Leser zu senden, dass der Verteidigungsminister noch immer auf eine breite Zustimmung in der Bevölkerung stieß.

An der medialen Abbildung, die diese Plagiatsaffäre fand, sind verschiedene Aspekte bemerkenswert. Offensichtlich ist hier die Diskrepanz zwischen Print- und Onlinemedien. Ein redaktionell geführtes Printmedium entschied sich, das Ergebnis seines eigenen Online-Auftritts zu ignorieren, weil die Meinung, die sich dort widerspiegelte, nicht mit der Meinung der Redaktion im Einklang stand. Darüber hinaus spielten für das Verfassungsleben plötzlich soziale Netzwerke eine wichtige Rolle. Die herkömmliche Veröffentlichung eines Aufsatzes in einem Printmedium durch den Doktoranden Michael Schwarz war zuvor durch die Entscheidung seines Doktorvaters verhindert worden. Erst das Aufkommen des GuttenPlag-Wikis, einer Plattform, an der sich jeder ohne vorherige Genehmigung durch beispielsweise einen Redakteur beteiligen konnte, hatte die Plagiatsvorwürfe gegen den Verteidigungsminister endgültig erhärten können und letztlich zu seinem Rücktritt geführt. Ein demokratisch legitimierter Minister unterlag dem Druck einer öffentlichen Meinung, die maßgeblich durch die Berichterstattung nicht aus dem herkömmlichen Internet, sondern den neuen Diensten des Social Media Web geprägt worden war. Dieser Fall zeigt auf, dass die Bildung von Meinungen in der Demokratie durch ein neues Element der Beeinflussung ergänzt worden ist. Soziale Netzwerke, an denen jedermann sich ohne großen Aufwand beteiligen kann, sind als Faktor der öffentlichen Meinungsbildung neu aufgetreten.

Um die Macht der Medien in der heutigen Demokratie aufzuzeigen, darf eine Reihe von Berichten nicht unerwähnt bleiben, die ebenfalls in hohem Maße das Verfassungsleben beeinflusst haben. Am 30. Juni 2010 wurde Christian Wulff von der Bundesversammlung zum Bundespräsidenten gewählt. Er setzte sich damit erst im

---

31 Vgl. http://www.bild.de/politik/2011/karl-theodor-zu-guttenberg/86-prozent-ja-stimmen-leser-stehen-zu-guttenberg-16125222.bild.html, abgerufen am 7.4.2013.

32 Vgl. http://www.spiegel.de/politik/deutschland/umfragen-bild-de-leser-revoltieren-gegen-guttenberg-a-747445.html, abgerufen am 7.4.2013.

dritten Wahlgang gegen seinen Konkurrenten Joachim Gauck durch.[33] Gauck war im Vorfeld von den Medien und besonders im Internet stark favorisiert worden.[34] Allerdings sollte Christian Wulff insgesamt nur insgesamt 598 Tage das höchste Amt des Staates innehaben. Bereits am 17. Februar 2012 erklärte er seinen Rücktritt.[35] Am 18. März 2012 wurde Joachim Gauck zu Wulffs Nachfolger gewählt.[36]

Seinem Rücktritt war die sogenannte „Kredit- und Medienaffäre" vorausgegangen. Bei der Kreditaffäre ging es ursprünglich um einen Kredit, den Christian Wulff von Edith Geerkens zur Finanzierung seines Privathauses erhalten hatte. Die Berichterstattung um diesen Kredit und eine eventuelle Lüge des Bundespräsidenten als ehemaliger Ministerpräsident von Niedersachsen vor dem Landtag begann am 13. Dezember 2011, als die BILD-Zeitung einen entsprechenden Bericht veröffentlichte.[37] Die Folge war eine breite Berichterstattung in den Medien über die angebliche Verschleierung des Kredits durch den Bundespräsidenten.[38] Die Kreditaffäre wurde schließlich zu einer Medienaffäre, als bekannt wurde, dass Wulff am 12. Dezember 2011, also einen Tag vor Veröffentlichung des Berichts in der BILD zur Kreditaffäre, bei Kai Diekmann, dem Chefredakteur der BILD, und Mathias Döpfner, dem Vorstandsvorsitzenden des Axel-Springer-Verlages, anrief. Unter Androhung von Strafanzeigen habe er versucht, die Berichterstattung über den Kredit zu verhindern.[39] Nachdem der mediale Druck auf den Bundespräsidenten immer größer geworden war, führte er mit ARD und ZDF am 4. Januar 2012 ein

33 Vgl. http://www.faz.net/aktuell/politik/entscheidung-im-dritten-wahlgang-wulff-zum-bundespraesidenten-gewaehlt-1999328.html, abgerufen am 9.4.2013.

34 Vgl. http://www.sueddeutsche.de/politik/praesidentenwahl-wulff-gegen-gauck-der-sanfte-und-der-redner-1.963785, abgerufen am 9.4.2013.

35 Vgl. http://www.welt.de/politik/deutschland/article13873615/Christian-Wulffs-Rueck trittserklaerung-im-Wortlaut.html, abgerufen am 9.4.2013.

36 Vgl. http://www.tagesschau.de/inland/bundespraesidentenwahl210.html, abgerufen am 9.4.2013.

37 Vgl. http://www.bild.de/politik/inland/christian-wulff/wie-bild-wulff-auf-die-spur-kam-27548486.bild.html, abgerufen am 9.4.2013.

38 Vgl. http://www.spiegel.de/politik/deutschland/neues-gutachten-zu-wulff-kredit-grenze-der-strafbarkeit-eindeutig-ueberschritten-a-809037.html, abgerufen am 9.4.2013; http://www.spiegel.de/politik/deutschland/hauskredit-affaere-neue-vorwuerfe-gegen-wulff-a-804238.html, abgerufen am 9.4.2013; http://www.haz.de/Nachrichten/Politik/Themen/Die-Wulff-Affaere/Wulffs-Regierung-belog-das-Parlament, abgerufen am 9.4.2013.

39 Vgl. http://www.sueddeutsche.de/politik/bundespraesident-in-not-wulff-drohte-mit-straf anzeige-gegen-bild-journalisten-1.1248384, abgerufen am 9.4.2013; http://www.bild.de/politik/inland/wulff-kredit-affaere/der-wulff-anruf-beim-bild-chefredakteur-21863344.bild.html, abgerufen am 9.4.2013.

Interview im Fernsehen, um seine Sicht der Dinge zu schildern.[40] Die Zustimmung der Bevölkerung zum Bundespräsidenten hatte bis zu diesem Zeitpunkt abgenommen. Nach Ausstrahlung des Interviews stieg sie wieder.[41]

Die Berichterstattung über verschiedene Vorwürfe, die dem Bundespräsidenten zur Last gelegt wurden – auch im Hinblick auf seinen Umgang mit den Medien –, riss jedoch nicht ab.[42] Am 16. Februar beantragte die Staatsanwaltschaft Hannover die Aufhebung der Immunität des Bundespräsidenten.[43] Sein Rücktritt folgte nur einen Tag später.

Die Berichterstattung sämtlicher Medien war letztlich kausal für den Rücktritt des Bundespräsidenten. Es ist nicht denkbar, dass der Bundespräsident ohne die anhaltende mediale Kritik zurückgetreten wäre.[44] Obwohl zunächst nur ein Ermittlungsverfahren durch die Staatsanwaltschaft eingeleitet worden war, gab er sein Amt noch vor Ende der Legislaturperiode auf. Im März 2014 wurde Christian Wulff von den Vorwürfen der Vorteilsnahme freigesprochen.[45] Es drängt sich daher die Frage auf, ob die Kritik der Medien tatsächlich und rechtmäßig einem Fehlverhalten des Bundespräsidenten galt und nicht vielmehr seiner – als Bundespräsident demokratisch legitimierten – Person.

Den Medien wurde nachgesagt, sie hätten einen Machtkampf gewonnen, indem sie Wulff zum Rücktritt gedrängt hätten.[46] Vor dem Hintergrund dieses Machtkampfes wird ebenso die Frage gestellt, ob eine demokratische Kontrolle durch die Medien funktioniere oder aber eine Manipulation der Meinungsbildung durch sie stattfinde.[47] Diese Fragestellung ist nicht unbegründet. Denn gerade vor dem Hintergrund, dass die Medien in all den vorgenannten Kampagnen demokratisch legitimierte Entscheidungen in Frage gestellt haben, muss die Frage gestellt werden: Handelten die Medien im Rahmen ihrer verfassungsrechtlichen Legitimation?

---

40 Vgl. http://www.tagesschau.de/inland/wulffinterview114.html, abgerufen am 9.4.2013.

41 Vgl. http://www.infratest-dimap.de/umfragen-analysen/bundesweit/ard-deutschland trend/2012/wulff/, abgerufen am 9.4.2013.

42 Vgl. http://www.cicero.de/berliner-republik/die-wahrheit-ausgeblendet/48040, abgerufen am 9.4.2013; http://www.welt.de/politik/deutschland/article13796399/Als-Wulff-die-Welt-am-Sonntag-ins-Visier-nahm.html, abgerufen am 9.4.2013.

43 Vgl. http://www.spiegel.de/politik/deutschland/praesidenten-affaere-staatsanwaltschaft-beantragt-aufhebung-von-wulffs-immunitaet-a-815740.html, abgerufen am 9.4.2013.

44 Vgl. *Fechner,* Der Bundespräsident und das Medienrecht, JZ 2012, 453 (456).

45 Vgl. Redaktion beck-aktuell, becklink 1301250.

46 Vgl. http://www.stern.de/politik/deutschland/jahrestag-ruecktritt-christian-wulff-ein-bundespraesident-im-freien-fall-1972389.html, abgerufen am 24.2.2014.

47 Vgl. *Kriele,* Die Macht der Medien, ZRP 2012, 53 (54).

II. Fragestellung und Zielsetzung

Angesichts dieser Sachverhalte ist der Schluss zu ziehen, dass die Medien die „Macht" haben, demokratisch legitimierte Entscheidungen nicht nur zu hinterfragen, sondern deren Aufhebung zu fördern, wenn nicht gar herbeizuführen. Dies führt zu der Frage, wie genau die Medien in das Geflecht der Staatsgewalten eingebunden sind. Sie werden mitunter als vierte Gewalt bezeichnet.[48] Dieser Begriff ist zunächst auf seine verfassungsrechtliche Tauglichkeit zu überprüfen. Denn es gilt zu beachten, dass alle Staatsgewalt vom Volk ausgehen muss, Art. 20 II.[49] Dies bedeutet konkret, dass, wenn die Medien als Staatsgewalt eingestuft werden würden, sie auch das Erfordernis demokratischer Legitimation treffen würde.[50] Mit anderen Worten müssten die Tätigkeiten der Medien einem verfassungsrechtlichen Prüfmaßstab unterliegen, anhand dessen festgestellt werden kann, ob sie ihrer verfassungsrechtlichen Rolle angemessen entsprechen. Fraglich ist jedoch, woher ein solcher Prüfungsmaßstab herrührt und wie die Medien diesem entsprechen könnten. Denn es gilt zu beachten, dass die Freiheiten, die das Grundgesetz den Medien gewährt, eine besondere Rolle im Hinblick auf die Freiheit des Einzelnen einnehmen, seine Entscheidungen selbst zu treffen.[51] Das zentrale Schutzgut des deutschen Kommunikationsverfassungsrechts stellt die Meinungsbildungsfreiheit dar. Diese wird wiederum maßgeblich davon geprägt, dass eine offene Diskussion durch die Abbildung von Meinungsvielfalt in den Medien stattfindet.[52] Vielfalt bedingt also Freiheit.

Letztlich geht es um die Frage, ob, wenn festgestellt werden kann, dass die Medien erheblichen Einfluss auf das Verfassungsleben haben, sie ihre Meinungsmacht in Ausübung ihrer Grundrechte ungehindert ausüben können. Oder führt die besondere Verantwortung, die sie für die öffentliche Meinungsbildungsfreiheit haben, zu einer besonderen Gefahrenlage, die nach einem regulierenden Rahmen verlangt, der gewährleistet, dass die Medien ihrer verfassungsrechtlichen Verantwortung gerecht werden?

Ein solcher Rahmen unterläge wiederum mit Blick auf die jüngsten Entwicklungen auf dem Medienmarkt ganz neuen Herausforderungen. So hat nicht nur das Internet mit seinen Diensten die Mediennutzung erheblich verändert, indem

---

48 Vgl. *Seitz,* Promischutz vor Pressefreiheit, NJW 1997, 3216; *Stender-Vorwachs/Theißen,* Das Persönlichkeitsrecht der Frau in den Medien, NJW 2006, 549 f.

49 Vgl. *Huster/Rux* in: BeckOK, GG, Art. 20, Rn. 55.

50 Vgl. *Grzeszick* in: Maunz/Dürig, GG, Art. 20, Rn. 89.

51 Vgl. *ders.,* a.a.O., Rn. 17.

52 Vgl. *Rossen-Stadtfeld* in: Hahn/Vesting, Rundfunkrecht, § 25 RStV, Rn. 9.

es Rundfunk und Presse gleichermaßen den Zugang zu seinen Diensten und neuen Verbreitungswegen zur Verfügung gestellt hat. Der Fall um den Rücktritt von Verteidigungsminister Freiherr von und zu Guttenberg zeigt wiederum, dass das Medienangebot um die Dienste des Social Media Web auch im Hinblick auf politische Meinungsbildung ergänzt worden ist. Dessen Auswirkungen auf die Medien und ihre verfassungsrechtliche Einordnung ist bei der Frage, welchem Maßstab die Medien für demokratische Legitimation unterliegen, von besonderer Bedeutung.

Die vorliegende Studie befasst sich mit der Frage der verfassungsrechtlichen Einordnung der Medien in eine moderne und digitale Demokratie. Stellen Medien eine Gefahr für die Demokratie dar? Sind sie gar als eine Staatsgewalt einzustufen und müssen sie sich deshalb besonderen Anforderungen demokratischer Legitimation stellen? Oder bedingt ihre besondere verfassungsrechtliche Rolle, dass ihnen ein gesetzlicher Rahmen gesetzt werden muss, damit sie keine Gefahr für die Demokratie darstellen, sondern diese ermöglichen, fördern und insbesondere auch schützen? Welche Veränderungen bringen das Internet und das aufkommende Social Media Web mit sich, wenn neuerdings jedermann die Massen erreichen und auch beeinflussen kann? Zu diesem Zweck wird im Folgenden zunächst der Frage nachgegangen, was sich hinter dem Begriff der Medien im verfassungsrechtlichen Sinn verbirgt und welche Kommunikationsarten Art. 5 I S. 2 zuzuordnen sind. Im Anschluss ist das Verhältnis zwischen Medien und Demokratie beziehungsweise die von der Verfassung vorgesehene Rolle der Medien in der Bundesrepublik genauer zu betrachten. Hierbei wird insbesondere auf das besondere Verhältnis der Medien zur Staatsgewalt eingegangen und die Frage untersucht, ob die Medien eine öffentliche Aufgabe im verfassungsrechtlichen Sinn erfüllen sollen. Aufbauend auf diesen Erkenntnissen wird die Frage gestellt, ob und in welcher Form den Medien verfassungsrechtliche Legitimation zukommt. Dazu werden die bislang geltenden legitimierenden Umstände untersucht und sogleich geprüft, ob diese Umstände im Zeitalter des Social Media Web noch Gültigkeit haben. Sodann werden neue Ansätze vorgestellt, die eine verfassungsrechtliche Legitimation der Medien auch im Zeitalter des Social Media Web sicherstellen können.

B. Voruntersuchung: Der Begriff der Medien im verfassungsrechtlichen Sinn

Bevor vorstehend aufgeworfene Fragen untersucht werden können, ist es unerlässlich, zunächst zu klären, was „die Medien“ im verfassungsrechtlichen Sinne ausmacht. Das Wort „Medien“ stammt von dem lateinischen Adjektiv medius, welches soviel bedeutet wie „in der Mitte“.[53] Begrifflich stehen die Medien also immer zwischen zwei Punkten. Sie fungieren als Mitte zwischen zwei Positionen. Grundsätzlich sind Medien immer Vermittler.[54] Sie stellen die Plattform dar, auf der Menschen Informationen und Meinungen austauschen können.[55] In erster Linie haben Medien also die Funktion, Kommunikation durch Vermittlung herzustellen.[56] Die Einordnung der Medien in das Verfassungsrecht mag auf den ersten Blick daher einfach erscheinen, da Art. 5 I mit seinem Schutz von Kommunikationsabgabe und -aufnahme einen offensichtlichen Anker bietet. Allerdings ergibt sich bei genauem Hinsehen, dass der erste Absatz des fünften Artikels des Grundgesetzes eine komplizierte Struktur besitzt, in der mehrere selbstständige Grundrechte benannt sind, deren Verhältnis zueinander nicht abschließend geklärt ist.[57]

I. Die beiden Sätze des Art. 5 I

In diesem Zusammenhang wird immer wieder von den sogenannten *Medienfreiheiten* des Grundgesetzes gesprochen, die in Art. 5 I S. 2 anzusiedeln sind. Dort heißt es: „Jeder hat das Recht, seine Meinung in Wort, Schrift und Bild frei zu äußern und zu verbreiten und sich aus allgemein zugänglichen Quellen ungehindert zu unterrichten. Die Pressefreiheit und die Freiheit der Berichterstattung durch Rundfunk und Film werden gewährleistet.“

Die Medienfreiheiten bestehen aus der Presse-, Rundfunk- und Filmfreiheit.[58] Sogar das BVerfG hat sich mit der „Verknüpfung“ der Medien untereinander ins-

53 Vgl. *Creifelds,* Rechtswörterbuch, „Medienrecht“.

54 Vgl. *Fechner,* Medienrecht, 1. Kapitel, Rn. 2.

55 Vgl. *ders.,* a. a. O.

56 Vgl. *Stock,* Allgemeine Kommunikationsfreiheit durch Medienfreiheit, Neue Medien und Meinungsfreiheit, S. 59.

57 Vgl. *Antoni* in: Hömig, Grundgesetz, Art. 5, Rn. 1.

58 Vgl. *Ladeur* in: Paschke/Berlit/Meyer, Hamburger Kommentar, 1. Teil, 3. Kapitel, Rn. 16; *Fechner,* 3. Kapitel, Rn. 101.

besondere durch das Internet beschäftigt.[59] Nicht abschließend geklärt ist jedoch, wie sich die sogenannten Medienfreiheiten von den anderen Kommunikationsfreiheiten, insbesondere von der Meinungsfreiheit, abgrenzen lassen, und welches Kriterium hierfür entscheidend ist.[60] Fraglich ist auch, inwieweit eine Abgrenzung überhaupt vorgenommen werden muss. Wie verhalten sich die Medienfreiheiten, so man sie denn bestimmen kann, zu den sonstigen Kommunikationsfreiheiten, insbesondere der Meinungsäußerungsfreiheit? Stehen sie in echter Gesetzeskonkurrenz oder stellen sie Sondertatbestände der einfachen Meinungsfreiheit dar?

Diese Frage wird nicht einheitlich beantwortet. So wird zum einen die Auffassung vertreten, die Freiheiten aus dem zweiten Satz von Art. 5 I würden ein echtes *Aliud* zu den übrigen Freiheiten des Art. 5 I darstellen. Die Folge einer solchen Sichtweise wäre, dass jede Kommunikation einzeln und vollständig einem Satz von Art. 5 I zugeordnet werden müsste. Die Medienfreiheiten würden somit die übrigen Freiheiten als *leges speciales* verdrängen.[61] Eine andere Ansicht wiederum sieht in den Medienfreiheiten Sonderfälle der Meinungs- und Informationsfreiheit aus Satz 1. Es verbiete sich, in den Medienfreiheiten selbstständige Grundrechte zu sehen, weil sich hierdurch die Möglichkeit eröffne, eine echte Medienordnung aus Art. 5 I S. 2 herauszulesen. [62]

Unabhängig davon, welcher Auffassung in diesem Punkt gefolgt wird, lässt sich anhand dieses Streits und der Struktur von Art. 5 I feststellen, dass das Grundgesetz in Satz 2 Freiheiten formuliert hat, deren Tatbestände über den der einfachen Meinungsfreiheit aus Satz 1 hinausgehen. Wo aber genau die Medienfreiheiten beginnen, ist unklar. Das Bundesverfassungsgericht (BVerfG) hat sich zu dieser Frage zwar geäußert. Ob sich seine Rechtsprechung verfestigt, ist allerdings noch nicht sicher. So ging das Gericht in einem konkreten Fall davon aus, dass die in einem Medium enthaltene Meinung nicht nach Art. 5 I S. 2 geschützt werde, sondern vielmehr nach Satz 1. Der zugrundeliegende Sachverhalt betraf ein Flugblatt, das als Druckerzeugnis alle Voraussetzungen des Pressebegriffs erfüllte. Dennoch

---

59 BVerfGE 121, 30 (51).

60 So fällt bei einem Überblick über die Kommentarliteratur zu Art. 5 I auf, dass vielfach zwar die Freiheiten des ersten Absatzes als Kommunikationsfreiheiten benannt werden. Längst nicht alle nehmen jedoch Bezug auf die Frage der Abgrenzung der Freiheiten aus dem ersten Satz mit dem zweiten Satz. So nicht u. a. in: *Hömig*; *Sodan*; *Schmidt-Bleibtreu/Hofman/Hopfauf*.

61 Insbesondere: *Hoffmann-Riem* in: AK-GG, Art. 5, Rn. 142 ff.; ebenso *Pieroth* in: Jarass/Pieroth, GG, Art. 5, Rn.1.

62 Vgl. *Starck* in: v. Mangoldt/Klein/Starck, GG, Art. 5, Rn. 6.

sahen die Verfassungsrichter Art. 5 I S. 1 als einschlägig an.[63] Damit gingen sie davon aus, dass die Medienfreiheiten die Grundrechte aus Art. 5 I S. 1 nicht vollständig verdrängen könnten und mithin kein *Aliud* darstellten. Ein einzelner Kommunikationsvorgang könnte somit in Einzelteilen sowohl in den Schutzbereich von Art. 5 S. 1 und S. 2 fallen.[64] Dennoch trägt auch diese Rechtsprechung der Feststellung Rechnung, dass eine klare Unterscheidung zwischen den Medienfreiheiten und den anderen Grundrechten vorzunehmen ist.

Für die Ansicht, dass die Medienfreiheiten lediglich Sonderfälle der Meinungsfreiheit darstellen, spricht, dass keines der in Art. 5 I S. 2 benannten Medien ohne Meinungsfreiheit denkbar wäre. Letztlich kommen auch in Rundfunk und Presse die Meinungsäußerungen einzelner Individuen zum Ausdruck. Sie stellen einen wesentlichen Bestandteil der Inhalte dar. Allerdings gilt es gerade im Hinblick auf Rundfunk und Presse zu beachten, dass die hier getätigten Äußerungen eigener Natur sind. Wie, wann und wo eine Meinung kundgetan wird, hängt maßgeblich davon ab, für wen der Inhalt der Kommunikation bestimmt ist. Eine Meinung, die in einem überschaubaren Personenkreis getätigt wird, selbst wenn dieser sehr groß ist, wird anders formuliert oder auch inhaltlich modifiziert, sobald Massen erreicht werden können. Das Besondere der Medienfreiheiten ist also, dass sie Kommunikationsvorgänge schützen, in denen die Reaktion des Empfängers der Kommunikation nicht sofort wahrgenommen werden kann. Daher folgt Kommunikation innerhalb des Schutzbereiches der Medienfreiheiten besonderen Gesetzmäßigkeiten, die gerade nicht für die einfache Kommunikation gelten können. Es ist daher folgerichtig, einen ganzen Kommunikationsvorgang eindeutig der Individualkommunikation aus Art. 5 I S. 1 oder S. 2 zuzuordnen. Die Medienfreiheiten können nur als echtes *Aliud* zur Meinungsäußerungsfreiheit den Besonderheiten der Massenkommunikation gerecht werden.

Zwar wird zu Recht eingeräumt, dass diesem Streit zunächst nur theoretische Bedeutung zukomme. Denn schließlich fielen alle Freiheiten des Art. 5 I unter dieselben Schrankenregelungen des Art. 5 II.[65]

Dabei darf jedoch nicht außer Acht gelassen werden, dass die einzelnen Freiheiten ihre individuellen Eigenschaften und Ausgestaltungen durch Rechtsprechung und Praxis erfahren haben.[66] Eine genaue Unterscheidung ist gerade vor

---

63 Vgl. BVerfGE 85, 1 (11 f.).

64 Vgl. *Wendt* in: von Münch/Kunig, GG, Art. 5, Rn. 30.

65 *Herzog* in: Maunz/Dürig, Grundgesetz, Art. 5, Rn. 154a.

66 Sogar *Hoffmann-Riem* schließt nicht aus, dass trotz der Annahme eines einheitlichen Mediengrundrechtes die verschiedenen Medien unterschiedliche Bedürfnisse hinsicht-

dem Hintergrund der verschiedenen Funktionen, die den einzelnen Medien (insbesondere Presse und Rundfunk) zugesprochen wurden, notwendig.[67] Hinzu kommt, dass die Meinungsäußerungsfreiheit im Gegensatz zu den Medienfreiheiten aus dem zweiten Satz des Art. 5 I nur die Verbreitung der eigenen Meinung schützt. Presse-, Rundfunk- und Filmfreiheit schützen jedoch auch das Äußern und Verbreitern fremder Meinungen.[68]

Unabhängig davon, ob die Medienfreiheiten einen Sonderfall der Meinungs- und Informationsfreiheiten oder aber eine echte Alternative darstellen, ergibt sich, dass die Abgrenzung nur in eine Richtung problematisch ist. Die Relevanz des Streits tritt erst bei der Frage in Erscheinung, ob ein Kommunikationsvorgang sowohl unter Art. 5 I S. 1 und S. 2 fallen kann oder zur Gänze einem bestimmten Satz des Art. 5 I zugeordnet werden muss. Dies bedeutet im Umkehrschluss aber auch, dass es Kommunikation gibt, die gerade nicht den Medienfreiheiten zugeordnet werden kann, sondern ausschließlich unter Art. 5 I S. 1 fällt. Diese Einschätzung mag auf den ersten Blick offensichtlich und daher irrelevant erscheinen. Sie wird jedoch im Zuge der weiteren Untersuchung, vor allem im Bereich des Social Media Web, eine größere Bedeutung erlangen.

II. Abgrenzungskriterium

So denn bestimmt ist, dass zwischen den Medienfreiheiten und den anderen Kommunikationsfreiheiten unterschieden werden muss, ist nun die Frage zu klären, welches das geeignete Abgrenzungskriterium ist. Herkömmlicherweise wird mit Blick auf die Einordnung, ob ein Vorgang der Individual- oder Massenkommunikation zuzuordnen ist, die Entscheidung, ob ein unbestimmter Personenkreis mithilfe der Kommunikation erreicht werden soll oder nicht, für maßgeblich erachtet. Adressat der Massenkommunikation ist immer die Öffentlichkeit.[69] Denn die „schlechthin konstituierende Wirkung", die das BVerfG der Freiheit von Presse und Rundfunk zuschreibt[70], folgt insbesondere der Tatsache, dass die Massenkommunikation, die durch die Medien stattfindet, maßgeblichen Einfluss auf die

lich der Ausgestaltungen haben, und nimmt insofern verschiedene „Teilfreiheiten" der Medienfreiheiten an, AK-GG, Art. 5, Rn. 144.

67 So auch *Schemmer* in: BeckOK, GG, Art. 5, Rn. 20.

68 Vgl. *Koreng*, Zensur im Internet, 3. Kapitel, S. 41.

69 Vgl. *Herzog* in: Maunz/Dürig, GG, Art. 5, Rn. 131, für den Begriff der Presse; *Neuhoff*, Die Dynamik der Medienfreiheit am Beispiel von Rundfunk und Presse, ZUM 2012, 371, für den Begriff des Rundfunks.

70 Vgl. BVerfGE 20, 56 (97).

öffentliche und individuelle Meinungsbildung entfaltet.[71] Ohne öffentliche Meinung kann eine Demokratie nicht funktionieren. Entscheidend für die Abgrenzung, ob man sich auf die Medienfreiheiten oder nur auf die Meinungsfreiheit berufen kann, ist die Frage, ob eine Vielzahl von Personen erreicht werden soll oder nur ein bestimmter Personenkreis. Die Medienfreiheiten betreffen nur Vorgänge der Massenkommunikation.[72]

Diesem Abgrenzungskriterium folgend wird auch im einfachgesetzlichen Rundfunkrecht die Einordnung eines Angebots als Rundfunk anhand der Frage entschieden, ob die „Allgemeinheit" betroffen ist oder nicht.[73] Ein Angebot fällt nur dann gemäß Rundfunkstaatsvertrag unter Rundfunk, wenn der Anbieter den Empfängerkreis seines Angebots nicht mehr überschauen kann oder dieser nicht bestimmt genug ist. Damit fällt Individualkommunikation gerade nicht unter den einfachgesetzlichen Rundfunkbegriff[74] – und auch nicht unter die Rundfunkfreiheit des GG. Denn die individuellen Äußerungen Einzelner haben keinen mit den Medien vergleichbaren Effekt auf die öffentliche Meinungsbildung. Daher ergäbe sich auch keine Rechtfertigung, sie unter die engen Anforderungen der Mediengrundrechte zu stellen – wie zum Beispiel die Notwendigkeit einer Zulassung für die Veranstaltung zum Rundfunk, § 20 I S. 1 RStV.[75]

Nach der bisherigen Einordnung ist für die Frage, ob ein Vorgang bloße Meinungsäußerung darstellt oder doch unter die Medienfreiheiten fällt, maßgeblich, ob Individual- oder Massenkommunikation beabsichtigt ist. Individualkommunikation ist der einfachen Meinungsfreiheit zuzuordnen, während Massenkommunikation in den Schutzbereich der Medienfreiheiten fällt. Denn obwohl die sachlichen Schutzbereiche der Medienfreiheiten sich gravierend unterscheiden (insbesondere die von Presse und Rundfunk), setzen sie alle voraus, dass Medien der Massenkommunikation vorliegen.[76] Allerdings ist es bei Betrachtung der Entwicklungen im Zeitalter des Social Media Web zweifelhaft, ob die Erreichbarkeit von Massen bzw. eines Personenkreises, den der Kommunizierende nicht überschauen kann, noch das taugliche Abgrenzungsmoment darstellen kann. Denn dann wäre bei einer strengen Anwendung dieses Grundsatzes auch der private Teilnehmer eines Online-Forums (z. B. von spiegel-online.de) Anbieter

---

71 Vgl. *Schemmer* in: BeckOK, GG, Art. 5, Rn. 56; BVerfGE 20, 162.

72 Vgl. *Bethge* in: Sachs, GG, Art. 5, Rn. 17.

73 Vgl. § 2 Abs. 1 Satz 1 RStV.

74 Vgl. *Schulz* in: Hahn/Vesting, Rundfunkrecht, § 2 Rn. 40.

75 Vgl. *Schulz* in: Hahn/Vesting, Rundfunkrecht § 2 Rn. 40; ebenso *Beucher/Leyendecker/v. Rosenberg*, RStV, § 2 Rn. 4.

76 Vgl. *Schulze-Fielitz* in: Dreier, GG, Art. 5, Rn. 27 u. Rn. 65.

von Massenkommunikation, da er den Personenkreis, den er erreicht, nicht einmal ansatzweise einschätzen kann.[77] Die Kommunikation müsste dann in den Schutzbereich einer der drei Medienfreiheiten fallen. Je nachdem, welche Medienfreiheit betroffen ist, ergäben sich daraus unterschiedliche Rechtsfolgen, da die Rechtsordnung bislang Presse und Rundfunk unterschiedlich behandelt. So unterliegt die Veranstaltung von Rundfunk den strengen Regelungen des RStV, während hingegen ein vergleichbares Regelwerk für die Presse derzeit nicht existiert. So gibt es beispielsweise für den Rundfunk keinen Tendenzschutz, wie ihn die Presse genießt.[78] Zu der Frage, welcher Medienfreiheit Online-Inhalte zuzuordnen sind, wird noch im Kontext der Frage, was Presse ist, Bezug genommen.[79]

In der Literatur finden sich bisher kaum Hinweise auf die Problematik. *Fechner* ist der Ansicht, dass auch die theoretische Öffnung von Inhalten für jedermann lediglich von Art. 5 I S. 1 geschützt werde, nicht aber den Erfordernissen, die mit der Einordnung in den Schutzbereich von S. 2 zusammengehörten, unterliege. Als Begründung führt er aus, dass trotz eines offenen Zugangs der Empfängerkreis auf die Benutzer von z. B. Chatrooms begrenzt sei auf diejenigen, die sich tatsächlich interessierten. Der Schwerpunkt solcher Beiträge liege auf der Interaktion mit anderen Teilnehmern, also auf individuellen Elementen. Zu Recht weist er darauf hin, dass es „übertrieben“ wäre, medienrechtliche Vorgaben auf diese Art der Kommunikation zu übertragen. Die Formulierung eines einschlägigen Merkmals lässt er jedoch vermissen.[80]

Tatsächlich wirkt die Einordnung eines Vorganges als Meinung oder in den Schutzbereich der Medienfreiheiten anhand der Frage, ob die Erreichbarkeit von Massen vorliegt, im Zeitalter von Social Media Web überholt. Dazu, wie Presse, Rundfunk und Film in Zukunft von individueller Kommunikation abgegrenzt werden sollen, gibt es bislang noch keine „Anleitung“, weder von Seiten der Rechtsprechung noch seitens der Literatur. Es finden sich lediglich vereinzelt Hinweise auf künftige Abgrenzungsschwierigkeiten.[81] Mit Blick auf die immer neuen Arten

---

77 So kann man zum Beispiel das Forum von spiegel-online.de auch als nichtregistrierter Nutzer einsehen; die Inhalte der Beiträge werden auch nicht der Redaktion von spiegel-online zugerechnet, da es keine redaktionelle Kontrolle der Beiträge gibt, bevor sie für jedermann sichtbar erscheinen; vgl. http://www.spiegel.de/meinspiegel/artikel/a-703602.html v. 12.8.2010, abgerufen am 27.3.2013.

78 Vgl. *Schmidt* in: Erfurter Kommentar zum Arbeitsrecht, Art. 5 GG, Rn. 101.

79 Vgl. hierzu die Ausführungen unter B IV 3 a.

80 *Fechner*, Medienrecht, § 3, Rn. 105.

81 So etwa *Schulze-Fielitz* in: Dreier, GG, Art. 5, Rn. 67, der u. a. künftig die Notwendigkeit von analogen Anwendungen sieht, sowie eine Orientierung an der typischen Gefährdungslage.

von Angeboten, die sich im Internet finden lassen, besteht hier jedoch Anpassungsbedarf. Darauf ist zurückzukommen.

III. Rundfunk

Die sog. Medienfreiheiten setzen sich aus Presse-, Rundfunk- und Filmfreiheiten zusammen.

1. Rundfunkbegriff

Der Begriff des Rundfunks definiert sich unabhängig von dem Inhalt seines Produktes.[82] Entscheidend dafür, ob ein Produkt auch dem Schutzbereich der Rundfunkfreiheit zugeordnet werden kann, ist vielmehr die Herstellungs- und Verbreitungsmethode.[83] Es kommt auch nicht auf einfachgesetzliche Definitionen an, wie sie zum Beispiel im Rundfunkstaatsvertrag (RStV) zu finden sind.[84] Umfasst sind alle Angebote aller Art in Wort, Ton und Bild, die für die Allgemeinheit bestimmt sind und mit Hilfe von elektromagnetischen Schwingungen ohne Verbindungsleitung ihre Empfänger erreichen.[85]

Rundfunk war lange Zeit gleichbedeutend mit Hörfunk und Fernsehen.[86] Sie stellen auch nach wie vor den Kernbereich des Rundfunks dar.[87] Allerdings umfasst der Rundfunkbegriff neben diesen herkömmlichen Angeboten auch moderne Dienste, die vornehmlich über das Internet übertragen werden.[88] Diese Einordnung entspricht dem Gedanken der Funktionalisierung des Rundfunkbegriffs. Damit die Gewährleistungen der Rundfunkfreiheit nicht aufgrund neuer technischer Mittel völlig obsolet werden, ist es folgerichtig, nicht nur an ältere Technik anzuknüpfen. Denn eine solche Definition des Rundfunks käme einer schleichenden Beschränkung des Schutzbereichs der Rundfunkfreiheit gleich.[89]

---

82 Vgl. *Schemmer* in: BeckOK, GG, Art. 5, Rn. 66.

83 Vgl. *Hoffmann-Riem* in: AK-GG, Art. 5, Rn. 151.

84 Vgl. *Schemmer* in: BeckOK, GG, Art. 5, Rn. 20.

85 *Starck* in: v. Mangoldt/Klein/Starck, GG, Art. 5, Rn. 94.

86 BVerfGE 12, 205 (226).

87 *Ladeur* in: Paschke/Berlit/Meyer, Hamburger Kommentar, 4. Abschnitt, Rn. 80.

88 Das Merkmal der elektromagnetischen Schwingungen für den Rundfunkbegriff dient insbesondere zur Abgrenzung von Presse. Voraussetzung ist die elektronische Verbreitung im Gegensatz zur Verbreitung über das Druckerzeugnis; vgl. *Schulz* in: Hahn/Vesting, Rundfunkrecht, § 2, Rn. 20.

89 So argumentiert etwa *Hain,* Die zeitlichen und inhaltlichen Einschränkungen der Telemedienangebote von ARD, ZDF und Deutschlandradio nach dem 12. RÄndStV, S. 34; a.A. *Degenhart* in: Bonner Kommentar zum GG, Art. 5, Rn. 682a ff.

Dieser Ansicht trägt auch die Rechtsprechung des BVerfG Rechnung, wonach der verfassungsrechtliche Rundfunkbegriff sich nicht durch eine endgültige Definition fassen lässt.[90] Dieser Sichtweise ist im Ergebnis zuzustimmen. Gerade in Anbetracht der Bedeutung der Rundfunkfreiheit für die Funktionsweise einer demokratischen Gesellschaft, die auch das BVerfG jüngst wiederholt hat[91], erscheint eine Beschränkung der Rundfunkfreiheit auf eventuell bald nicht mehr oder kaum noch verwendete Technik kaum vertretbar.

So gehören Internetdienste, Pay-TV und Videotexte ebenso zum Rundfunk.[92] Maßgeblich ist die Adressierung der Allgemeinheit in Wort, Ton und Bild durch drahtlose – also nichtkörperliche – Vermittlung.[93]

2. Dienende Freiheit und positive Ordnung

Wie jedes der Grundrechte ist auch die Rundfunkfreiheit zunächst ein Abwehrrecht gegen den Staat.[94] Die Besonderheit der Rundfunkfreiheit ist jedoch, dass nach Auffassung des BVerfG die Rundfunkfreiheit eine „dienende Freiheit" ist.[95] Denn obwohl alle Grundrechte der freiheitlichen Gesellschaft in Deutschland „dienen", kann dennoch zwischen ihnen differenziert werden. So können die Grundrechte in jene unterteilt werden, die primär zur Entfaltung der privaten Persönlichkeit und Interessen bestimmt sind, und solche, die der Demokratie und der Öffentlichkeit „dienen".[96]

Eine dienende Freiheit des Grundgesetzes zeichnet sich dadurch aus, dass ihr subjektiv-rechtlicher Gehalt, ihre reine Abwehrfunktion als nicht ausreichend angesehen wird.[97] Nach Ansicht des BVerfG sei der Gesetzgeber vielmehr durch Art. 5 I verpflichtet, eine positive Ordnung in Form von Gesetzen zu erlassen, die sowohl in materieller, prozeduraler und organisatorischer Hinsicht gewährleiste, dass das Grundrecht auch vollständig zur Geltung komme.[98] Es müssten durch sie

---

90 Vgl. BVerfGE 74, 297 (351).
91 BVerfGE 119, 181 (215).
92 Vgl. *Degenhart,* Rundfunk und Internet, ZUM 1998, 333 (336).
93 Vgl. *Kannengießer* in: Schmidt-Bleibtreu/Hofman/Hopfauf, GG, Art. 5, Rn. 17.
94 Vgl. *Holznagel/Nolden,* in: Hoeren/Sieber, Handbuch Multimedia-Recht, Teil 5, Vorfragen zu Rundfunk und Telemedien, Rn. 43.
95 Vgl. BVerfGE 57, 295 (319 f.); 87, 181 (197).
96 Kritisch: *Rupp* in Merten/Papier, Handbuch der Grundrechte, Bd. II, § 36, Rn. 46.
97 Vgl. *Schemmer* in: BeckOK, GG, Art. 5, Rn. 76; BVerfGE 87, 181 (198).
98 Vgl. BVerfGE 12, 205 (261)

alle grundrechtsrelevanten Fragestellungen behandelt und beantwortet werden.[99] Die objektiv-rechtliche Dimension eines Grundrechts besitzt ein solches Gewicht, dass der Gesetzgeber eine grundrechtsgerechte Ordnung schaffen muss, damit das Grundrecht sich überhaupt entfalten kann.[100] Der Gesetzgeber ist insoweit nicht der Adressat des betroffenen Grundrechts, sondern vielmehr sein „Helfer und Beschützer".[101] Somit träfe den Staat im Fall der Rundfunkfreiheit eine Pflicht, den gesetzlichen Rahmen zu schaffen, der freie, individuelle und öffentliche Meinungsbildung möglich machen soll.[102] Im Kern soll der Staat den Massenkommunikationsvorgang schützen, durch den sich die Meinungsbildung vollzieht.[103]

Das BVerfG sieht seit seinen ersten Urteilen zur Rundfunkfreiheit bis heute eine Pflicht des Staates, eine positive Ordnung zu schaffen. Es hat diese Ansicht trotz technischer und marktspezifischer Veränderungen auf dem Gebiet des Rundfunks nicht aufgegeben.[104] Die konkreten verfassungsrechtlichen Begründungen haben sich im Laufe der Zeit jedoch verändert.[105] In seinen frühen Urteilen begründete das BVerfG diese Entscheidung damit, dass die damals existierenden Frequenzen knapp waren und Rundfunk sich nur mit einem finanziellen Aufwand realisieren ließ, der von privaten Veranstaltern nicht zu tragen war. Der Staat sollte ermöglichen, dass trotz eines mangelnden vielfältigen Konkurrenzangebots Meinungsvielfalt im Rundfunk entstehen konnte. Allerdings hat das Gericht auch schon damals, obwohl er noch nicht einmal in Planung war, privaten Rundfunk für möglich gehalten.[106]

Als sich nun später der private Rundfunk etabliert hatte und somit die bisherige Begründung für die positive Ordnung obsolet geworden war, da die Veranstaltung von Rundfunk offensichtlich weder finanziell noch praktisch nur von öffentlich-rechtlichen Anstalten möglich war, wurde das Erfordernis einer positiven Ordnung auf eine andere Säule gestützt. Denn obwohl der private Rundfunk die Vielfalt der Programme und Angebote deutlich erhöhte, sah das BVerfG in der

---

99 Vgl. BVerfGE 83, 238 (297); *Kloepfer* in Merten/Papier, Handbuch der Grundrechte, Bd. II, § 43, Rn. 87.

100 Vgl. *Fink* in: Spindler/Schuster, Recht der elektronischen Medien, C Verfassungsrecht, Rn. 43 f.

101 Vgl. *Ladeur/Gostomzyk*, Rundfunkfreiheit und Rechtsdogmatik – Zum Doppelcharakter von Art. 5 I 2 in der Rechtsprechung des BVerfG, JuS 2002, 1145 (1146).

102 Vgl. *Kannengießer* in: Schmidt-Bleibtreu/Hofman/Hopfauf, GG, Art. 5, Rn. 18.

103 Vgl. *Herzog* in: Maunz/Dürig, GG, Art. 5, Rn. 231.

104 Vgl. BVerfGE 73, 118 (152 f.); 90, 60, (88); insbesondere zum Erfordernis einer positiven Ordnung im Zeitalter der Digitalisierung vgl. BVerfGE 119, 181 (214 ff.).

105 *Holznagel/Nolden* in: Hoeren/Sieber, Multimedia-Recht, Rn. 43–46.

106 Vgl. BVerfGE 31, 314 (326).

Abhängigkeit vom wirtschaftlichen Erfolg eine Gefahr für die Meinungsvielfalt. Denn im Gegensatz zum öffentlich-rechtlichen Rundfunk finanziere der private Rundfunk sich ausschließlich über seine wirtschaftlichen Leistungen. Die Rundfunkfreiheit soll aber gerade nicht in ein Spiel der wirtschaftlichen Kräfte geraten, was eine einseitige Einflussnahme auf den Inhalt seines Programms bedeuten würde. Das BVerfG bescheinigte dem Rundfunk eine besondere „Tendenz zur Konzentration", die zum Schutze der Meinungsvielfalt abgewandt werden müsse. Dazu seien weiterhin der Erlass und die Aufrechterhaltung einer positiven Ordnung durch den Staat erforderlich.[107]

In seinem sogenannten zweiten Gebührenurteil vom 11. September 2007 wiederholte das BVerfG diese Forderung auch mit Blick auf die Digitalisierung und das moderne Medienangebot. Das BVerfG hob die Bedeutung des Rundfunks innerhalb der Medienlandschaft aufgrund seiner „Breitenwirkung, Aktualität und Suggestivkraft" hervor. Insbesondere die audiovisuellen Medien prägten das Leben der Bürger und hätten damit einen überaus großen Einfluss auf die öffentliche Meinungsbildung. Dieser Einfluss werde über die neuen Möglichkeiten, die dem Rundfunk sowohl hinsichtlich der Angebote aber auch Verbreitungsmöglichkeiten zur Verfügung stünden, noch größer. Vor dem Hintergrund dieser immensen Bedeutung müsse der Staat die Rundfunkfreiheit noch immer positiv ausgestalten.[108]

Somit lässt sich feststellen, dass Rundfunk sich aus allen Angeboten zusammensetzt, welche die Massen auf drahtlosem Wege erreichen. Gleichzeitig unterliegt er einer positiven Ordnung des Gesetzgebers. Die zentralen Inhalte dieser positiven Ordnung hat das BVerfG ebenfalls bestimmt.[109] So hat sie sicherzustellen, dass keine Auslieferung des Rundfunks an einzelne gesellschaftliche Gruppen stattfinden darf, sondern stattdessen alle Kräfte der demokratischen Öffentlichkeit ihre Abbildung im Programm finden müssen.[110] Der Staat hat daher „ausreichende Maßnahmen gegen Informationsmonopole" zu treffen.[111] Hierbei betont das BVerfG das Merkmal „ausreichend". Die Maßnahmen müssen also auch wirksam sein. Damit die positive Ordnung dem entspricht, identifizierte das BVerfG als zentrales Erfordernis der Rundfunkordnung die Aufsicht sowohl für den öffentlich-rechtlichen als auch den privaten Rundfunk.[112]

---

107 BVerfGE 57, 295, (322 f.); vgl. 114, 371 (387 ff.).

108 BVerfGE 118, 119 (213 f.).

109 *Jarass* in: Jarass/Pieroth, GG, Art. 5, Rn. 43.

110 Vgl. BVerfGE 57, 295 (325).

111 BVerfGE 97, 228 (258).

112 Vgl. BVerfGE 114, 371 (389 f.).

Soweit demnach festgehalten werden kann, dass sich die Rundfunkfreiheit auch in der Zeit der Digitalisierung darüber definieren lässt, dass die Massen auf dem Wege drahtloser Kommunikation erreicht werden sollen, mithin gerade Internetdienste in ihren Schutzbereich fallen, rücken aktuelle Fragestellungen in den Fokus des Interesses. So haben acht deutsche Verlage, darunter die Axel Springer AG, die „Frankfurter Allgemeine Zeitung" und der Verlag der „Süddeutschen Zeitung", vor dem Kölner Landgericht Klage gegen die sogenannte Tagesschau-Applikation eingereicht.[113] Hierbei handelt es sich um ein Programm für Smartphones und Tablet-PCs, durch das die Inhalte von tagesschau.de abgerufen werden können. Neben Videos und ganzen Nachrichtensendungen finden sich hier auch Artikel zum aktuellen Tagesgeschehen. Der Meinung der Verleger nach stellen diese eigenständige Angebote dar, die „presseähnlichen Charakter" besitzen.[114] Tatsächlich ist im 12. Rundfunkänderungsstaatsvertrag (RÄStV) kodifiziert worden, dass „presseähnliche" Angebote im Internet keinen Rundfunk darstellen würden.[115] Daher würde die ARD, sollte ihre Applikation ein solches „presseähnliches" eigenständiges Angebot darstellen, keinen Rundfunk betreiben.

Das LG Köln entschied zunächst, dass es sich bei dem Angebot der Tagesschau-App um ein eigenes Telemedienangebot handele, das „presseersetzende" Einzelbeiträge enthalten würde, die keinen konkreten Sendungsbezug hätten. Daher würde das Angebot der Tagesschau-App einen Verstoß gegen § 11 d Abs. 2 RStV darstellen, da es den öffentlich-rechtlichen Rundfunkanstalten nicht gestattet ist, presseähnliche Angebote ohne Sendungsbezug anzubieten.[116] Die ARD legte gegen dieses Urteil Berufung ein. Dagegen entschied das OLG Köln als Berufungsgericht, dass es sich bei den Inhalten der Tagesschau-App nicht um eigenständige Telemedienangebote handele, sondern vielmehr um eine andere Verbreitungsmethode für die Inhalte von tagesschau.de. Daher seien die Beiträge der Tagesschau-App von der Zulässigkeit der Beiträge von tagesschau.de umfasst. Ein Verstoß gegen § 11 d RStV sei daher ausgeschlossen und die Tagesschau-App ein zulässiges Angebot der ARD.[117] Die Zeitungsverleger haben angekündigt, gegen diese Entscheidung Revision beim BGH einzulegen.[118]

---

113 Vgl. http://www.tagesschau.de/inland/internet210.html, abgerufen am 1.3.2012; http://www.faz.net/aktuell/wirtschaft/unternehmen/klage-gegen-tagesschau-app-ard-und-verlage-wollen-einigung-11614605.html, abgerufen am 19.1.2012.

114 Vgl. MMR-Aktuell 2011, 319490.

115 Vgl. § 2 III Nr. 19 RÄStV.

116 Vgl. LG Köln, Urteil vom 27.9.2012 – 31 O 360/11.

117 Vgl. OLG Köln, Urteil vom 20.12.2013 - 6 U 188/12.

118 Vgl. MMR-Aktuell 2014, 354160.

Allerdings sei an dieser Stelle erwähnt, dass der einfachgesetzliche Rundfunkbegriff aus dem 12. RÄStV keinen Einfluss auf den grundgesetzlichen hat. Aus verfassungsrechtlicher Sicht hat dieser Streit daher keine Bedeutung. Dennoch demonstriert er die Auswirkungen für die sich wandelnde Medienlandschaft, welche die jüngsten Abgrenzungsschwierigkeiten zwischen Rundfunk und Presse mit sich bringen.

IV. Presse

Von den drei Medienfreiheiten, die das Grundgesetz benennt, ist die Freiheit der Presse die am meisten diskutierte. Sie stellt ohne jeden Zweifel von Anfang des Verfassungslebens an einen „Brennpunkt des Interesses" dar, da sie für das Funktionieren eines demokratischen Staates ein entscheidendes Grundrecht bildet.[119] Mit diesem Grundrecht kommt aber auch die Frage auf, wer oder was eigentlich die Presse ist, und vor allem, wie sich ihre Definition in Abgrenzung zu den anderen Medienfreiheiten bestimmen lässt. Dies ist insbesondere im Zeitalter der Digitalisierung, des Internets und neuerdings des Social Media Web eine Frage, die nur schwer zu beantworten ist.

1. Der herkömmliche Pressebegriff

Zum Begriff der Presse hat das BVerfG sich früh und auch sehr deutlich geäußert. Dabei handele es sich ausschließlich um Druckerzeugnisse, die zur Verbreitung an die Allgemeinheit bestimmt seien.[120] Wie auch beim Rundfunk definiere sich Presse über eine bestimmte Herstellungs- und Verbreitungsmethode.[121] Typisches Merkmal der Presse sei, dass ihre Verbreitung über ein körperliches Trägermedium – typischerweise ein Druckerzeugnis – erfolge, das durch einen Vorgang der Vervielfältigung hergestellt werde.[122] Weiterhin müsse der Adressat der Presse ein unbestimmter Personenkreis sein. Einzeldrucke fielen gerade nicht in den Schutzbereich der Pressefreiheit.[123] Damit stellte das BVerfG klar, dass Presse sich seiner Auffassung nach insbesondere über ihre Körperlichkeit auszeichne. Die Pressefreiheit diene zwar nicht ausschließlich,

119 Vgl. *Herzog* in: Maunz/Dürig, GG, Art. 5, Rn. 118.
120 Vgl. BVerfGE 20, 162 (174 f.); BVerfGE, 95, 28 (35).
121 Vgl. *Schulze-Fielitz* in: Dreier, GG, Art. 5, Rn. 68.
122 Vgl. *Papier/Schröder,* Verfassungsfragen des Dreistufentests, S. 63.
123 Vgl. *Jarass* in: Jarass/Pieroth, GG, Art. 5, Rn. 25.

aber doch zum Großteil dem Schutz des geschriebenen und anschließend gedruckten Wortes.[124]

Trotz aller technischen Änderungen, in den letzten Jahren hauptsächlich durch die Verbreitung von Informationen auf digitalem Wege, hat das BVerfG an seiner Rechtsprechung festgehalten und sie jüngst wiederholt.[125] Damit macht es jedoch auch unmissverständlich deutlich, dass es an seiner Forderung nach einem körperlichen Verbreitungsgegenstand festhält. Insbesondere hat es sich nicht jenen Literaturstimmen angeschlossen, die fordern, dass Online-Angebote, die strukturell und funktionell der Presse ähnelten, dieser auch verfassungsrechtlich zugeordnet werden sollten.[126] Das bedeutet insbesondere auch, dass laut Meinung des BVerfG Präsenzen der Presse im Internet nicht in den Schutzbereich der Pressefreiheit fallen würden. Prominente Beispiele hierfür sind spiegel-online.de, bild.de, faz.net oder welt-online.de. Etwas anderes würde hiernach nur dann gelten, wenn auf diesen Plattformen Artikel veröffentlich würden, die ihr körperliches Gegenstück in dem jeweiligen Papiermedium fänden.[127] Allerdings sei bereits an dieser Stelle darauf hingewiesen, dass es sich bei dieser Beschreibung um eine Darstellung des bis heute geltenden Pressebegriffs handelt. Auf den Streit, ob diese Rechtsprechung noch heute Gültigkeit beanspruchen kann, wird im Kontext zur sogenannten „Konvergenz der Medien" Stellung bezogen.[128]

2. Privileg der Presse

Die Presse nimmt in der derzeitigen Medienordnung eine verfassungsrechtliche Sonderstellung ein. Anders als die Rundfunkfreiheit, obwohl diese gemäß Art. 5 I S. 2 ebenso „gewährleistet" ist, bildet die Pressefreiheit gerade keine dienende Freiheit.

Bislang dominiert die negatorische Funktion der Pressefreiheit, also ihre subjektiv-rechtliche Komponente in Form eines klassischen Abwehrrechts des Einzelnen gegen den Staat. Die Presse dient in erste Linie der Verwirklichung

---

124 In den Schutzbereich der Pressefreiheit fallen nicht nur das Presseerzeugnis und seine Gründung sowie Gestaltung, sondern auch alle Tätigkeiten „von der Beschaffung der Information bis zur Verbreitung der Nachricht und Meinung", vgl. BVerfGE 103, 44 (59 f.).

125 Vgl. BVerfGE 85, 1 (12); BVerfGE 113, 63 (75).

126 Vgl. *Gounalakis*, ZUM 2003, 180 (181); *Degenhart* in: Bonner Kommentar zum GG, Art. 5, Rn. 377; a.A. *Bullinger*, Private Rundfunkfreiheit auf dem Weg zur Pressefreiheit, ZUM 2007, 337 (343).

127 Kritisch: *Neuhoff*, Die Dynamik der Medienfreiheiten, ZUM 2012, 371 (375 f.).

128 Vgl. die Ausführungen unter B IV 3.

von privatrechtlichen und privatwirtschaftlichen Interessen Einzelner.[129] Damit steht die Pressefreiheit im Gegensatz zur Rundfunkfreiheit, denn im Bereich des Rundfunks dominiert der objektiv-rechtliche Gehalt der Freiheit.[130] Dies resultiert in der Pflicht des Gesetzgebers, den gesetzlichen Rahmen für die Entfaltung des Grundrechts zu schaffen.

Allerdings hat auch die Pressefreiheit eine objektiv-rechtliche Dimension, die jedoch nicht in eine positive Ordnung mündet, sondern in eine Verstärkung des Schutzbereichs.[131] So ergeben sich aus der Garantie des Art. 5 I S. 2 eine Reihe von Strukturprinzipien.[132] Besonderes Augenmerk gebührt an dieser Stelle dem allgemeinen Medienprinzip der Staatsferne, das zwar nicht ausschließlich für die Presse gilt, aber für sie doch eine bedeutsame Rolle spielt.[133]

Der Staat darf diejenigen, die der Presse angehören, also insbesondere Journalisten und Verleger, nicht verpflichten, Mitglieder in Zwangskörperschaften des öffentlichen Rechtes zu werden.[134] Jedermann kann ohne das Erfüllen irgendwelcher Voraussetzungen Journalist werden. An dieser Stelle sei darauf hingewiesen, dass das BVerfG sich schon bald mit der Frage, wer genau ein Journalist ist, auseinandersetzen muss. Vor dem OLG Köln wurde jüngst der Betreiber eines Online-Blogs wegen presserechtlich rechtswidriger Behauptungen, die in dem Forum seiner Seite veröffentlich wurden, auf Unterlassung verurteilt. Das BVerfG wurde angerufen, um die Frage zu klären, wann aus einem Blogger ein publizistisch tätiger Journalist wird. Der betroffene Blogger berief sich auf sein angebliches „Laienprivileg“.[135]

Darüber hinaus versagt die Pressefreiheit dem Staat insbesondere, unmittelbar Einfluss auf Tendenzen zu nehmen, die in der Presselandschaft auftauchen. Anders als beim Rundfunk steht es Presseunternehmern völlig frei, ihren Zeitungen eine gewisse Tendenz zu geben.[136] Der Tendenzschutz umfasst die Freiheit, einer Zeitung eine bestimmte politische Färbung oder weltanschauliche Grundhaltung

---

129 *Bethge* in: Sachs, GG, Art. 5, Rn. 71–73.

130 Vgl. *Reffken,* Rundfunkbeteiligungen politischer Parteien, NVwZ 2008, 857 (860).

131 *Ladeur* in: Paschke/Berlit/Meyer, Hamburger Kommentar, 4. Abschnitt, Rn. 3.

132 Vgl. *Bullinger* in: Löffler, Presserecht, Einleitung, Rn. 6.

133 Vgl. BVerfGE 80, 124 (134).

134 Vgl. *Starck* in: v. Mangoldt/Klein/Starck, GG, Art. 5, Rn. 46.

135 Vgl. http://www.spiegel.de/netzwelt/netzpolitik/0,1518,818419,00.html, abgerufen am 8.3.2012; Das BVerfG hat die Beschwerde nicht zur Entscheidung angenommen, vgl. http://20832.com/prozess/, abgerufen am 14.3.2014.

136 Allerdings bietet die Rundfunkfreiheit auch ein Abwehrrecht gegen inhaltliche Einflüsse auf das Programm, vgl. *Schemmer* in: BeckOK, GG, Art. 5, Rn. 78.1.

zu verleihen.[137] Dem Staat sind sämtliche Einflüsse auf die inhaltliche Gestaltung von Presseerzeugnissen verboten, soweit nicht Grundrechte Dritter betroffen sind.[138]

Das entscheidende Privileg der Presse im Gegensatz zum Rundfunk ist, dass sie in Ermangelung einer positiven Ordnung durch den Staat keinerlei rechtsverbindlicher Aufsicht unterliegt.[139]

3. Konvergenz der Medien

Der Pressebegriff ist in jüngerer Zeit aufgrund technischer Entwicklungen Gegenstand vieler Diskussionen geworden.[140] Technische Neuerungen im Bereich des Mediensektors führen dazu, dass die Grenzen zwischen traditionellen Medien und Individualkommunikation nicht mehr eindeutig definiert werden können.[141]

Das Erfordernis des Vorliegens eines gedruckten Mediums für Wort und Bild, damit ein Angebot verfassungsrechtlich der Presse zugeordnet werden kann, wird von Teilen der Literatur mittlerweile abgelehnt.[142] Maßgeblich für die Zuordnung zum Schutzbereich der Pressefreiheit sei zwar nach wie vor die Art der Herstellung. Das soll aber nicht zu einer Beschneidung des Presseschutzes führen. Daher müssten auch alle Herstellungswege, die zu einer visuellen Aufnahme des gedruckten Wortes führten, unter Art. 5 I S. 2 fallen. Entscheidend sei für die Herstellung von Presse, dass durch das gewählte Verfahren ein Effekt der Vervielfältigung entstünde.[143]

Allerdings sei es gemäß anderer Ansicht für die verfassungsrechtliche Einstufung als Presseerzeugnis nicht ausreichend, wenn Informationen an einen Empfänger gesendet und dieser sie z. B. durch Drucken selbst in körperliche Form bringe. Vielmehr müsse eine „Konnexität" zwischen Herstellung und Vervielfältigung bestehen, das Trägermedium also gerade vervielfältigt werden.[144]

---

137 Vgl. BVerfGE 52, 283 (296).

138 Vgl. BVerfGE a. a. O.

139 Vgl. *Tillmanns,* Der Pressekodex sollte für alle Medien gelten, ZRP 2004, 277 (278).

140 *Wendt* in v. Münch/Kunig, GG, Art. 5, Rn. 30.

141 Vgl. *Oeter/Wolff/Westphal* in: Paschke/Berlit/Meyer, Hamburger Kommentar, 1. Teil, Rn. 1; *Hufen,* Staatsrecht II, § 28, Rn. 37.

142 Vgl. *Neuhoff,* Die Dynamik der Medienfreiheiten am Beispiel von Presse und Rundfunk, ZUM 2012, 371 (375); *Degenhart* in: Bonner Kommentar zum GG, Art. 5, Rn. 375 ff.

143 *Herzog,* in Maunz/Dürig, GG, Art. 5, Rn. 130.

144 Vgl. *Papier/Schröder,* Verfassungsfragen des Dreistufentests, S. 63; a. A.: *Degenhart* in: Bonner Kommentar zum GG, Art. 5, Rn. 376.

Einer solchen Verbindung zwischen Herstellung und Vervielfältigung ist zuzustimmen. Andernfalls würde die Feststellung, ob eine Kommunikation in den Schutzbereich der Pressefreiheit fällt, praktisch unmöglich. Denn dies würde jeden Text, der im Internet von jedermann abgerufen und potenziell gedruckt werden kann, in ein Presseerzeugnis verwandeln, unabhängig von wem er geschrieben wurde und mit welcher Intention. Zur Presse zählen aber solche Erzeugnisse, die tatsächlich und bewusst vervielfältigt wurden und nicht solche, die lediglich das Potenzial zur Vervielfältigung besitzen, die Entscheidung über eine Veröffentlichung also noch nicht gefallen ist.

Dies wirft allerdings die Frage auf, wie die Internetpräsenzen von Presseunternehmen, auf denen Nachrichten verbreitet werden, verfassungsrechtlich einzuordnen sind. Sollten die Inhalte von bild.de oder spiegel-online.de nicht der Presse zugeordnet werden können, weil sie nicht auf einem körperlichen Trägermedium vervielfältigt werden? Sollten sie vielmehr der Rundfunkfreiheit unterstehen und damit auch der positiven Ordnung, die der Gesetzgeber insoweit schaffen musste?

Gegen eine Einordnung von Online-Auftritten von Presseunternehmen in den Schutzbereich der Rundfunkfreiheit wenden sich in der Literatur zahlreiche Stimmen.[145] Es wird die Frage gestellt, ob es umgekehrt dem Rundfunk verfassungsrechtlich überhaupt gestattet sein sollte, Online-Angebote in „presseähnlicher" Form zu veranstalten. Insbesondere werden Bedenken für den Fall geäußert, sollte der Rundfunk in seinen Internet-Angeboten nicht programmbezogen agieren, sondern eine Art Online-Zeitung betreiben.[146]

Infolge der voranschreitenden Digitalisierung entstehen somit Schwierigkeiten bei der Abgrenzung zwischen Rundfunk und Presse, da die herkömmlichen Abgrenzungskriterien im Bereich des Internets an ihre Grenzen stoßen.[147] Die Medienlandschaft erlebt zurzeit eine Wandlung, die gemeinhin als „Konvergenz der Medien" beschrieben wird.[148] Die Grenzen zwischen Rundfunk und Presse

---

145 Vgl. *Degenhart,* Rundfunk und Internet, ZUM 1998, 333 (342); *Ricker,* Die Nutzung des Internets als dritte Säule des öffentlich-rechtlichen Rundfunks, ZUM 2001, 28 (33); Klaes, Verfassungsrechtlicher Rundfunkbegriff und Internet, ZUM 2009, 135 (136 f.).

146 Vgl. *Ladeur* in: Paschke/Berlit/Meyer, Hamburger Kommentar, 4. Abschnitt, Rn. 16–17.

147 Vgl. *Hufen,* Staatsrecht II, § 28, Rn. 37.

148 Der Begriff der „Konvergenz der Medien" wurde maßgeblich durch das „Grünbuch der Europäischen Kommission zur Konvergenz der Branchen Telekommunikation, Medien und Informationstechnologie und ihren ordnungspolitischen Auswirkungen", Brüssel, 3.12.1997, geprägt.

verschwimmen.[149] Die Zuordnung von Online-Angeboten zur Rundfunk- oder Pressefreiheit hat einen handfesten medienpolitischen Streit entfacht, der unter anderem zur Tagesschau-App gerade ausgetragen wird.[150]

a) Weiter Pressebegriff

Einige Teile der Literatur betrachten die „stürmischen technischen Entwicklungen" des Internets und ihre Auswirkungen auf die Presse mit Sorge.[151] Dies ist auf die einbrechende Werbefinanzierung zurückzuführen. Denn noch immer nimmt der Journalist mit der Moderation und der Recherche eine entscheidende Funktion bei der Herstellung einer demokratischen Öffentlichkeit ein. Die Presse müsste sich daher in der digitalen Welt „einrichten".[152]

Diese Einrichtung der Presse in Form der sogenannten elektronischen Presse wird als Anlass verstanden, den Pressebegriff weiter auszulegen.[153] So wird vertreten, dass der Pressebegriff angesichts der größeren Rolle, die Datenträger für die Vervielfältigungen haben, „entwicklungsoffen" sein soll.[154] Das Merkmal der Verkörperung solle zwar nicht vollständig entfallen. Im Hinblick auf die elektronische Presse sollte diese aber als „unterstützende Tätigkeit" unter die Pressefreiheit fallen. Dies gelte auch für ergänzende Informationen, die nur online verfügbar seien und kein verkörpertes Gegenstück besäßen.[155]

Eine andere Ansicht fordert, dass das Merkmal der Verkörperung der Presse vollständig entfallen müsse.[156] Das BVerfG habe seine Rechtsprechung diesen Gegebenheiten anzupassen und müsse die Forderung eines körperlichen Trägermediums für die Zuordnung in den Schutzbereich der Pressefreiheit aufgeben.

---

149 Zur größeren Bedeutung von Angeboten, die nicht eindeutig Rundfunk oder Presse zugeordnet werden können, vgl. *Dörr,* Die Zukunft des umkämpften Medienmarktes, ZRP 2008, 133 ff.

150 Vgl. *Holznagel,* Die Zukunft der Mediengrundrechte im Zeitalter der Konvergenz, MMR 2011, 1 ff.

151 *Wendt* in: v. Münch/Kunig, GG, Art. 5, Rn. 30.

152 *Becker,* Quo vadis – Presse? Die Zukunft der Presse im digitalen Zeitalter, ZUM 2010, 1 (2).

153 Vgl. *Neuhoff,* Die Dynamik der Medienfreiheit am Beispiel von Rundfunk und Presse, ZUM 2012, 371.

154 Vgl. *Degenhart,* Bonner Kommentar zum GG, Art. 5, Rn. 370; *Dörr/Schwartmann,* Medienrecht, Rn. 105.

155 Vgl. *ders.,* a.a.O., Rn. 378.

156 Vgl. *Möllers,* Pressefreiheit im Internet, AfP 2008, 241 (244); *Volkmann* in: Spindler/Schuster, Recht der elektronischen Medien, § 59 RStV, Rn. 20.

Insgesamt sei eine Abgrenzung der Medien anhand ihres Übertragungsweges überholt. Online-Angebote, die aufgrund ihrer Funktion und Struktur einer digitalen Zeitung entsprächen, seien somit dem Schutzbereich der Pressefreiheit zuzuordnen.[157]

Allerdings beantwortet eine solche Ansicht nicht die Frage, wie dann Online-Angebote einzustufen sind, die zwar ihrem Inhalt nach der Presse ähneln, allerdings ausschließlich im Internet bestehen und kein „reales" Gegenstück besitzen. Auch die Einstufung solcher Erzeugnisse als unterstützende Tätigkeit übersieht die Eigenständigkeit, die die Internet-Präsenzen mittlerweile erlangt haben. Ganze Redaktionen werden nur mit der Betreuung des Online-Auftritts einer Zeitung beschäftigt und sind von der Print-Redaktion unabhängig.[158] Ungeklärt bleibt ferner die Frage, ob auch solche Teile der Online-Angebote von der Pressefreiheit geschützt werden, die ausschließlich von Online-Redakteuren geschaffen und auch nur im Internet publiziert werden.

Eine Erweiterung des Pressebegriffs insbesondere auf digitale Inhalte ist schließlich auch im Ergebnis abzulehnen. Grund hierfür ist, dass das „gedruckte Wort" nicht mit dem „digitalen Wort" vergleichbar ist. Denn während das gedruckte Wort eine Bestandskraft darüber entfaltet, dass es unverändert aufbewahrt werden kann und wird, zum Beispiel in Archiven, ist dies bei digitalen Schriftstücken gänzlich anders. Zwar können diese ebenfalls archiviert und noch nach langer Zeit abgerufen werden, im Gegensatz zu ihren gedruckten Gegenstücken sind sie aber nachträglich veränderlich und damit nicht gleichermaßen nachhaltig.

b) Einheitliches Mediengrundrecht

Andere Stimmen vertreten vor diesem Hintergrund die Ansicht, dass die Abgrenzungsschwierigkeiten, die sich aus der Konvergenz ergäben, über die Bildung eines einheitlichen Mediengrundrechts gelöst werden sollten. Dieses könne alle Medienarten in seinen Schutzbereich einbeziehen. Aus dem Prozess der Konvergenz sei die Schlussfolgerung zu ziehen, dass alle massenmedialen Freihei-

---

157 Vgl. *Bullinger* in: FS 50 Jahre BVerfG Bd. 2, 193 (201); Bedenken äußert auch *Degenhart* in: Bonner Kommentar zum GG, Art. 5, Rn. 377; a. A. *Gounalakis,* Regulierung von Presse, Rundfunk und elektronischen Diensten in der künftigen Medienordnung, ZUM 2003, 180 (181).

158 Z.B. das Magazin „Der Spiegel", der für die Online- und Print-Redaktion jeweils zwei Chefredakteure beschäftigt, vgl. http://www.tagesschau.de/inland/spiegelchefredakteure102.html, abgerufen am 9.4.2013.

ten grundsätzlich eine Einheit bildeten. Insbesondere wird vertreten, dass eine einheitliche Medienfreiheit einen ebenso einheitlichen Geltungsbereich haben müsse. Die in Art. 5 I S. 2 verankerte Unterteilung zwischen den Medienfreiheiten solle gerade keinen Einfluss auf den Schutzbereich haben, in den die „Medien“ fielen. Die Abgrenzung diene vielmehr zur Feststellung des Regelungsbedarfs einzelner massenmedialer Freiheiten.[159]

Vor dem Hintergrund des gerade erst am Anfang stehenden Prozesses der technischen Wandlungen im Bereich der Medien und der mir ihnen stattfindenden Konvergenz liegt die Schaffung eines einheitlichen Mediengrundrechts nahe. Ein solches hätte den entscheidenden Vorteil, dass es alle Bereiche der medialen Kommunikation umfassen würde – auch solche, die nach dem bisherigen Stand der Technik noch gar nicht bekannt sind. Die Abgrenzungsschwierigkeiten, wie sie zurzeit zwischen Presse und Rundfunk aufgekommen sind, könnten auf diese Weise überwunden werden. Neue Hindernisse dieser Art würden gar nicht erst entstehen.

Allerdings käme mit einem einheitlichen Mediengrundrecht auch die Frage auf, wie dieses konkret einzuordnen wäre. Handelte es sich eher um ein Abwehrrecht wie die Pressefreiheit oder wäre es als dienende Freiheit wie die Rundfunkfreiheit anzusehen? Hierzu wird vertreten, dass auf Rechtsfolgenseite, also nicht schon bei der Feststellung des Geltungsbereichs, wiederum doch unterschiedliche Ausgestaltungen vorgenommen werden müssten.[160] So könnte zwischen einer presserechtlichen und einer rundfunkrechtlichen Variante desselben Mediengrundrechts unterschieden werden, um eine Veränderung insbesondere der bisherigen Presse- und Rundfunkrechtsprechung des BVerfG zu vermeiden.[161] Doch auch hier taucht die Frage auf, ob sich eine Freiheit hinsichtlich einer bestimmten Variante einfach in eine dienende und eine nichtdienende Freiheit unterteilen lässt.

---

159 Besonders deutlich: *Hoffmann-Riem* in: AK GG, Art. 5, Rn. 138 ff., der seine Sichtweise insbesondere auf den Wortlaut von Art. 5 I S. 2 stützt. Die Gewährleistungen des Grundgesetzes gälten für Rundfunk und Presse gleichermaßen. Zudem unterschieden sich die Medien nicht grundsätzlich, sondern nur in der Art und Weise, wie sie ihre Medienfreiheit wahrnähmen. Eine Abgrenzung der verschiedenen Teilfreiheiten könne daher nur Folgen für die Feststellung des Ausgestaltungsbedarfs der Medienfreiheit bedeuten. Die Abgrenzung zwischen Presse und Rundfunk dürfe aber keine Konsequenzen für die Feststellung des Geltungsbereichs von Art. 5 I S. 2 haben; ebenso, aber differenzierter: *Fechner*, Medienrecht, 3. Kapitel, Rn. 102.

160 Vgl. *ders.*, a. a. O., Rn 144 f.

161 Vgl. *Fechner*, Medienrecht, 3. Kapitel, Rn. 100.

Eine andere Sichtweise vertritt dagegen, insbesondere die private Rundfunkfreiheit sei stärker an die Pressefreiheit heranzuführen. Dafür spräche speziell die starke wirtschaftliche Ausrichtung, die den privaten Rundfunk präge, und die mit der Pressefreiheit vergleichbar sei. Die Konvergenz der Medien wird als Verschmelzung von privatem Rundfunk mit der Presse gewertet. Eine solche entstehe durch elektronische Nachrichtenseiten, die online abrufbar sind.[162] Dieser Ansatz geht allerdings davon aus, dass auch die Aktivitäten von Presseunternehmen im Internet verfassungsrechtlich als Presse einzustufen seien.[163]

Bislang stoßen die vorbezeichneten Ansätze für ein einheitliches Mediengrundrecht auf Widerstand und das BVerfG hält an der bisherigen Unterteilung zwischen Presse- und Rundfunkfreiheit fest.[164] In Zukunft wird ein solches Festhalten jedoch immer schwieriger werden. Die technologischen Entwicklungen des letzten Jahrzehnts haben offenbart, dass sich nicht vorhersehen lässt, welche Medien überhaupt noch entstehen werden. Die Konvergenz der Medien lässt die Grenzen zwischen Presse und Rundfunk verschwimmen und ein Ende dieses Prozesses ist bislang nicht abzusehen.[165] Im Gegenteil: Es ist zu erwarten, dass gerade über die neuen Möglichkeiten, die Rundfunkveranstalter und Presseunternehmen im Internet vermehrt nutzen, klare Abgrenzungen der Angebote schwieriger werden. Vor diesem Hintergrund drängt sich die Lesart von Art. 5 I S. 2 auf, wonach hier ein einheitliches Mediengrundrecht formuliert wird, dessen einzelne Aspekte lediglich hervorgehoben wurden. Ob aber ein solches Grundrecht ohne Weiteres in ein subjektives Abwehrrecht und in eine dienende Freiheit unterteilt werden kann, bleibt fraglich, insbesondere vor dem Hintergrund der Abgrenzungsschwierigkeiten, welche die Konvergenz der Medien mit sich bringt. Zu dieser Fragestellung wird im Kontext der Gültigkeit der vom Bundesverfassungsgericht entwickelten Grundsätze zu Presse und Rundfunk noch ausführlich Stellung genommen.[166]

---

162 Vgl. *Bullinger*, Private Rundfunkfreiheit auf dem Weg zur Pressefreiheit, ZUM 2007, 337 (343).

163 Vgl. *Degenhart* in: Bonner Kommentar zum GG, Art. 5, Rn. 369 f.

164 Vgl. *Dörr/Schwartmann*, Medienrecht, Rn. 55 ff.

165 Zum schnellen Wandel nur des Nutzungsverhaltens durch das Aufkommen mobiler Online-Nutzung vgl. ausführlich *Mende/Oehmichen/Schröter*, Gestaltungswandel und Aneignungsdynamik des Internets, Media Perspektiven 2013, 33 (34 ff.).

166 Vgl. hierzu die Ausführungen unter E.

V. Film

Die dritte Medienfreiheit des Art. 5 I S. 2 ist die des Films. Auch dieses Grundrecht wird vom BVerfG als konstituierend für die Demokratie angesehen.[167] Ebenso wird ihr der Charakter einer „institutionellen Garantie“ zugesprochen.[168] In ihren Schutzbereich fallen insbesondere berichterstattende Filme. Nehmen diese allerdings zu den Ereignissen, über die sie berichten, Stellung, fallen sie in den Schutzbereich der Meinungsfreiheit aus Art. 5 I S. 1. Spielfilme, die nur der Unterhaltung dienen, werden von der Kunstfreiheit aus Art. 5 III umfasst.[169] Da allerdings der Film in den aktuellen Diskussionen um die Medienfreiheiten eine eher untergeordnete Rolle einnimmt, wird auf dieses Medium und seine rechtliche Rolle nachfolgend nicht eingegangen.

VI. Das Internet und Social Media

Ein bereits vielfach erwähnter und bei der Konvergenz der Medien entscheidender Faktor ist das Internet bzw. die technischen Möglichkeiten zur Verbreitung von Informationen, die es bietet.[170] Was das Internet aber eigentlich genau ist, ist in der Rechtswissenschaft noch nicht abschließend geklärt. Benannt sind lediglich seine Hauptaspekte, die bei der Eingrenzung des Phänomens des Internets behilflich sind. So besteht das Internet aus einem Netzwerk, dient der Vermittlung von Kommunikation unter Menschen, und diese Kommunikation entsteht durch eine bestimmte technische Struktur. Dabei stellt der wichtigste Dienst des Internets das sogenannte World Wide Web (WWW) dar. Dessen Hauptbestandteil sind Websites, also Internetpräsenzen. Das WWW war der maßgebliche Faktor für die Möglichkeit, über das Internet Inhalte an Massen zu kommunizieren.[171]

Dabei ist auch das WWW einem ständigen Wandlungsprozess unterzogen, dessen jüngste Stufe mit dem Schlagwort Web 2.0 zusammengefasst wird.[172] Gemeint sind damit neue Elemente des WWW, innerhalb dessen der Nutzer den Inhalt nicht bloß konsumiert. Während die Nutzung des Internets in den 1990er-Jahren der des Rundfunks noch stark ähnelte, da klar zwischen dem Anbieter einer drahtlos übertragenen Seite und seinem Nutzer unterschieden werden konnte,

167 Vgl. BVerfGE 20, 56 (97).
168 Vgl. BVerfGE 31, 314 (326).
169 Vgl. *Schmidt-Bleibtreu/Klein,* GG, Art. 5, Rn. 11d.
170 Vgl. ausführlich zu den Auswirkungen des Internets auf den Rundfunk *Vesting* in: Hahn/Vesting, Rundfunkrecht, Einführung, Rn. 18.
171 Vgl. *Meißelbach,* Web 2.0 – Demokratie 3.0?, S. 9 ff.
172 Vgl. *Frank* in: Harte-Bavendamm/Henning-Bodewig, UWG, Einleitung, Rn. 49.

wird diese Unterscheidung zunehmend schwieriger. Das Internet ist interaktiv geworden. Die Besucher von Internetseiten können diese nicht nur konsumieren, sondern aktiv den Inhalt bestimmen.[173] Der Nutzer kreiert Inhalte selbst und stellt sie anderen Nutzern zur Verfügung. Allerdings nimmt die Verwendung des Begriffs Web 2.0 ab. Sachgerechter ist der Begriff Social Media Web, da diese neue Art der Nutzung keine neue Version des WWW ist, sondern diesen Dienst ergänzt. Zudem findet sich in diesem Begriff die interaktive Komponente, da das Social Media Web das Internet der Gesellschaft weiter öffnet über die Möglichkeit für jedermann, Inhalte online zu stellen.[174]

1. Nutzergenerierter Inhalt

Zu den am weitesten verbreiteten Anwendungen des Social Media Web zählen Foren, Blogs, Soziale Netzwerke und sogenannte Wikis.[175]

Foren stellen in diesem Zusammenhang ganze Webseiten dar, auf denen zu unterschiedlichen Themen ein Meinungsaustausch stattfindet. Die Ausgestaltung dieser Nutzung kann sehr unterschiedlich ablaufen und ist von den Nutzungsbedingungen abhängig. Zwar sind die meisten Foren für nichtregistrierte Nutzer einsehbar. Eigene Beiträge können aber nur jene verfassen, die sich zuvor meist mit einem Nutzernamen registriert und sich mit den Nutzungsbedingungen einverstanden erklärt haben.[176] In diesen kann auch geregelt werden, welche Rechte dem Anbieter des Forums zustehen. In einigen Fällen gibt es einen redaktionellen Vorbehalt. Andere Anbieter haben lediglich ein nachträgliches Löschungsrecht.[177]

Blogs sind wiederum vollständige Internetpräsenzen, die in der Regel von Einzelpersonen oder kleinen Gruppen betrieben werden. Hier werden vorwiegend Artikel veröffentlicht, allerdings unter Bedingungen, die für Blogs sehr spezifisch sind. So gibt es die Möglichkeit für die Nutzer des Blogs, Kommentare zu einzel-

---

173 Vgl. *Koreng*, Zensur im Internet, S. 47 f.

174 Vgl. http://www.henningschuerig.de/blog/2010/social-media-statt-web-20/ v. 31.3.2010, abgerufen am 27.3.2014.

175 Vgl. *Frank* in: Harte-Bavendamm/Henning-Bodewig, UWG, Einleitung, Rn. 50.

176 Vgl. Punkt 3 der AGB des Forums von spiegel-online.de, http://www.spiegel.de/meinspiegel/artikel/a-703602.html; abgerufen am 8.5.2012; die Bedingungen von tintenzirkel.de, http://www.tintenzirkel.de/anmeldung/, abgerufen am 8.5.2012.

177 Vgl. den Punkt „Hinweise" der Bedingungen von meta.tagesschau.de, http://meta.tagesschau.de/user/register, abgerufen am 8.5.2012.

nen Artikeln zu verfassen, oder sogenannte „Verlinkungen" also Verweise zu anderen Medien (zum Beispiel Videos, andere Blogs) in den Inhalt zu integrieren.[178]

Von allen sozialen Netzwerken, die es im Internet gibt, stellt Facebook mit ca. 1 Milliarde Nutzern das weitaus beliebteste dar.[179]

Tatsächlich ist die Vernetzung von einzelnen Nutzern mit anderen der wesentliche Gesichtspunkt sozialer Netzwerke. Die Nutzer können Texte, Bilder, Audio- und Videodateien mit anderen teilen. Neben Facebook sind Twitter, Youtube, Google+ und Xing beliebte Plattformen, auf denen sich Millionen von Menschen miteinander vernetzen.[180] Dabei setzen die einzelnen Netzwerke unterschiedliche Schwerpunkte. Während bei Twitter kurze Textnachrichten im Wesentlichen die Kommunikation ausmachen,[181] bietet Youtube seinen Nutzern das Hochladen und Ansehen von Videos.[182] Allen sozialen Netzwerken gemein ist, dass der Inhalt einzig von den Nutzern erstellt wird, nicht von dem Plattformbetreiber.[183] Dieser ist nur für die technischen Möglichkeiten verantwortlich.[184] Allerdings

178 *Ladeur/Gostomzyk,* Der Schutz von Persönlichkeitsrechten gegen Meinungsäußerungen in Blogs, NJW 2012, 710 (711).

179 Vgl. http://www.spiegel.de/netzwelt/web/facebook-zaehlt-eine-milliarde-mitglieder-a-859510.html, abgerufen am 2.3.2013.

180 Twitter zählt 2013 ca. 500 Millionen Nutzer, vgl. http://techcrunch.com/2012/07/30/analyst-twitter-passed-500m-users-in-june-2012-140m-of-them-in-us-jakarta-biggest-tweeting-city/, abgerufen am 2.3.2013; Youtube hat pro Monat 800 Millionen Nutzer, vgl. http://www.newyorker.com/reporting/2012/01/16/120116fa_fact_seabrook?currentPage=all, abgerufen am 2.3.2013; Google+ zählt 400 Millionen Nutzer, vgl. http://blogs.faz.net/netzwirtschaft-blog/2012/09/18/google-manager-gundotra-wir-haben-von-anderen-sozialen-netzwerken-gelernt-3285/, abgerufen am 2.3.2013; Xing zählt 12 Millionen Nutzer, vgl. http://corporate.xing.com/deutsch/investor-relations/newspublikationen/quartalsberichte/jahr-2012/, abgerufen am 2.3.2013.

181 Vgl. https://twitter.com/about, abgerufen am 2.3.2013.

182 Vgl. http://www.youtube.com/t/about_youtube, abgerufen am 2.3.2013.

183 Vgl. *Berberich,* Der Content „gehört" nicht Facebook! – AGB-Kontrolle der Rechteeinräumung an nutzergenerierten Inhalten, MMR 2010, 736 (737).

184 Eine mangelnde Aneignung der Inhalte, die Nutzer auf Youtube hochladen, hat auch jüngst das LG Hamburg gesehen. Allerdings erblickte es in dem Plattformbetreiber einen Zustandsstörer hinsichtlich von Urheberrechtsverletzungen, die durch die hochgeladenen Videos entstehen. Vgl. Presseerklärung des LG Hamburg vom 20.4.2012, http://justiz.hamburg.de/presseerklaerungen/3384912/pressemeldung-2012-04-20-olg-01.html, abgerufen am 22.4.2012.

nutzen auch immer mehr Unternehmen diese Plattformen zur Kommunikation und für Werbung.[185]

Wesentliches Element des Social Media Web sind ebenfalls Wikis, deren prominentester Vertreter wikipedia.org ist. Dabei handelt es sich um eine digitale Enzyklopädie, deren Informationen von den einzelnen Nutzern dort eingestellt werden. Jedermann ist in der Lage, jeden Artikel zu bearbeiten. Häufig ist dies auch ohne vorherige Registrierung möglich. Das Einsehen der Artikel ist jedermann immer und ohne vorherige Registrierung und Anmeldung gestattet.[186] Mittlerweile gibt es Wikis zu den verschiedensten Themen.[187] Unter den verschiedenen Wikis finden sich auch solche für ausschließlich private Interessen.[188] Und es finden sich solche, die politisch motiviert sind, wie das der Piraten-Partei.[189]

Allen diesen Diensten des Social Media Web ist gemein, dass ihr Inhalt einzig und allein von den Nutzern bestimmt wird. Damit unterscheidet sich das Social Media Web ganz erheblich vom WWW. Die Möglichkeit der Nutzer, den zu konsumierenden Inhalt selbst zu gestalten, lässt den Nutzer der Kommunikation gleichzeitig zu ihrem Anbieter werden.[190]

2. Massenkommunikation und Social Media

Das Social Media Web ermöglicht seinen Nutzern, selbst Inhalte im Internet anzubieten und sie so anderen Nutzern zugänglich zu machen. Fraglich bleibt dann aber, um was für eine Art Kommunikation es sich dabei handelt. Ist das Partizipieren im Social Media Web einfach Individualkommunikation und daher Art. 5 I S. 1 zuzuordnen? Oder wandelt die Möglichkeit, über das Social Media Web einen nicht zu überblickenden Kreis an Personen zu erreichen, diese Art von Kommunikation in eine solche, die einer der Medienfreiheiten des Art. 5 I S. 2 zuzuordnen ist?

Weil die Massenkommunikation sowohl die Meinungsfreiheit der Personen, die in Massenmedien zu Wort kommen, fördert, als auch die Informationsfreiheit der Nutzer, kommt den Medienfreiheiten ein besonderes Gewicht zu, das unter anderem in

---

185 Vgl. *Reinemann/Remmertz*, Urheberrechte an User-generated Content, ZUM 2012, 216 (216).

186 Vgl. http://wikimediafoundation.org/wiki/Nutzungsbedingungen, abgerufen am 2.3.2013.

187 Vgl. *Möller*, Die heimliche Medienrevolution, S. 166 ff.

188 Vgl. http://www.jedipedia.de/wiki/Jedipedia:Hauptseite, abgerufen am. 20.4.2012.

189 Vgl. http://wiki.piratenpartei.de/Hauptseite, abgerufen am 20.4.2012.

190 Vgl. *Solmecke* in: Hoeren/Sieber, Multimedia-Recht, 21.1. Social Media, Rn. 2 ff. zur Impressumspflicht bei Social-Media-Angeboten gemäß § 5 TMG.

die Verpflichtung der Medienfreiheiten zur Meinungspluralität münden kann.[191] Da wie oben beschrieben das herkömmliche Abgrenzungskriterium zwischen Massen- und Individualkommunikation nicht durch ein neues abgelöst wurde, kommt es für die Einstufung als Massenkommunikation noch immer darauf an, ob der Anbieter den Personenkreis, den er erreichen möchte und kann, eingrenzen kann oder nicht.[192]

Würde man streng unter dieses Merkmal die Inhalte des Social Media Web subsumieren, käme man zu einem kuriosen Ergebnis. So würde der private Nutzer eines Facebook-Profils, der keinerlei Einstellungen vornimmt, um die Informationen, die er bereitstellt, nicht öffentlich zu machen, im herkömmlichen Sinne Massenkommunikation betreiben. Denn die Inhalte können auch von Nichtnutzern von Facebook eingesehen und mit ihm in Verbindung gebracht werden.[193] Facebook wird auch nicht etwa Eigentümer der Inhalte, es findet keine Aneignung der Inhalte statt. Dies geht nicht nur aus den AGB von Facebook hervor.[194] Auch die bisherige Rechtsprechung geht vielmehr davon aus, dass Online-Plattformen sich über das Hochladen von Inhalten durch ihre Nutzer diese nicht aneignen.[195] Damit fiele die Kommunikation des Netzwerkes verfassungsrechtlich unter eine der Medienfreiheiten, da ein unbestimmter Personenkreis erreicht werden kann. Stellt man nun auf die herkömmliche Unterscheidung der Massenkommunikationsarten ab, begegnet man umgehend der Frage, ob es sich bei Social-Media-Angeboten um Presse oder Rundfunk handelt. Da aber Presse verfassungsrechtlich gesehen für die Allgemeinheit geeignete und bestimmte Produktion und Verbreitung von *Druckwerken* ist,[196] muss eine massenmediale Einordnung von Social-Media-Inhalten unter den Begriff der Presse entfallen. Es liegt kein pressetaugliches Endprodukt vor, das eine solche Einstufung erlauben würde.[197] Damit bliebe eigentlich nur das Ergebnis, dass derjenige, der im Social Media Web Inhalte anbietet, zum Veranstalter von Rundfunk würde.[198]

---

191 Vgl. *Jarass* in: Jarass/Pieroth, GG, Art. 5, Rn. 1.

192 Vgl. *Bethge* in: Sachs, GG, Art. 5, Rn. 17.

193 Vgl. https://www.facebook.com/about/privacy/your-info#everyoneinfo, abgerufen am 20.4.2012.

194 Vgl. https://www.facebook.com/legal/terms, abgerufen am 20.4.2012; zur rechtlichen Beurteilung vgl. *Reinemann/Remmertz,* Urheberrechte an User-generated Content, ZUM 2012, 216 ff.

195 Vgl. LG Hamburg v. 20.4.2012 (310 O, 461/10), MMR 2012, 404 (405); zur Haftung von Youtube bei Verletzungen des Urheberrechts: GRUR Prax 2012, 331522.

196 Vgl. *Hoffmann-Riem* in: AK-GG, Art. 5, Rn. 123.

197 Vgl. *Papier/Schröder,* Verfassungsfragen des Dreistufentests, S. 63.

198 Was wiederum die Notwendigkeit einer Rundfunklizenz gemäß § 20 RStV nach sich zieht, vgl. *Holznagel/Kibele* in: Spindler/Schuster, Recht der elektronischen Medien, § 20 RStV, Rn. 3.

Allerdings besteht in der Literatur Einigkeit, dass die Dienste des Social Media Web keine Massenkommunikation darstellen sollen.[199] So werden u. a. Blogs als Medien „zweiter Ordnung“ bezeichnet, weil sie sich in großen Teilen auf die Veröffentlichung in herkömmlichen Massenmedien beziehen. Dies solle gelten, obwohl sie sich nicht gezielt an einen bestimmten Adressatenkreis richten.[200] Auch *Fechner* ist der Ansicht, dass trotz eines unüberschaubaren Adressatenkreises noch keine Einordnung in die Massenkommunikation und die daraus folgenden verfassungsrechtlichen Voraussetzungen folgen sollte. Er unterscheidet bei Inhalten auf ein und derselben Seite zwischen „medialen“ und solchen, die nichtmedial entstanden sind. Er führt aus, dass nichtmediale Inhalte, schon wegen der Plattform, auf der sie zu finden seien, sich ohnehin nur an einen bestimmten Kreis Interessierter richteten, und überdies die Interaktivität den Schwerpunkt bilde.[201]

Diese Ausführungen sind letztlich nicht überzeugend und darüber hinaus zu vage. Hinsichtlich des Kriteriums, dass Inhalte aus dem Social Media Web sich nur an einen bestimmten Kreis Interessierter richten, gilt nämlich zu bedenken, dass dies genauso für Internetpräsenzen von Fachzeitschriften gelten müsste, die sich nur an eine bestimmte Gruppe von Personen richten. Wo die Grenzen beim Schwerpunkt der Interaktivität zu ziehen sind, ist ebenfalls unklar. Zu bedenken ist, dass auch gedruckte Zeitungen ihre Leser dazu einladen, Leserbriefe zu verfassen. Interaktivität und Ausrichtung auf eine bestimmte Interessengruppe können daher kaum dazu dienen, ein eindeutiges Unterscheidungskriterium zu formulieren, das bei allgemein erreichbaren Angeboten zwischen solchen differenziert, die Massenkommunikation darstellen, und jenen, die der Individualkommunikation zugeordnet werden müssen.

3. Eigener Ansatz

Es wäre nicht angemessen, jeden Nutzer des Social Media Web und seiner Dienste als Teilnehmer an der Massenkommunikation zu qualifizieren. Die rechtlichen Folgen wären nicht absehbar. Vor allem hätte die Unterordnung unter die Rundfunkfreiheit und ihre objektiv-rechtliche Dimension eine generelle Einschränkung der subjektiven Rechte, die durch die Nutzung des Social Media Web betätigt werden, zur Folge.[202] Es gilt vielmehr zu beachten, dass zum Beispiel die Verwendung eines sozialen Netzwerkes zur Verbreitung eines Inhaltes Parallelen zur Verwendung ei-

---

199 Vgl. *Kitz,* Das neue Recht der elektronischen Medien, ZUM 2007, 368 (369).

200 *Ladeur/Gostomzyk,* Der Schutz von Persönlichkeitsrechten gegen Meinungsäußerungen in Blogs, NJW 2012, 710 (711).

201 Vgl. *Fechner,* Medienrecht, 3. Kapitel, Rn. 102.

202 So etwa *Vesting* in: Hahn/Vesting, Rundfunkrecht, § 1 RStV, Rn. 22.

nes Mikrofons vor einer unüberschaubaren Menschenansammlung aufweist. Denn auch derjenige, der vor einer großen Gruppe von Menschen steht und zu ihr spricht, obwohl er nicht klar überschauen kann, wer die Menschen sind und vor allem wie viele ihm zuhören, betätigt lediglich seine Meinungsäußerungsfreiheit, aber keine Medienfreiheit aus Art. 5 I S. 2, da er weder Presse, Rundfunk oder Film veranstaltet. Es mangelt insofern an einer publizistischen Verbreitungsform.[203]

a) Objektiver Ansatz

Um auch in einer Realität, in der nutzergenerierte Inhalte den Charakter des Internets maßgeblich bestimmen, diese der Massen- oder Individualkommunikation zuordnen zu können, kann zunächst objektiv angesetzt werden. Wie bereits erwähnt, sind Medien in erster Linie Vermittler zwischen Menschen. Während die Meinungsfreiheit insbesondere den Kommunikationsvorgang zwischen zwei Standpunkten schützt, existiert innerhalb der Medienfreiheiten noch ein Mittler. Es gibt also einen Dritten im Kommunikationsvorgang, der den Kommunikationsvorgang und seinen Charakter durch Redaktion oder Lektorat maßgeblich beeinflusst.[204] Anders verhält es sich bei Inhalten aus dem Social Media Web. Der Inhalt ist ausschließlich vom Nutzer erstellt und wird nur von anderen Nutzern wahrgenommen. Die Information wird mithilfe des Social Media Web ohne jede Veränderung durch einen Dritten an den Adressaten getragen. Damit weist das Social Media Web Merkmale auf, die charakteristisch für Mund-zu-Mund-Kommunikation sind vor der Erfindung des Buchdrucks, aber untypisch für die Massenkommunikation.[205]

Allerdings würde ein solcher objektiver Ansatz dazu führen, dass eigene Meinungsäußerungen der Medien – zum Beispiel ein Presse- oder Fernsehkommentar durch Redakteure – nicht unter die Medienfreiheiten fallen würden. Zwar wären solche Meinungen auch nach dem rein objektiven Ansatz nicht völlig schutzlos, fielen sie ja dann unter die Meinungsäußerungsfreiheit aus Art. 5 I S. 1. Allerdings würde der besondere Schutz, den insbesondere die Pressefreiheit derzeit gewährleistet, oder aber die besondere Anforderungen, die sich aus der Rundfunkfreiheit ergeben, nicht auf solche Beiträge anwendbar.

Hier ergibt sich darüber hinaus die praktische Problematik, dass Bericht und Meinung häufig kaum voneinander zu trennen sind.[206] Schon die Art und Weise, wie

---

203 Vgl. *Schulze-Fielitz* in: Dreier, GG, Art. 5, Rn. 65.

204 Vgl. *Ipsen,* Staatsrecht II, Rn. 388 u. Rn. 412.

205 Vgl. *Jarvis,* Public Parts, S. 91 f.

206 *Herzog* in: Maunz/Dürig, GG, Art. 5, Rn. 51.

eine Information mithilfe von Massenkommunikation zugänglich gemacht wird, kann ein Werturteil enthalten. Meinung kann durch bloße Platzierung, Formulierung oder auch durch Tonfall zum Ausdruck gebracht werden, während gleichzeitig Informationen verbreitet werden.[207] Ein klares Kriterium zur Unterscheidung zwischen Massen- und Individualkommunikation ergibt sich jedoch nicht. Somit hilft ein ausschließlich objektiver Ansatz bei dieser Frage nur bedingt weiter.

b) Subjektiver Ansatz

Es könnte aber auch subjektiv angesetzt werden, wenn es darum geht, Inhalte aus dem Internet entweder der Individual- oder der Massenkommunikation zuzuordnen. Geht man nämlich vom Anbieter der Kommunikation selbst aus, fällt auf, dass nach seinem subjektiven Empfinden Massenkommunikation gar nicht gewünscht wird. Denn häufig treten die Nutzer unter erfundenen Namen auf oder sie verschleiern ihre Identität bewusst. Große Teile des Social Media Web sind von Anonymität geprägt.[208] Und auch dann, wenn der wahre Name zur Verwendung kommt, soll dies häufig nur zum privaten Gebrauch geschehen.[209]

Das Abstellen auf denjenigen, der kommuniziert, und nicht auf den Kommunikationsvorgang selbst, liegt nahe, bildet es doch die Grundlage für das bisherige Abgrenzungskriterium. Bislang kommt es, wie bereits beschrieben, darauf an, ob subjektiv auf Seiten des Handelnden im Kommunikationsvorgang die Absicht besteht, einen unüberschaubaren Personenkreis zu erreichen oder nicht.[210]

In diesem Zusammenhang könnte erwogen werden, den Gedanken der Sphärentheorie des BVerfG zum allgemeinen Persönlichkeitsrechts Art. 2 I in Verbindung mit Art 1 I heranzuziehen. Laut dem BVerfG ergänze dieses vom GG „unbenannte" Recht jene Grundrechte, die „konstituierende Elemente der Persönlichkeit" schützten. Dazu zählt auch die Meinungsfreiheit.[211] Dabei wird der Inhalt dieses Rechtes vom BVerfG nicht abschließend definiert. Um dem einzigartigen Charakter des allgemeinen Persönlichkeitsrechtes zu entsprechen, hat das BVerfG verschiedene Sphären anerkannt. So gehören zu den Schutzgütern des

---

207 Vgl. BVerfGE 12, 205 (260); 31, 314 (326).

208 Vgl. *Ladeur/Gostomzyk*, Der Schutz von Persönlichkeitsrechten gegen Meinungsäußerungen in Blogs, NJW 2012, 710 (714).

209 Vgl. *Solmecke* in: Hoeren/Sieber, Multimedia-Recht, 21.1, Rn. 12.

210 Vgl. *Schulz* in: Hahn/Vesting, Rundfunkrecht, § 20 RStV, 2.3; *Wendt* in: von Münch/Kunig, GG, Art. 5, Rn. 30.

211 BVerfGE 54, 148 (154).

allgemeinen Persönlichkeitsrechts die Intim-, Geheim- und die Sozialsphäre.[212] Grundsätzlich solle jeder Einzelne selbst darüber entschieden können, wie er sich anderen gegenüber in der Öffentlichkeit präsentiere und welche Sphären seiner Lebensgestaltung er dabei zugänglich mache.[213]

Eine ähnliche Unterteilung bietet sich auch bei der Frage an, ob ein Einzelner Individual- oder Massenkommunikation betreiben will. Denn bei der Sphärentheorie wird u. a. auf die Frage eingegangen, welche und vor allem wem gegenüber ein Einzelner Informationen über sich und seine Persönlichkeit preisgeben will.[214] Mit anderen Worten beschäftigt sich die Sphärentheorie mit der Frage, welche Informationen jemand über seine Persönlichkeit der Allgemeinheit zugänglich machen will und welche nicht.

Man könnte zwischen einer medialen und nichtmedialen Sphäre von Meinungsäußerungen unterscheiden. Fiele eine bestimmte Kommunikation in die mediale Sphäre einer Person, wäre sie bei Vorliegen der weiteren Voraussetzungen vom Schutzbereich einer der Medienfreiheiten erfasst. Die Kommunikation in der nichtmedialen Sphäre wäre dagegen zur Gänze der Meinungsäußerungsfreiheit zuzuordnen. Die Abgrenzung dieser Sphären ließe sich anhand verschiedener Faktoren vornehmen. So kommt der Rolle, die derjenige einnimmt, der kommuniziert, eine entscheidende Bedeutung zu. Veröffentlicht zum Beispiel ein Journalist einen Artikel auf der Internetpräsenz eines Presseunternehmens, ist mit Sicherheit anzunehmen, dass der Text der medialen Sphäre zuzuordnen ist. Denn selbst wenn er unter seinem Namen veröffentlicht, so will er ganz bewusst, dass seine konkrete Tätigkeit für das Presseunternehmen wahrgenommen wird. Der Kommentator dieses Artikels, der seine Meinung dazu im Forum zum Ausdruck bringt, aber einen verfälschten Namen verwendet, der also seine Identität nicht preisgibt, möchte als Individuum wahrgenommen werden und betätigt seine nichtmediale Sphäre. Eine solche Äußerung dient im Wesentlichen der Selbstdarstellung in der Öffentlichkeit.

Das BVerfG hat die Sphärentheorie in jüngerer Zeit relativiert und entfernt sich von der strikten Trennung absolut geschützter Intimsphäre und relativ ge-

---

212 BVerfGE 54, 148 (154); in diesem Zusammenhang ist insbesondere das Lebach-Urteil des BVerfG erwähnenswert, in dem das BVerfG den Bereich unantastbarer Lebensgestaltung konkretisierte und gleichzeitig Grundsätze über das Verhältnis zwischen den Medienfreiheiten und dem allgemeine Persönlichkeitsrecht schuf, BVerfGE 35, 202 (219 ff.).

213 Vgl. BVerfG 54, 148 (155), BVerfGE 63, 131 (142); *Fechner*, Medienrecht, 4. Kapitel, Rn. 9.

214 Vgl. OLG Hamburg, Urt. v. 22.6.1999 (7 U 19/99).

schützter Privatsphäre. Für die Einordnung in Intim- oder Privatsphäre kommt es für das BVerfG nun weniger auf objektive, formell bestimmbare Umstände an, als vielmehr auf den materiellen Gehalt der Information über die Person.[215] Allerdings lässt auch dieser Grundgedanke sich bei der Einordnung in mediale und nichtmediale Sphäre verwenden. Zur Bestimmung des Willens, ob der Kommunizierende sich medial oder nichtmedial verhalten will, kann der Inhalt seiner Kommunikation ebenso maßgeblich herangezogen werden.

Letztlich wird immer eine Einzelfallentscheidung zu fällen sein, um festzustellen, ob eine Kommunikation den Medienfreiheiten zugeordnet werden kann. Die oben beschriebenen Ansätze könnten aber die Hilfestellung bieten, um unerwünschte Ergebnisse zu vermeiden. Denn hinsichtlich der Frage, ob Inhalte des Social Media Web verfassungsrechtlich Rundfunk oder Presse zuzuordnen sind, besteht letztlich Einigkeit, dass dies nicht wünschenswert ist.[216]

VII. Zwischenergebnis

Die Frage, was Medien eigentlich sind, lässt sich in der Zeit der Digitalisierung und insbesondere des Social Media Web nicht mehr leicht beantworten. Abgrenzungsschwierigkeiten ergeben sich schon bei der Frage, was überhaupt Massenkommunikation ist. Weiter verschwimmen die Grenzen zwischen Presse und Rundfunk. Diese beiden Medien stehen nach wie vor im Zentrum aller verfassungsrechtlichen Fragen, die sich mit den Medien beschäftigen, sind sie doch Hauptadressaten der Medienfreiheiten aus Art. 5 I S. 2. Ohne Zweifel zählt auch die Kommunikation im Internet dazu. Nicht unter den Schutzbereich der Medienfreiheiten zählt aber alles, was dem Social Media Web zugeordnet wird. Derjenige, der sich dessen Dienste bedient, übt aktiv seine Meinungsäußerungsfreiheit aus, nicht aber eine Medienfreiheit.

---

215 Vgl. *Di Fabio* in: Maunz/Dürig, GG, Art. 2, Rn. 161.

216 Vgl. *Koreng,* Zensur im Internet, S. 32 f.; *Fechner,* Medienrecht, 3. Kapitel, Rn. 105; *Ring/Gummer,* Medienrechtliche Einordnung neuer Angebote über neue Übertragungswege, ZUM 2007, 433 (437).

C. Medien und Demokratie

Nachdem festgestellt wurde, was unter dem Begriff der Medien zu verstehen ist, und vor allem, was nicht darunter fällt, kann der Frage nachgegangen werden, wie ihre Tätigkeiten verfassungsrechtlich einzuordnen sind. Von elementarem Interesse ist dabei die Frage, ob diese Tätigkeiten eine Form von verfassungsrechtlicher Legitimation benötigen.

Für die Medien wird mitunter auch der Begriff der „vierten Gewalt" verwendet. Dieser Begriff soll deutlich machen, dass den Medien besondere Aufgaben in Bezug auf die drei herkömmlichen Gewalten, Legislative, Exekutive und Judikative, zukommen. Dazu zählen insbesondere die Prägung der öffentlichen Meinung sowie die Kontrolle der Staatsgewalten.[217] Die häufige Verwendung dieses Begriffs auch in der staatsrechtlichen Literatur[218] wirft die Frage auf, ob ihm nicht doch eine Erkenntnis innewohnt, die seine Praktikabilität erklärt. Stimmt es also, dass die Medien eine „vierte Gewalt" neben den drei anderen Gewalten im Staat darstellen? Sollte dem so sein, stellt sich nachfolgend die Frage, ob eine solche Einstufung der Medien Rechtsfolgen für sie bedeuten könnte. Dürfen die Medien ihre „Gewalt" ungehemmt ausüben? Oder muss auch ihre „Gewalt" sich am Maßstab des Grundgesetzes messen lassen?

I. Medien und das Demokratieprinzip

Bereits vielfach erwähnt wurde der große Einfluss, den die Massenmedien, also verfassungsrechtlich gesehen insbesondere Rundfunk und Presse, auf die Demokratie entwickelt haben. Die Ursache hierfür ist unmittelbar im Demokratieprinzip, welches aus Art. 20 abgeleitet wird, zu finden. So heißt es in dessen erstem

---

217 Vgl. *Schemmer* in: BeckOK, GG, Art. 5, Rn. 37, der aber zugleich auf die staatorganisationsrechtlich problematischen Missverständnisse hinweist, die durch die Verwendung dieses Begriffs entstehen. Er wird daher für unzutreffend gehalten; *Dörr*, Freies Wort, freies Bild und freie Berichterstattung vs. Datenschutz? Die Entwicklung der kommunikativen Freiheit durch den Datenschutz, ZUM 2006, 536 (537).

218 Vgl. BVerfGE 121, 30 (41); *Stender-Vorwachs/Theißen*, Das Persönlichkeitsrecht der Frau in den Medien, NJW 2006, 549; *Gounalakis/Zagouras*, Plädoyer für ein europäisches Medienkonzentrationsrecht, ZUM 2006, 716 (725); *Dörr*, Freies Wort, freies Bild und freie Berichterstattung vs. Datenschutz? Die Entwicklung der kommunikativen Freiheit durch den Datenschutz, ZUM 2006, 536 (537).

Absatz: „Die Bundesrepublik ist ein demokratischer (...) Bundesstaat." Weiter heißt es in Absatz 2, Satz 1: „Alle Staatsgewalt geht vom Volke aus."

Tatsächliches Zentrum des Demokratieprinzips ist also die Volkssouveränität.[219] Staatsgewalt muss sich auf den Willen des Volkes zurückführen lassen.[220] Damit wird der Volkswille zentrales Objekt der Legitimation von Staatsgewalt in Deutschland. Die Bildung dieses Willens muss sich vom Staatsvolk zu den Staatsorganen vollziehen. Vor allem aber muss sie freiheitlich sein.[221]

Es ist diese freiheitliche Bildung des Volkswillens, die den großen Einfluss der Medien auf demokratische Prozesse möglich macht. Denn die Medien entfalten laut BVerfG ihre schlechthin konstituierende Wirkung gerade auf den Willensbildungsprozess des Volkes, weil sie die Auseinandersetzung der Meinungen erst ermöglichen, die wesentliches Element einer freiheitlichen demokratischen Ordnung ist.[222] Mit anderen Worten könnte der Volkswille nicht ohne die Medien und die ihnen zugesprochenen Freiheiten entstehen und somit auch keine demokratische Legitimation stattfinden. Zutreffend stellt das BVerfG grundsätzlich fest, dass Demokratie ohne Medien nicht existieren kann.[223]

Damit kommt den Medien auf den ersten Blick eine vergleichbare Rolle zu, die das Grundgesetz in Art. 21 I den Parteien zugesprochen hat. Die Parteien sind ein verfassungsrechtlich notwendiger Bestandteil der demokratischen Grundordnung der Bundesrepublik.[224] Ihnen ist es auferlegt, an der politischen Willensbildung aktiv mitzuwirken. Somit ist ihnen unzweifelhaft vom Grundgesetz eine öffentliche Aufgabe übertragen worden.[225] Sie sollen an der Willensbildung im Volk mitwirken.

Auch in der verfassungsrechtlichen Literatur zu den Medienfreiheiten ist immer wieder von einer „öffentlichen Aufgabe" zu lesen.[226] Ob den Medien aber eine öffentliche Aufgabe verfassungsrechtlicher Art zukommt, ist fraglich und

---

219 Vgl. *Kloepfer,* Verfassungsrecht Bd. 1, § 7 Rn. 12.

220 Vgl. *Pieroth,* Das Demokratieprinzip des Grundgesetzes, JuS 2010, 473 (476).

221 Vgl. *Grzeszick* in: Maunz/Dürig, GG, Art. 20, Rn. 17.

222 BVerfGE 20, 162 (176 f.).

223 Vgl. BVerfGE 35, 202 (222).

224 Vgl. BVerfGE, 44, 125 (145); 73, 40 (85).

225 Vgl. *Sannwald* in: Schmidt-Bleibtreu/Hofmann/Hopfauf, GG, Art. 21, Rn. 21.

226 Vgl. *Hoffmann-Riem* in: AK-GG, Art. 5, Rn. 178; *Starck* in: v. Mangoldt/Klein/Starck, GG, Art. 5, Rn. 73–80, 107–109; *Herzog* in: Maunz/Dürig, GG, Art. 5 Rn. 119 und 194; *Fritze,* Zur Haftung des Informanten für Presseveröffentlichungen, GRUR 1967, 576 (578); *Fiedler,* Zunehmende Einschränkungen der Pressefreiheit, ZUM 2010, 18 (19).

umstritten.[227] Ebenso fraglich ist, ob die Erfüllung dieser Aufgabe eine aktive Ausübung staatlicher Gewalt darstellt oder dieser zumindest nahekommt.

1. Das Verhältnis zwischen Art. 5 I GG und Art. 38 I 2 GG

Um die besondere Wirkung aufzuzeigen, die Medien auf das Demokratieprinzip haben, soll das Verhältnis zwischen den Medienfreiheiten und einem verfassungsrechtlichen Grundsatz untersucht werden, der wie kein anderer von demokratischer Meinungsbildung beeinflusst wird. Art. 38 I S. 2 formuliert das sogenannte freie Mandat der Abgeordneten im Bundestag:

„Sie sind Vertreter des ganzen Volkes, an Aufträge und Weisungen nicht gebunden und nur ihrem Gewissen unterworfen."

Das freie Mandat ist ein direkter Ausfluss aus dem Demokratieprinzip.[228] Art. 38 I 2 ist ein Bekenntnis des Grundgesetzes zur repräsentativen Demokratie Deutschlands. Hier findet sich ein „Grundpfeiler des Parlamentarismus".[229] Denn die wesentlichen Entscheidungen der Legislative werden nicht vom Volk selbst und auch nicht von Parteien gefällt. Diese Aufgabe obliegt den Abgeordneten, die wiederum jeweils nur ihrem Gewissen unterworfen sind.[230] An die Stelle des empirisch festgestellten Volkswillens tritt der mehrheitliche Wille der Abgeordneten.[231] Auf dem Wege der Repräsentation wird nicht der Volkswille maßgeblich für die grundrechtsrelevanten Entscheidungen, sondern vielmehr der Wille derjenigen, die sie im Parlament repräsentieren. Nicht das Volk entscheidet, sondern seine Vertreter in Form von staatlichen Amtsträgern.[232]

Art. 38 I 2 verbietet jede Form des imperativen Mandats.[233] Die Abgeordneten dürfen keinen Instruktionen, egal welcher Art, folgen, sei es auch denen der Par-

---

227 Kritisch vor allem im Hinblick auf die Ableitung von Privilegien für die Medien gegenüber dem Staat: *Starck* in: v. Mangoldt/Klein/Starck, Art. 5, Rn. 75; *Herzog* in: Maunz/Dürig, GG, Art. 5, Rn. 119.

228 Vgl. *Pieroth,* Das Demokratieprinzip des Grundgesetzes, JuS 2010, 473 (480).

229 *Butzer* in: BeckOK, GG, Art. 38, Rn. 77.

230 *Sendler,* Abhängigkeit der unabhängigen Abgeordneten, NJW 1985, 1425 (1426), der gleichzeitig die Frage erwähnt, ob es sich bei der Freiheit des Abgeordneten nicht um eine „faustdicke Lüge" handelt, darauf aber nicht weiter eingeht.

231 Vgl. *Demmler,* Der Abgeordnete im Parlament der Fraktionen, S. 72–73.

232 *Pieroth* in: Jarass/Pieroth, GG, Art. 38, Rn. 25.

233 Vgl. BVerfGE 2,1 (74); *Kretschmer* in: Schmidt-Bleibtreu/Hofmann/Hopfauf, GG, Art. 38, Rn. 61.

tei, der sie angehören.[234] Sie sollen allein so entscheiden, dass ihrer Überzeugung nach dem Wohl von Staat und Volk am besten gedient ist.[235] Sie können sich frei auf ihr Gewissen berufen, ohne dies begründen zu müssen oder sich einer gerichtlichen Überprüfung zu stellen.[236]

Die Wirkung des freien Mandats zielt dabei in verschiedene Richtungen. Auf den ersten Blick richtet sich diese Freiheit unter anderem gegen die Parteien und ihren Einfluss, den sie auf die Abgeordneten auszuüben versuchen.[237] Die Parteien sind über die Aufstellung der Wahllisten nicht nur entscheidend dafür, wer den Abgeordnetenstatus erhält.[238] Darüber hinaus kollidieren die Rechte der Parteien ebenfalls regelmäßig mit dem freien Mandat, wenn das Abstimmungsverhalten des Abgeordneten durch Beschlüsse auf Parteitagen oder von Parteiorganisationen zu innerparteilicher Solidarität gelenkt werden soll.[239]

Im Rechtssinne wird Art. 38 I S. 2 aber nicht von Art. 21 I eingeschränkt.[240] Auch wenn eine Anbindung der Abgeordneten an ihre Parteien erlaubt und gewollt ist,[241] so liegt der Grund für die Wirkung des freien Mandats in der Entscheidung des Grundgesetzes für eine Repräsentativverfassung. Die Verfassungsgeber wollten gerade keine reine Wahl der Parteien.[242] Genauso entfaltet die Entscheidungs- und Gewissenfreiheit der Abgeordneten ihre Wirkung gegenüber anderen Formen der inhaltlichen Einflussnahme. Dabei richtet sich diese Freiheit auch gegen die Wähler selbst.[243] Ein einmal gewählter Abgeordneter ist nicht verpflichtet, sich den Wünschen seiner Wähler zu beugen.[244] Für diesen Gedanken spricht auch die derzeitige Praxis hinsichtlich der Bestimmung des Volkswillens. Denn obwohl Art. 20 I GG ausdrücklich neben den Wahlen Abstimmungen zu konkreten staatlichen Angelegenheiten vorsieht, damit das Wahlvolk seinen Wil-

234 Vgl. *Sendler,* Abhängigkeiten der unabhängigen Abgeordneten, NJW 1985, 1425 (1426); dazu später ausführlich unter den Ausführungen zu a) Der Abgeordnete und die Fraktion.

235 Vgl. *Butzer* in: BeckOK, GG, Art. 38, Rn. 84.

236 Vgl. *Trute* in: v. Münch/Kunig, GG, Art. 38, Rn. 87 f.

237 Vgl. *Butzer* in: BeckOK, GG, Art. 38, Rn. 90.

238 Vgl. *v. Arnim,* Die Parteien und nicht die Bürger bestimmen die Abgeordneten, ZRP 2004, 115 (116).

239 Vgl. *Pieroth* in: Jarass/Pieroth, GG, Art. 38, Rn. 27.

240 Vgl. BVerfGE 76, 256 (341).

241 Vgl. BVerfGE 112, 118 (135); BVerfGE 118, 277 (329).

242 Vgl. BVerfGE 11, 266 (273); BVerfGE 95, 335 (349).

243 Vgl. *Butzer* in: BeckOK, GG, Art. 38, Rn. 88.

244 Zur sogenannten doppelten Stoßrichtung des freien Mandats vgl. *Klein* in: Maunz/Dürig, GG, Art. 38, Rn. 189.

len zum Ausdruck bringen kann, bilden die verschiedenen Erscheinungsformen direkter Demokratie in der repräsentativen Demokratie der Bundesrepublik die Ausnahme.[245]

Auf Bundesebene sind Volksentscheide derzeit verfassungsrechtlich grundsätzlich unzulässig.[246] Darunter versteht man die Vornahme eines rechtlich bindenden Gesetzgebungsvorgangs nicht durch Abstimmung im Parlament, sondern durch Abstimmung im Volk. Dasselbe gilt für das Volksbegehren, bei dem legislative Anträge durch das Erreichen eines bestimmten Quorums gestellt werden. Auch das Referendum, ein Gesetzgebungsverwerfungsrecht, dem ein zuvor parlamentarisch er- und ausgearbeitetes Gesetzesvorhaben zugrunde liegt, gibt es auf Bundesebene nicht.[247] Das einzige Beispiel unmittelbarer Demokratie im Grundgesetz findet sich in Art. 29 GG.[248] Hier wird die Neugliederung des Bundesgebiets zwar durch ein Bundesgesetz geregelt. Dieses bedarf jedoch der Bestätigung durch Volksentscheid (Art. 29 II). Allerdings ist der Volksentscheid vom Gesetzgeber ausdrücklich auf die Frage beschränkt worden, ob die bisherigen Länder bestehen bleiben sollen oder die neue Ordnung aus Gesetz angenommen wird (Art. 29 III S. 2).[249]

Bereits die Zulässigkeit der konsultativen Volksbefragung, die keine rechtliche Bindung entfaltet, sondern lediglich die Meinung des Volkes zu einer bestimmten Frage feststellen soll, ist verfassungsrechtlich fragwürdig.[250] Problematisch ist, dass eine solche Feststellung ein solches Gewicht entfalten könnte, dass der Staat, seine Organe oder die Abgeordneten des Bundestags sich dem nicht mehr entziehen könnten.[251] Mit anderen Worten würde schon das Ergebnis einer solchen Befragung einen solchen Druck auf die Abgeordneten entfalten, dass sie ihr

---

245 Vgl. *Grzeszick* in: Maunz/Dürig, Art. 20, Rn. 112; *Przygode,* Die deutsche Rechtsprechung zur unmittelbaren Demokratie, S. 197.

246 Dies gilt bis auf die Ausnahme aus Art. 146, der das Volk dazu ermächtigt, sich durch Volksentscheid eine neue Verfassung zu geben; andere Volksentscheide würden das Repräsentationsprinzip des Grundgesetzes ausheben, vgl. BVerfGE, 102, 224 (237); *Pieroth* in: Jarass/Pieroth, GG, Art. 38, Rn. 24.

247 *Przygode,* Die deutsche Rechtsprechung zur unmittelbaren Demokratie, S. 39 f.

248 Vgl. *Maunz/Herzog/Scholz* in: Maunz/Dürig, GG, Art. 38, Rn. 46.

249 Vgl. *Hellermann* in: BeckOK, GG, Art. 38, Rn. 17.

250 Vgl. *Grimm/Hummrich,* Zum Einfluss der Landesparlamente auf die Stimmabgabe im Bundesrat im Fall der Übertragung von Länderkompetenzen, DÖV 2005, 280 (284); *Dreier* in: Dreier, GG, Art. 20, Rn. 111 f.; *Grzeszick* in: Maunz/Dürig, GG, Art. 20, Rn. 114.

251 Vgl. *v. Mangoldt* in: v. Mangoldt/Klein/Starck, GG, Art. 20, Rn. 162.

Mandat nicht mehr frei ausüben könnten. Es entstünde eine faktische Bindung des Parlaments an die Entscheidungen im Volk.

Das BVerfG hat in seinen früheren Entscheidungen konsultative Volksbefragungen zwar untersagt. Allerdings beruhten diese Entscheidungen auf der mangelnden Kompetenz der Länder bei der Gesetzgebung und weniger auf dem Druck, der durch sie auf den Staatsorganen lastet.[252] Damit gibt es zwar keine verbindliche Aussage des BVerfG zur Zulässigkeit von Volksbefragungen auf Bundesebene. Es bleibt jedoch bei dem Umstand, dass ein Abgeordneter sich kaum gegen das Ergebnis einer solchen Volksbefragung richten kann und wird. Denn obwohl er sich auf die Freiheit seiner Entscheidungen und seines Gewissens berufen könnte, müsste er sich aktiv gegen den ausgesprochenen Willen des Volkes stellen. Dies würde unzumutbaren Druck auf ihn ausüben und sein freies Mandat unzulässig beschränken. Art. 38 I S. 2 steht damit nicht nur rechtlich bindenden Abstimmungen entgegen, sondern richtet sich in seiner Wirkung nach derzeitiger Verfassungsrechtslage gegen alle direktdemokratischen Elemente.

a) Der Abgeordnete und die Fraktion

Das größte Konfliktpotenzial des freien Mandats des Abgeordneten besteht jedoch nicht mit der Partei. Vielmehr sind es die „Parteien im Parlament", die Fraktionen, mit denen die Freiheit der Abgeordneten am stärksten kollidiert.[253] Bei dieser Kollision treffen zwei Verfassungswerte aufeinander. Denn der öffentliche Auftrag, der in Art. 21 I formuliert wird, gilt seinem Wortlaut gemäß zunächst nur für die Parteien, könnte aber auch für die Fraktionen im Parlament gelten. Zwar sind Fraktionen rechtlich und funktional von den Parteien zu trennen, da sie in erster Linie Organe der Parlamente und nicht der Parteien sind.[254] Sie sind trotz ihrer engen Verbundenheit mit den Parteien dem staatlich-organschaftlichen Bereich zuzuordnen – im Gegensatz zu den Parteien.[255] Dennoch treten sie als „Parteien im Parlament" auf.[256] Dabei entsteht die Frage, ob die öffentliche Aufgabe des Art. 21 I eine bloß gesellschaftlich-politische sein soll. Dies erscheint insbesondere vor dem Hintergrund der besonderen Berufung, die der staatlich-parlamentarische Bereich auf den gesellschaftlichen Bereich immer wieder neh-

252 Vgl. BVerfGE 8, 104 (116 ff.).

253 Vgl. BVerfGE 20, 56 (104); BVerfGE 70, 324, (351); *Morlok* in: Dreier, GG, Art. 38, Rn. 175; *Butzer* in: BeckOK, GG, Art. 38, Rn. 124.

254 Vgl. *Kluth* in: BeckOK, GG, Art. 21, Rn. 49.

255 Vgl. BVerfGE 20, 56 (104).

256 *Schmidt,* Parteien und andere Vereinigungen, NJW 1984, 762 (764).

men muss, fragwürdig.[257] Viel eher muss die öffentliche Aufgabe aus Art. 21 I ihre Wirkung auch im staatlich-parlamentarischen Bereich entfalten und somit für die Fraktionen ebenfalls gelten.[258] Denn Fraktionen sind notwendige Elemente der parlamentarischen Willensbildung, deren verfassungsrechtliche Anerkennung derer der Parteien notwendigerweise folgen muss.[259]

Tatsächlich treffen somit Art. 38 I S. 2 und Art. 21 I insoweit aufeinander, als sowohl die Fraktion als auch der einzelne Abgeordnete, der ihr angehört, einen politischen Willen formuliert. Gemeinschaftlicher und individueller Wille könne kollidieren.[260] Für die Fälle, in denen Fraktionswille und der Wille des einzelnen Mandatsträgers nicht übereinstimmen, entsteht die Frage, welches Recht im Einzelfall überwiegt. Kommt es auf den Willen der Fraktion – der Gemeinschaft – oder auf den des Abgeordneten – des Individuums – an?

Geht man davon aus, dass das Grundgesetz eine Einheit bildet, dessen verschiedene Werte sich nicht gegenseitig aufheben sollen, sondern in gemeinschaftlichem Zusammenwirken das demokratisch-rechtsstaatliche Gemeinwesen konstituieren, dürfen sie sich untereinander nicht ausschließen.[261] Vielmehr muss ein Zustand praktischer Konkordanz hergestellt werden.[262] Vor diesem Hintergrund hat die herrschende Meinung die Zulässigkeit der Fraktionsdisziplin (auch Fraktionsloyalität oder Fraktionssolidarität genannt), jedoch die Unzulässigkeit von Fraktionszwang anerkannt.[263] Somit ist es zulässig, dass die Fraktionen auf ihre Mitglieder einwirken, um ein einheitliches Stimmverhalten anzustreben. Denn Fraktionsdisziplin bildet keinen Rechtszwang. Solange das Unterwerfen unter die Fraktionsdisziplin freiwilliger Natur ist, liegt keine missbräuchliche Ausübung der Macht vor, die Fraktionen naturgemäß über ihre Mitglieder haben.[264] Etwas anderes ergibt sich jedoch, wenn die Fraktionen, zum Beispiel durch das Androhen von Sanktionen, dem Abgeordneten nicht nur faktisch, sondern darüber hinaus

---

257 Vgl. hierzu die Ausführungen unter C I 1 b.

258 So *Demmler,* Der Abgeordnete im Parlament der Fraktionen, S. 63 ff., der zugleich die strikte Trennung von einem gesellschaftlichen und staatlichem Bereich bei Parteien ablehnt.

259 Vgl. BVerGE 70, 324 (350); BVerfGE 10,4, (14).

260 Vgl. *Sendler,* Abhängigkeiten des unabhängigen Abgeordneten, NJW 1985, 1425 (1427).

261 Zutreffend: *Demmler,* Der Abgeordnete im Parlament der Fraktionen, S. 66.

262 Vgl. *Butzer* in: BeckOK, GG, Art. 38, Rn. 111.

263 Vgl. *Sendler,* Abhängigkeiten der unabhängigen Abgeordneten, NJW 1985, 1425 (1427); BVerfGE 10, 4 (15).

264 Vgl. *Klein* in: Maunz/Dürig, GG, Art. 38, Rn. 203.

noch rechtlich ihre Entscheidungsfreiheit nehmen.[265] Andere Stimmen sehen das Androhen von Sanktionen nicht als grundsätzlich unzulässig an. Eine solche Sichtweise ist allerdings im Ergebnis abzulehnen.[266]

So würde eine Fraktion beispielsweise ihre Einflussmöglichkeiten in verfassungswidriger Weise ausüben, wenn sie ihr Recht auf die Verteilung der Redezeiten dergestalt betätigte, dass sie Abgeordneten unter Strafe des Ausschlusses verbietet, eine Rede im Plenum des Parlaments zu halten, die nicht der Meinung entspricht, welche die Fraktion vertritt.[267] Es ist daher unzulässig, ein bestimmtes Votum des Abgeordneten zu erzwingen.

Die Fraktionen dürfen somit Einfluss auf Abgeordnete nehmen – solange sie dabei die Entscheidungsfreiheit der Abgeordneten nicht verhindern. Diese Möglichkeit besteht nicht etwa, weil die Fraktionen die tatsächliche Möglichkeit dazu haben. Vielmehr sind sie hierzu vom Grundgesetz legitimiert. Die verfassungsrechtliche Legitimation lässt sich zum einen daraus ziehen, dass die Abgeordneten selbst das Recht besitzen, sich zu Fraktionen zusammenzuschließen, so sie es denn wünschen.[268] Als „notwendige Einrichtung des Verfassungslebens“ mit eigenen verfassungsrechtliche Rechten und Pflichten stellen sie dann einen maßgeblichen Faktor demokratischer Willensbildung auch im Parlament dar.[269] Dies ist ein Wesensmerkmal einer parteienstaatlichen Demokratie.[270] Die Einflussnahme auf die Abgeordneten muss schon deshalb zulässig sein, weil dadurch die Effektivität des Parlaments sichergestellt werden soll. Nur ein effektiv arbeitendes Parlament kann dem Demokratieprinzip aus Art. 20 II genügen, weil ein handlungsunfä-

265 Zutreffend: *Demmler,* Der Abgeordnete im Parlament der Fraktionen, S. 111 ff.

266 Vgl. *Stern,* Staatsrecht, Bd. I, § 24 IV 3; *Badura* in: Bonner Kommentar zum GG, Art. 38, Rn. 77. Unzulässig seien nur solche Sanktionen, welche die Stellung der Abgeordneten beträfen, nicht aber solche, die sich auf die Mitgliedschaften in Fraktion und Partei bezögen. Eine solche Ansicht ist allerdings nicht vertretbar, da sie konsequenterweise auch die Androhung des Fraktionsausschlusses für verfassungsgemäß halten müsste. Das BVerfG sieht in einer solchen Androhung jedoch zutreffend eine verfassungswidrige Ausübung der Fraktionsmacht. Ein Ausschluss von der Fraktion würde nämlich einen Ausschluss von den Willensbildungsprozessen bedeuten. Es wäre verfassungsrechtlich nicht hinnehmbar, dass einzelne Abgeordnete von eben diesen Prozessen ausgeschlossen würden, vgl. BVerfGE 10, 4 (15).

267 Vgl. BVerfGE 10, 4 (15).

268 Vgl. *Kretschmer* in: Schmidt-Bleibtreu/Hofman/Hopfauf, GG, Art. 40, Rn. 53.

269 BVerfGE 10, 4 (14); vgl. BVerfGE 2, 143 (167).

270 Vgl. *Badura,* Staatsrecht, E, Rn. 28.

higes Parlament seinen legislativen Aufgaben nicht gerecht werden könnte. Eine funktionierende Legislative ist für eine Demokratie wesentlich.[271]

Allerdings gilt es in diesem Zusammenhang zu beachten, dass die Fraktionen in ihrem Bestehen nicht nur über das Demokratieprinzip legitimiert sind. Fraktionen können sich nämlich nur unter bestimmten Voraussetzungen im Parlament bilden. Sie müssen mindestens 5 % der Mitglieder des Bundestages derselben Partei hinter sich vereinigen (§ 10 I S. 1 GO BT), um sich überhaupt bilden zu können. Können sie dies nicht, könnten sie höchstens eine Gruppe im Parlament bilden (§ 10 IV GO BT).[272] Parlamentarische Gruppen sind zwar ebenfalls demokratisch legitimiert, besitzen aber nicht dieselben Rechte wie Fraktionen, weil eine Gleichstellung der Gruppen mit den Fraktionen verfassungsrechtlich nicht zulässig wäre.[273] Die stärkere Legitimation durch höhere Repräsentation resultiert in einer Erhöhung ihrer verfassungsrechtlichen Rechte. Dies bedeutet im Ergebnis, dass Fraktionen in bestimmtem Umfang auf den Abgeordneten und sein freies Mandat Einfluss ausüben dürfen. Dieser Einfluss muss jedoch legitimiert sein. Dies ist er sowohl über wesentliche Prinzipien der parlamentarischen und parteistaatlichen Demokratie als auch über die Tatsache, dass Fraktionen nur solche Zusammenschlüsse sein können, die 5 % der demokratisch gewählten Abgeordneten hinter sich vereinigen können. Mit anderen Worten dürfen nur solche Zusammenschlüsse Parlamentsmitglieder in ihrer Willensbildung beeinflussen, auf die sich eine bestimmte Anzahl von Abgeordneten vereinigt, die wiederum über Wahlen demokratisch legitimiert sind. Das Bestehen einer Fraktion lässt sich damit unmittelbar auf den Volkswillen zurückführen.

Daraus lässt sich allgemein schließen, dass der zulässigen Einflussnahme auf das freie Mandat aus Art. 38 I S. 2 ein Legitimationsbedürfnis vorangeht. Nur jene, denen es das Grundgesetz gestattet, dürfen sich bemühen, die Entscheidungsfindung der Abgeordneten zu lenken.

---

271 Vgl. *Pieroth* in: Jarass/Pieroth, GG, Art. 20, Rn. 15; Art. 21, Rn. 3; Art. 38, Rn. 24; so zeichnete sich der Reichstag der Weimarer Republik insbesondere durch unsichere Mehrheitsverhältnisse aus, die letztlich zum Scheitern der Demokratie in Deutschland beitrugen, vgl. *Butzer* in: BeckOK, GG, Art. 38, Rn. 4.

272 Die Ausgestaltung der Fraktionsrechte unterliegt der Geschäftsordnungsautonomie des Parlaments und ist verfassungsrechtlich nicht zu beanstanden, vgl. BVerfGE 44, 308 (318), 102, 224 (242).

273 Vgl. *Klein* in: Maunz/Dürig, GG, Art. 38, Rn. 268.

b) *Der Abgeordnete und die Medien*

Die Fraktionen sind aber längst nicht die einzigen, die den Willensbildungsprozess des einzelnen Parlamentariers beeinflussen können und dies auch tun. Das freie Mandat konkurriert seiner Natur nach mit *allen* Formen politischer Willensbildung.[274] Wie oben bereits ausführlich beschrieben, sind dabei Presse und Rundfunk nicht nur bloßes Medium.[275] Ebenso tragen sie als Faktor zur politischen Meinungsbildung bei und bewegen sich dabei auf demselben Feld wie das freie Mandat. Damit steht auch die Betätigung der Medienfreiheiten aus Art. 5 I S. 2 in Konkurrenz zu Art. 38 I S. 2.

Fraglich ist jedoch, ob der Einfluss, den Medien auf parlamentarische Willensbildungsprozesse haben, von ähnlicher oder gar stärkerer Intensität ist, als der Einfluss, der von Fraktionen ausgeübt wird. Und folgt daraus ebenso ein Legitimationsbedürfnis wie für die Fraktionen? Bedürfen Medien einer verfassungsrechtlichen Grundlage für die Wirkung, die sie auf den Abgeordneten und sein freies Mandat haben – eine grundgesetzliche Ermächtigung?[276]

Käme man zu dem Ergebnis, dass Medien einen gleich hohen oder ähnlichen Einfluss auf das freie Mandat hätten wie die Fraktionen, führte dies zu einem Legitimationsbedürfnis von Presse und Rundfunk. Ein anderes Ergebnis stünde im Widerspruch zum Grundgesetz. Die Rechte der Abgeordneten aus Art. 38 I sind grundrechtsgleiche Rechte, die schon von Verfassung wegen nicht ohne Weiteres eingeschränkt werden dürfen.[277] Erst recht muss dann ein Legitimationsbedürfnis bestehen, könnten Presse und Rundfunk den Abgeordneten stärker beeinflussen als die Fraktionen im Parlament. Es wäre verfassungsrechtlich fragwürdig, wenn

---

274 Vgl. *Butzer* in: BeckOK, GG, Art. 38, Rn. 87–97.

275 Laut Rechtsprechung des BVerfG sei die Presse neben einem Medium auch ein Faktor bei der öffentlichen Meinungsbildung, vgl. BVerfGE 12, 113 (125); Dasselbe gilt für den Rundfunk, vgl. BVerfGE 12, 205 (260).

276 An dieser Stelle sei darauf hingewiesen, dass zwischen verfassungsrechtlicher Legitimation und demokratischer Legitimation nicht unmittelbar unterschieden werden muss. Die Legitimation des Grundgesetzes lässt sich direkt auf die Volkssouveränität zurückführen. Damit bedürfen Verfahren, die verfassungsgemäß sind, keiner weiteren Legitimationsgrundlage, vgl. *Badura*, Staatsrecht, A, Rn. 9; „Nach dem Grundgesetz bedeutet verfassungsgemäße Legalität zugleich demokratische Legitimität", BVerfGE 62, 1 (43).

277 Vgl. *Klein* in: Maunz/Dürig GG, Art. 38, Rn. 193. Die Rechte des Abgeordneten können nicht im Wege der Verfassungsbeschwerde eingeklagt werden, da sie insofern nicht auf Grundrechten beruhen. Abgeordneten steht aber der Weg des Organstreits offen, BVerfGE 2,143 (166); 118, 277 (317).

nur der schwächere Einfluss von Fraktionen auf die parlamentarische Willensbildung ein Legitimationserfordernis auslösen würde, der stärkere Einfluss der Medien hingegen aber verfassungsrechtlich unbedenklich sein soll.

(1) Entparlamentisierung

Das Zentrum der Verfassungswirklichkeit der Bundesrepublik ist das Parlament – der Bundestag. Er wird nicht ohne Grund von allen Staatsorganen vom Grundgesetz zuerst behandelt.[278] Die Gesetze, die gemäß Art. 20 III die Grundlage staatlichen Handelns bilden müssen, werden hier erarbeitet und beschlossen. Die Rechte der Abgeordneten aus Art. 38 I S. 2 werden somit auf der Ebene ausgeübt, auf der die wichtigsten Entscheidungsprozesse des Staates stattfinden.

Hans H. Klein macht in seiner Kommentierung zu Art. 38 auf ein Phänomen aufmerksam, das er als „Entparlamentisierung" bezeichnet.[279] Damit wird die Beobachtung beschrieben, dass vielfach Entscheidungsprozesse nicht mehr im Plenum des Parlaments stattfänden, sondern geradezu ausgelagert würden.[280] Eine solche Entmachtung des Parlaments würde den Verlust demokratischer Legitimation staatlichen Handelns bedeuten.[281] Zu den verschiedenen Umständen, die den Gesetzgeber unter „Vollzugszwang" setzen könnten, gehöre unter anderem die sogenannte „Mediendemokratie", in welcher der öffentliche Diskurs nicht mehr primär im Parlament stattfinde, sondern vielmehr in Gesprächsrunden, die keinerlei rechtliche Bindung entfalteten.

In diesem Zusammenhang steht der von *Ulrich Sarcinelli* eingeführte Begriff des „Christiansen-Syndroms".[282] Damit beschreibt er, wie die Politik Fernsehsendungen als Plattform benutzt, um Positionen einem millionenstarken Publikum zu präsentieren. Er benennt diese Vorgänge als typisch für eine Mediendemokratie, die aus seiner Sicht zwar noch nicht „postparlamentarisch" sei, in der insbesondere das Parlament aber dem medialen Anschein nach an Gewicht und Bedeutung verliere. Denn sogar hochrangige Politiker würden der politischen Diskussion im Fernsehen mehr Bedeutung beimessen als derjenigen im Plenum

278 Vgl. *Badura*, Staatsrecht, E, Rn. 23.

279 Vgl. *Klein* in: Maunz/Dürig, GG, Art. 38, Rn. 57–66.

280 *Klein* erwähnt unter anderem die starke Abhängigkeit von sogenannten Expertenkommissionen oder den Sachverstand von Verbänden, die Gewichtsverschiebung vom Parlament zur Regierung aufgrund der Komplexität der Sachverhalte, sowie die Entscheidungen, die durch Vermittlungsausschüsse getätigt würden.

281 Vgl. *Klein* in: Maunz/Dürig, GG, Art. 38, Rn. 57.

282 Vgl. *Sarcinelli*, Das „Christiansen-Syndrom" Politik zwischen Medien und Verhandlungsdemokratie, Forschung und Lehre 2004, 422 ff.

des Bundestags. *Sarcinelli* behauptet, dass Medienpräsenz eine besondere Form von Macht sei, die politische Akteure gebrauchen würden. Medien seien eben nicht bloßes Medium, sondern *Faktor demokratischer Willensbildung.*[283] Als solcher folgten sie aber ganz eigenen Regeln, die nicht mit denen demokratischer Willensbildung übereinstimmten.[284] *Sarcinelli* schließt, dass in einer zunehmend medialen Wirklichkeit die Massenmedien mehr denn je für die Vermittlung demokratischer Prozesse gebraucht würden. Die bisherige Politik der Entscheidung komme ohne die Politik der Darstellung nicht mehr aus.[285] Folgt man diesem Schluss, würde das aber bedeuten, dass den Medien eine unabdingbare Rolle in der deutschen Demokratie zufiele. Daran schließt sich direkt die Frage an, ob mit dieser unabdingbaren Aufgabe die Notwendigkeit verfassungsrechtlicher Legitimation einhergeht. Andernfalls würde diese Aufgabe von denjenigen übernommen, deren Verhalten sich nicht am Maßstab des Grundgesetzes messen lässt.

Klein sieht in diesem Phänomen jedoch keine Verlagerung des politischen Prozesses. Das einzige, was zum Beispiel durch „Talkshows" stattfinde, sei die Ausrichtung der Aufmerksamkeit der Bevölkerung auf bestimmte politische Akteure. Zudem könne es sich insbesondere bei solchen Formaten um Modeerscheinungen handeln.[286] Dass der Personalisierung der Politik durch die Medien keine rechtswissenschaftliche Bedeutung zugemessen werden könne, ist aber zu bestreiten. Nicht umsonst betrachtet *Kube* die Vermittlung politischen Scheins, bei dem Sympathie und Antipathie gegeneinander ausgespielt würden, mit Sorge. Denn auf diese Weise würde insbesondere die „demokratische Primärlegitimation" des Parlaments in den Hintergrund gedrängt.[287] Diese Sorge ist zu teilen. Öffentliche Debatten vermögen die politische Willensbildung des Staates nicht nur zu begünstigen. Sie können sie auch vorformen, also die Tendenz und Richtung einer Entscheidung maßgeblich vorgeben.[288] Damit kann auch eine Talkrunde im Fernsehen, so sehr sie Ausdruck einer Modeerscheinung sein mag, für die Willensfindung des Parlaments maßgeblich sein. Gerade der Fokus auf einzelne politisch

---

283 So formuliert es auch das BVerfG in einer Vielzahl von Entscheidungen, vgl. BVerfGE 12, 205 (260); 57, 295 (320); 73, 118 (152); *Rossen-Stadtfeld* in: Hahn/Vesting, Rundfunkrecht, § 25, Rn. 34 ff.

284 Vgl. *Sarcinelli*, a. a. O. (423).

285 Vgl. *ders.*, a. a. O. (424).

286 Vgl. *Klein* in: Maunz/Dürig, GG, Art. 38, Rn. 63.

287 *Kube*, Zehn Thesen für Demokratie und Reformfähigkeit in Deutschland, ZRP 2004, 52 (54–55).

288 Vgl. BVerfGE 8, 104 (113); *Kannengießer* in: Schmidt-Bleibtreu/Hofman/Hopfauf, GG Kommentar, Art. 5, Rn. 11.

Handelnde und die Resonanz, die sie mit ihren nichtstaatlichen Medienauftritten in der Öffentlichkeit außerhalb des Parlaments erreichen, vermag die Ausübung des freien Mandats – eine hoheitlich übertragene Aufgabe, ein Amt[289] – erheblich zu beeinflussen. Art. 38 I S. 2 enthält das entscheidende Bekenntnis des Grundgesetzes zu einer repräsentativen Demokratie.[290] Einfluss auf das freie Mandat muss daher vor dem Hintergrund dieser für das parlamentarisch-demokratische System Deutschlands tragenden Säule[291] eine eigene Berechtigung aufweisen. Wie sich dieser Einfluss auswirken kann, wenn die Medienöffentlichkeit staatliche Entscheidungen vorformt, soll anhand einiger Fälle der jüngeren Vergangenheit aufgezeigt werden.

(2) Fallbeispiele

Im Hinblick darauf, wie die Medien die Ausübung des freien Mandats beeinflussen können, sollen verschiedene Gesetzgebungsverfahren zur Abgeordnetenentschädigung dargestellt werden.

1995 wurde „Diätenanpassung" durch die Gesellschaft für deutsche Sprache (GfdS) als Unwort des Jahres gewählt, da es als bloße Beschönigung einer eigentlichen Diätenerhöhung empfunden wurde. „Diätenanpassung" setzte sich gegen „Altenplage" (Beleidigung älterer Generationen), „Biologischer Abbau" (Ausscheiden aus dem Arbeitsleben), „Sozialverträglicher Stellenabbau" (Umschreibung für Entlassungen) und „Abfackeln" (von Sachen als auch Menschen) durch.[292] Dem vorangegangen war eine intensive Debatte um ein neues Abgeordnetengesetz (AbgG). In einem Gesetzesentwurf, der sowohl die Zustimmung der Regierungsparteien CDU und FDP als auch der damals sich in der Opposition befindlichen SPD erhielt, also von einer großen Mehrheit im Parlament getragen wurde, wurde vorgesehen, dass die Entschädigung der Bundestagsabgeordneten auf das Niveau von Bundesrichtern an einem obersten Bundesgericht der Besoldungsgruppe R6 angehoben werden sollte.[293] Dies hätte zu einer Diätenerhöhung von im Ergebnis mehr als 50 % geführt.

---

289 *Pieroth* in: Jarass/Pieroth, GG, Art. 38, Rn. 25.

290 Vgl. *Butzer* in: BeckOK, GG, Art. 38, Rn. 87.

291 Vgl. *Klein* in: Maunz/Dürig, GG, Art. 38, Rn. 204.

292 Vgl. www.gdfs.de; www.unwortdesjahres.net, abgerufen am 20.8.2012, Anbieter der Internetseite ist die Technische Universität Darmstadt, die Entscheidung über das „Unwort des Jahres" wird durch eine Jury getroffen, Vorschläge können von jedermann per E-Mail eingereicht werden.

293 Vgl. BT-Drs. 13/1825.

Erst nachdem das Gesetz bereits beschlossen worden war, berichteten die Medien ausführlich und kritisch über das Gesetzesvorhaben und analysierten es umfassend u. a. in Talkshows. Schließlich zog der damalige Vorsitzende der SPD, Rudolf Scharping nachträglich die Zustimmung seiner Fraktion zu dem bereits beschlossenen Gesetz zurück. Seine Handlung konnte allerdings keinerlei Rechtsfolgen nach sich ziehen, da die Entscheidung im Parlament schon gefallen war. Ein Bericht des Fernsehmagazins „Monitor“ am 5. Oktober 1995 wurde als entscheidend in diesem Prozess angesehen.[294] Das Gesetzesvorhaben scheiterte am 13. Oktober 1995 im Bundesrat.[295] Nur wenige Monate später entstand sehr schnell ein neues Gesetz, das zwar eine Erhöhung der Bezüge vorsah; diese fielen aber deutlich niedriger aus.[296]

Vorgänge dieser Art sollten sich in den darauffolgenden Jahren wiederholen. 2003 ereignete sich in Schleswig-Holstein eine sogenannte „Diätenkrise“, die am 5. Mai schließlich dadurch beendet wurde, dass die Landtagsfraktionen von CDU und SPD ihr Vorhaben, einen entsprechenden Gesetzesentwurf im Landtag beschließen zu lassen, wieder verwarfen.[297] In Schleswig-Holstein regierte damals eine Koalition aus SPD und Bündnis 90/Die Grünen. Die CDU hatte dem Vorhaben als Oppositionspartei zugestimmt. Im Vorwege hatte es starke mediale Kritik an dem Vorhaben gegeben.[298]

Auf Bundesebene erregten die Bezüge der Abgeordneten in der Folgezeit ebenfalls immer wieder die Aufmerksamkeit der Medien – insbesondere die der BILD-Zeitung des Axel-Springer-Verlages. Am 29. März 2006 warf Bundestagpräsident Norbert Lammert der BILD-Zeitung im Deutschlandfunk eine Kampagne vor, die nicht akzeptabel sei.[299] Im Vorfeld war laute mediale Kritik an einer Erhöhung der Bezüge der Abgeordneten ohne Einbußen bei der Altersversorgung bekannt geworden.[300] In diesem Zusammenhang hatte sich die BILD-Zeitung für ein anderes

---

294 Vgl. *v. Arnim,* Das neue Abgeordnetengesetz, NJW 1996, 1233 (1237).

295 Vgl. Stenographischer Bericht der 689. Sitzung des Bundesrates am 13.10.1995.

296 Vgl. Gesetz zur Neuregelung der Rechtsstellung der Abgeordneten v. 15.12.1995, BGBl. I, 1718.

297 Vgl. http://www.n-tv.de/politik/Diaetenerhoehung-vom-Tisch-article109732.html, abgerufen am 22.8.2012.

298 Vgl. http://www.handelsblatt.com/archiv/abgeordnete-im-visier-spd-basis-macht-im-kieler-diaetenstrei-druck/2243990.html, abgerufen am 22.8.2012.

299 Vgl. http://www.dradio.de/dlf/sendungen/interview_dlf/484108, abgerufen am 23.8.2012.

300 Vgl. http://www.spiegel.de/politik/deutschland/bundestag-parteien-streiten-ueber-diaeten-erhoehung-a-408442.html, abgerufen am 26.8.2012; http://www.stern.de/politik/deutschland/diaetenerhoehung-genug-ist-nicht-genug-558407.html v. 26.8.2012; http://www.zeit.de/online/2006/19/Altersbezuege, abgerufen am 26.8.2012.

Modell ausgesprochen, das einer Neuregelung der Einkünfte aus Nebentätigkeiten der Abgeordneten zugrunde gelegt werden sollte.[301] Lammert nannte in seinem Interview mit dem Deutschlandfunk die Tätigkeiten der BILD in diesem Zusammenhang den Versuch einer „Vorführung" und „Nötigung" des Bundestages.[302] Eine Erhöhung der Diäten gelang vorerst nicht. Der Bundestag konnte keinen Beschluss fassen.[303] Erst Ende 2007 wurde ein neuer Versuch zur Erhöhung der Diäten ohne eine Kürzung der Altersversorgung unternommen.[304] Sehr schnell – innerhalb weniger Tage – beschloss die damalige Große Koalition aus SPD und CDU eine Änderung des AbgG und damit eine Erhöhung der Diäten.[305] Auch dieser Versuch wurde von Kritik begleitet.[306] Zuletzt scheiterte eine Anpassung der Diäten im Bundestag unter öffentlichem Druck 2008. Der Fraktionschef einer der beiden Regierungsparteien, Peter Struck, nannte das Vorhaben „nicht mehr vermittelbar".[307]

Drei Jahre später, im Jahre 2011, gelang dann schließlich die geplante Diätenerhöhung. Die Bezüge der Abgeordneten wurden zum 1. Januar 2012 den Bezügen der Bundesrichter angeglichen, ohne dass dies größere öffentliche Kritik erfuhr.[308] Im Gegensatz zu früheren Jahren hielt sich die BILD-Zeitung mit kritischer Berichterstattung zurück. Sie berichtete über die Kritik aus Opposition und

---

301 Vgl. http://www.bild.de/news/aktuell/news/lammert-luxus-diaet-267684.bild.html, abgerufen am 30.8.2012; Die BILD-Zeitung hatte sich für das sog. Düsseldorfer Modell ausgesprochen, bei denen die Diäten zwar stark erhöht werden sollten, dafür aber die Staatspensionen und eine steuerfreie Kostenpauschale gestrichen wurden.

302 Vgl. http://www.dradio.de/dlf/sendungen/interview_dlf/484108, abgerufen am 30.8.2012.

303 Vgl. http://www.bild.de/news/aktuell/news/hg2-luxus-pensionen-392306.bild.html, abgerufen am 30.8.2012.

304 Vgl. http://www.zeit.de/news/artikel/2007/05/18/103162.xml, abgerufen am 30.8.2012.

305 Vgl. http://www.bild.de/news/2007/news/voller-bundestag-2912112.bild.html, abgerufen am 30.8.2012; http://www.spiegel.de/politik/deutschland/politiker-verdienst-diaeten-erhoehung-faellt-aus-dieses-mal-a-554310.html, abgerufen am 30.8.2012.

306 Vgl. http://www.bild.de/news/standards/news/berlin-intern-2955796.bild.html, abgerufen am 30.8.2012; http://www.zeit.de/2007/48/Keine_Zweifel_keine_Fragen_kein, abgerufen am 30.8.2012, die Zeit rief in diesem Artikel die Abgeordneten offen dazu auf, auf eine Diätenerhöhung zu verzichten, wenngleich sie sich sachlich als auch juristisch begründen ließe.

307 Vgl. http://www.spiegel.de/politik/deutschland/gestoppte-diaetenerhoehung-unionsabgeordnete-sauer-auf-spd-fraktionschef-struck-a-554439.html, abgerufen am 30.8.2012; http://www.bild.de/politik/2008/spd/platzte-weil-die-waehler-schimpften-4593362.bild.html, abgerufen am 30.8.2012.

308 Vgl. *v. Arnim,* Die Parteiendiätennovelle – Ein Blitz-Gesetz, NJW 2011, 3013 (3014 f.).

Bevölkerung, übte sie selbst aber nicht aus.[309] Dies geschah laut Aussage eines Redakteurs der BILD-Zeitung deshalb nicht, weil sich innerhalb der Zeitung ein Meinungswechsel vollzogen hatte. Man war sich innerhalb der leitenden Redaktion darüber einig, dass unabhängige Abgeordnete in das Parlament gewählt werden sollten und nicht solche, die ihre Tätigkeit aufgrund anderer beruflicher Verpflichtungen nur eingeschränkt ausüben könnten. Daher hatte die BILD-Zeitung sich bemüht, nicht länger gegen geplante Diätenerhöhung anzuschreiben. Sie sei sich ihrer „eigenen Verantwortung" bewusst geworden.[310]

Betrachtet man die oben dargestellten Sachverhalte aus *faktischer* Perspektive, so lässt sich zumindest das Vorliegen von Einfluss der Medien auf die Willensbildung der Parlamentarier nicht abstreiten. Es ist beträchtlich, wie schwierig sich ein Vorhaben zur Anpassung der Diäten gestaltet, wenn die Medien dies kritisch aufgreifen. Auffällig ist insbesondere, wie vergleichsweise einfach sich dann ein solches Vorhaben ab dem Zeitpunkt gestaltet, ab dem die Kritik ausbleibt. Fraglich ist jedoch, ob auch *rechtlich* von Einfluss gesprochen werden kann, wie dies im Falle der Fraktionen möglich ist.

(3) Das Diätenurteil des BVerfG 1975

v. Arnim hatte jene jüngste Gesetzesänderung zu den Bezügen der Abgeordneten scharf kritisiert. Insbesondere die Geschwindigkeit, mit der die neuen Regelungen im Parlament beschlossen worden waren, veranlasste ihn dazu, diese Gesetzgebung als „Blitz-Gesetzgebung" zu bezeichnen. Ausdrücklich bemängelte er, dass die Öffentlichkeit nicht ausreichend am Entscheidungsprozess beteiligt gewesen sei.[311] Tatsächlich führte das BVerfG in seinem Grundsatzurteil über die Aufwandsentschädigungen von Abgeordneten aus, dass das Demokratie- und Rechtsstaatsprinzip aus Art. 20 verlange, dass der Willensbildungsprozess über die Festsetzung der Höhe der Abgeordnetenentschädigung und auch das Ergebnis vor den „Augen der Öffentlichkeit" stattfinde und für den Bürger transparent bleiben müsse. Dies sei „die einzig wirksame Kontrolle", da das Parlament in eigenen Sachen entscheide.[312]

Wie sich jedoch die Kontrolle durch die Öffentlichkeit ausgestalten soll, dazu schweigt das Gericht. *v. Waldthausen* führt hierzu aus, dass das BVerfG

---

309 Vgl. http://www.bild.de/politik/2010/buende/politiker-wollen-sich-500-euro-mehr-goennen-13615376.bild.html, abgerufen am 30.8.2012.

310 So formuliert von *Daniel Böcking*, Chefredaktion bild.de, Redaktionsleiter für digitale Sonderaufgaben BILD im persönlichen Gespräch am 7.10.2011 in Berlin.

311 *v. Arnim,* Die Parteiendiätennovelle – Ein Blitz-Gesetz, NJW 2011, 3013 (3015).

312 Vgl. BVerfGE 40, 296 (327).

mit „Öffentlichkeit“ zunächst das Volk und seinen Willen meine. Die Kontrolle des Parlaments solle also unmittelbar durch das Volk erfolgen. Allerdings könne diese Kontrolle nicht in Form von Wahlen oder Abstimmungen im Sinne des Art. 20 II stattfinden.[313] Vielmehr solle durch einen permanenten Prozess, der insbesondere von dem Dialog der Repräsentanten und dem Volk geprägt sei, der öffentliche Diskurs zu staatspolitischen Themen entstehen. Dadurch würde eine ständige Rückkoppelung[314] der gewählten Repräsentanten mit dem Volk entstehen. *v. Waldthausen* bezeichnet daher die Diskussion im Volk als „Volkswillensbildung“, die unabhängig von der Staatswillensbildung entstehe, auf diese aber erheblichen Einfluss nehme. Eben diesem Einfluss misst er zu Recht den Status einer Kontrolle bei. Denn er zeigt zwar korrekt auf, dass sich dieser Einfluss gerade nicht im staatlichen Bereich vollzieht und daher schwer zu qualifizieren ist. Das freie Mandat überlasse die Entscheidung über die Aufwandsentschädigung noch immer den Abgeordneten. Dies schließe eine mittelbare Wirkung der öffentlichen Meinung auf den Repräsentanten indes nicht aus. Der Einfluss der öffentlichen Meinung reiche weit über eine Kontrolle der bloßen Anerkennung hinaus.[315]

Dem ist vollumfänglich zuzustimmen. Gerade vor dem Hintergrund der oben dargestellten Ereignisse kann man nicht davon ausgehen, dass die öffentliche Meinung sich bei Ausübung ihrer Kontrolle damit begnügt, Entscheidungen der staatlichen Repräsentanten nur anzuerkennen oder diese Anerkennung zu verweigern. Sie wird rein faktisch auch gestalterisch tätig, gerade wenn sie eigene Aufrufe tätigt oder andere Entscheidungen vorschlägt, wie dies vielfach der Fall ist. Die öffentliche Meinung stellt sicher, dass nicht nur eine politische Meinung diskutiert wird, sondern den Repräsentanten auch neue Meinungen zugetragen werden, die noch nicht den Weg ins Parlament gefunden haben.[316]

Folgt man dieser Ansicht und legt man das Urteil des BVerfG zur Abgeordnetenentschädigung insoweit aus, als die öffentliche Diskussion eine staatsrechtlich notwendige Kontrolle darstellt, fällt die Antwort darauf, was das BVerfG konkret mit Öffentlichkeit meint, wesentlich leichter. Denn für die öffentliche Meinungsbildung im Volk sind Presse und Rundfunk, wie oben bereits ausführ-

313 Diese Form der Willensbetätigung wird nach Ansicht des BVerfG notwendigerweise als Staatswille bezeichnet, der vom Volkswillen unterschieden werden muss, vgl. BVerfGE 8, 104 (112 ff.).

314 Vgl. *Stern*, Staatsrecht, Bd. 1, § 18 II 5.

315 *v. Waldthausen*, Verfahren zur Festsetzung der Abgeordnetenentschädigung, S. 183 f.

316 Vgl. hierzu insbesondere die Ausführungen des BVerfG zur „Vorformung der politischen Willensbildung des Volkes“, BVerfGE 8, 104 ff.

lich ausgeführt, konstituierend.[317] Öffentlichkeit ohne Medien ist jedenfalls in der Vergangenheit nicht denkbar gewesen. Wenn also das BVerfG im Jahr 1975 von den Augen der Öffentlichkeit spricht, dann meint es die Augen des Bürgers, der durch eine Brille aus Presse und Rundfunk hindurchschaut. Wie scharf oder unscharf dieser Blick des Bürgers dann jedoch ausfällt, bleibt wiederum den Entscheidungen der Medien überlassen.

Auf dieser Grundlage verpflichtet Art. 20 nicht nur das Parlament, seine eigenen Entscheidungen vor den Augen der Medien zu treffen; es verpflichtet möglicherweise auch umgekehrt die Grundrechtsträger der Medienfreiheiten aus Art. 5 I S. 2 dazu, diese Kontrolle auszuüben. Andernfalls würde im Umkehrschluss ein Zustand entstehen, der dem Demokratie- und Rechtsstaatsprinzip aus Art. 20 widerspricht, da das Parlament nicht ausreichend kontrolliert würde. Denn wenn das BVerfG davon spricht, dass „der gesamte Willensbildungsprozess für den Bürger durchschaubar ist und das Ergebnis vor den Augen der Öffentlichkeit beschlossen wird",[318] kann es mit den Augen der Öffentlichkeit nur die Medien meinen. Bürger können trotz der Öffentlichkeit der parlamentarischen Sitzungen aus Gründen der reinen Praktikabilität hauptsächlich nur über die Medien Debatten verfolgen. Fasst man diese Gedanken zusammen, sind die Tätigkeiten von Rundfunk und Presse für den Erhalt von Demokratie und Rechtsstaat zwingend erforderlich.

Daraus lässt sich folgender Schluss ziehen: Wenn die Medien die Entscheidungen der Parlamentarier zur ihren Bezügen kontrollieren sollen, dann sind sie erst recht in der Lage, Einfluss auszuüben, der dem der Fraktionen mindestens gleichkommt. An dieser Einschätzung vermag auch der Einwand nichts zu ändern, dass jede parlamentarische Entscheidung, auch die Rücknahme eines Beschlusses, selbst wenn er unter massivem Medieneinfluss zustande gekommen ist, ebenso wie der erste Beschluss demokratisch legitimiert ist. Einfluss kann auch mittelbar ausgeübt werden und muss sich nicht direkt auf den Moment der Stimmabgabe beschränken.[319] Zudem ließe dieses Gegenargument sich auch genauso auf den Einfluss, den die Fraktionen ausüben, anwenden. Die nachträgliche Legitimation fraktionsgesteuerter Entscheidungen der Abgeordneten wirkt sich nicht auf das Recht der Fraktionen aus, Einfluss auszuüben. Diese Berechtigung zum Einfluss entsteht unabhängig von der Legitimation der späteren Entscheidungen im Parlament.

---

317 Vgl. BVerfGE 20, 56 (97).

318 Vgl. BVerfGE 40, 296 (327).

319 So auch *v. Waldthausen*, Verfahren zur Festsetzung der Abgeordnetenentschädigung, S. 185.

2. Zwischenergebnis

Wie auch die Parteien und insbesondere die Fraktionen haben die Medien Einfluss auf das demokratische Geschehen in der Bundesrepublik. Mit Blick auf die Vorgänge bei der Gesetzgebung zur Abgeordnetenentschädigung fällt auf, dass dieser Einfluss von maßgeblicher Natur ist, der so weit gehen kann, dass Entscheidungen des Bundestages nachträglich widerrufen werden sollen. Diese Einflussausübung ist aber keineswegs willkürlich, sondern entspricht der Rechtsprechung des BVerfG, die der öffentlichen Diskussion und somit auch den Grundrechtsträgern von Rundfunk- und Pressefreiheit geradezu die Verantwortung überträgt, die Willensbildung im Parlament zu kontrollieren.

Welcher Rechtsnatur diese Kontrolle im verfassungsrechtlichen Sinn ist, lässt das BVerfG offen. Es spricht nur von „Kontrolle".[320] Auch in einem seiner jüngeren Urteile stellt es zwar klar, dass ein Träger des Abgeordnetenmandats nur verfassungskonform von der Öffentlichkeit sanktioniert werden könne.[321] Es stellt aber keinen Maßstab für diese Sanktionen auf. Insbesondere bleibt die Frage ungeklärt, ob diese Kontrolle sich überhaupt am Maßstab des Grundgesetzes messen lassen muss.

II. Medien und Staatsgewalt

Mit Hinblick auf das freie Mandat aus Art. 38 I S. 2 lässt sich also schließen, dass die Medien nicht nur Einfluss auf das Verfassungsleben haben. Sie haben eine Rolle, deren Nichtausfüllung laut dem BVerfG im Wege eines Umkehrschlusses aus den Aussagen aus dem Diätenurteil einen Zustand schaffen würde, der im Widerspruch zu den tragenden Staatsprinzipien aus Art. 20 steht. Die Entscheidung des Grundgesetzes zur Volkssouveränität erfordert die *Möglichkeit*, dass das Volk einen effektiven Einfluss auf die Ausübung der Staatsgewalt haben muss.[322] Das Rechtsstaatsprinzip wiederum verlangt, dass Staatsgewalt nur im Rahmen von geltendem Recht ausgeübt werden kann.[323] Beide Prinzipien gebieten, wie vom BVerfG zu Recht festgestellt, Öffentlichkeit bei Entscheidungen der Abgeordneten in eigener Sache.[324]

Was aber tun die Grundrechtsträger von Rundfunk- und Pressefreiheit verfassungsrechtlich bei Betätigung ihrer Freiheit, ohne die weder Demokratie noch

320 BVerfGE 40, 296 (327).
321 Vgl. BVerfGE 118, 277 (328).
322 Vgl. *Hofmann* in: Schmidt-Bleibtreu/Hofmann/Hopfauf, GG, Art. 20, Rn. 42.
323 Vgl. *Huster/Rux* in: BeckOK, GG, Art. 20, Rn. 125.
324 Vgl. BVerfGE 118, 277 (336 f.).

Rechtsstaat auskommen würde? Üben sie eine ungeschriebene Staatsgewalt aus – die vierte Gewalt? Oder nehmen sie nur ihre Grundrechte wahr zur Verwirklichung privater, nichtstaatlicher Interessen? Bedarf diese Wahrnehmung demokratischer Legitimation, wenn sie doch, wie oben aufgezeigt, einen so maßgeblichen Einfluss auf jene hat, die gemäß Art. 20 III an Recht und Gesetz und insbesondere das GG gebunden sind?

1. Öffentliche Meinung und Staatsgewalt

Grundsätzlich ist der Gegenstand der demokratischen Legitimation in Deutschland die Staatsgewalt.[325] Zunächst muss sich nur das Handeln des Staates am Maßstab von Recht und Gesetz messen lassen. Der Staat schafft durch den Gesetzgeber das Recht, dessen Adressat er selbst ist. Diese Maßgabe gilt gemäß Art. 20 III bereits für den Vorgang der Rechtsschaffung, denn auch er ist Staatsgewalt.[326] Staatsgewalt ist in einem Verfassungsstaat die politische Herrschaft, deren Erwerb, Ausübung und Verlust innerhalb eines festgelegten rechtlichen Rahmens erfolgt.[327] In der Bundesrepublik wird vom Begriff der Staatsgewalt alles rechtserhebliche Handeln der Staatsorgane und Amtswalter erfasst. Dabei spielt die Handlungs- oder Rechtsform keine Rolle.[328] Entscheidend ist vielmehr, ob verbindliche Entscheidungen getroffen werden und von wem.[329] So ist auch das Handeln von juristischen Personen des öffentlichen Rechts als Staatsgewalt einzustufen und somit legitimationsbedürftig.[330] Die Tätigkeit von Körperschaften des öffentlichen Rechts ist wiederum nicht automatisch durch diesen Status zum Gegenstand demokratischer Legitimation geworden. Diese ist nämlich nur dann als Staatsgewalt einzustufen, wenn sie eine Ausübung von Hoheitsbefugnissen darstellt, die die Körperschaften vom Staat übertragen bekommen hat.[331]

Bereits bei diesen Definitionen fällt auf, dass sich die Medien nicht ohne Weiteres darunter subsumieren lassen. Sie stellen zunächst keine Staatsgewalt dar, die sich am Maßstab des Grundgesetzes messen lassen muss. Ihnen fehlt die Eigenschaft des Staatsorgans. Ebenso bekleiden Medien keine öffentlichen Ämter.

---

325 Vgl. *Grzeszick* in: Maunz/Dürig, GG, Art. 20, Rn. 89.

326 Vgl. *Huster/Rux* in: BeckOK, GG, Art. 20, Rn. 125 f.

327 Vgl. *Badura,* Staatsrecht, A, Rn. 3.

328 Vgl. *Dreier* in: Dreier, GG, Art. 20, Rn. 91.

329 Vgl. *Sachs* in: Sachs, GG, Art. 20, Rn. 29.

330 Vgl. *Grzeszick* in: Maunz/Dürig, GG, Art. 20, Rn. 94.

331 So ist die Tätigkeit der Kirchen regelmäßig nicht als Staatsgewalt einzustufen. Der Status von Körperschaften des öffentlichen Rechtes dient der Erleichterung der Entfaltung der Grundrechte von Privatpersonen, vgl. BVerfGE, 102, 370 (384).

Zwar sind maßgebliche Teile des Rundfunks, nämlich der öffentlich-rechtliche Rundfunk, als Anstalten des öffentlichen Rechts organisiert.[332] Damit ist ihm aber noch keine Hoheitsbefugnis des Staates übertragen worden. Eine solche Aufgabenübertragung ergibt sich weder aus dem Grundgesetz noch aus anderen Gesetzen. Daran ändert der in § 11 RStV formulierte Auftrag des öffentlich-rechtlichen Rundfunks nichts, weil ihm hier keine Aufgabe des Staates übertragen wird, sondern eine eigene deklariert wird, die aus seiner Rolle als Medium und Faktor der öffentlichen Meinungsbildung entsteht. Die Aufgabe des Staates im Hinblick auf die öffentliche Meinungsbildung erschöpft sich hingegen in der Schaffung eines gesetzlichen Rahmens, innerhalb dessen sich die Rundfunkfreiheit entfalten kann. Es gibt mithin keine staatliche Aufgabe, die dem öffentlich-rechtlichen Rundfunk übertragen werden kann. Ebenso wenig lässt sich daraus ein Schluss hinsichtlich aller Medien im Sinne von Art. 5 I S. 2 ziehen. Damit ist die Frage, ob das Handeln aller Medien verfassungsrechtlich legitimiert sein muss, nicht beantwortet.

Allerdings ist es nicht so, dass nur Staatsorgane oder Amtsträger Staatsgewalt ausüben. Zwar ist das Handeln Privater grundsätzlich nicht Gegenstand demokratischer Legitimation und muss daher nicht an den Rechtmäßigkeitsmaßstäben des Grundgesetzes gemessen werden. Der Staat kann aber mit Privaten kooperieren, um seine hoheitlichen Aufgaben wahrzunehmen. Er kann Staatsgewalt sogar in der Form organisieren, dass Privatpersonen damit „beliehen" werden.[333] Dies ist unter Umständen sogar hinsichtlich der staatlichen Schutzpflichten möglich.[334]

Allerdings ist im Hinblick auf Rundfunk und Presse in keiner Weise ein Akt der Übertragung ersichtlich. Obwohl man Art. 5 I durchaus eine Schutzpflicht des Staates für Presse und Rundfunk entnehmen kann,[335] spricht nichts dafür, dass der Staat diese Pflicht auf Private übertragen hat. Insbesondere kann er sie nicht auf jene übertragen, zu deren Schutz er durch das Grundgesetz verpflichtet ist. Dies würde zu dem kuriosen Ergebnis führen, dass Presse und Rundfunk den Schutz ihrer eigenen Grundrechte selbst gestalten könnten. Sie könnten damit aber vor allem die Grenzen ihrer Ausübung selbst bestimmen. Gerade vor dem Hintergrund dieses Gedankens stellt sich viel eher die Frage, ob es nicht vielmehr verfassungsrechtlich geboten ist, Presse und Rundfunk nicht zur Staatsgewalt zu zählen.

---

332 Vgl. *Vesting* in: Hahn/Vesting, Rundfunkrecht, Einführung, Rn. 7.

333 Vgl. *Ibler* in: Maunz/Dürig, GG, Art. 86, Rn. 75.

334 Konkret ging es hier um die verfassungsrechtliche Schutzpflicht des Jugendschutzes, vgl. *Storr*, Regulierung von Beliehenen?, DÖV 2007, 133 (135–136).

335 Vgl. BVerfGE 20, 162 (176); hinsichtlich der Rundfunkfreiheit ist der Staat verpflichtet, diese in Form einer positiven Ordnung auszugestalten, vgl. *Jarass* in: Jarass/Pieroth, GG, Art. 5, Rn. 42.

Stern stellt zu Recht fest, dass schon das demokratische Prinzip, wie es in Art. 20 II verankert ist,[336] einen freien und offenen Prozess der Meinungsbildung im Volk verlange. Die Kräfte von Rundfunk und Presse stünden dabei aber nicht im Bereich des Staates, sondern im gesellschaftlichen Bereich. Diese Trennung von Staat und Gesellschaft sei maßgeblich für das Funktionieren der Demokratie. Er erkennt dabei zwei verschiedene Willensbildungssysteme an: Das des Staates und das der Gesellschaft, wobei zum Willensbildungssystem der Gesellschaft auch die Parteien zählen sollen. Folgt man diesem Gedanken, stößt man auf ein sog. Rückkoppelungsverhältnis zwischen diesen beiden Systemen, das bereits oben erwähnt wurde. *Stern* führt aus, dass die staatsfreie Meinungsbildung und die Willensbildung der Staatsorgane dynamisch miteinander verbunden seien, auf dass sie sich untereinander nicht absorbieren oder zu einer untergeordneten Rolle degradieren könnten.[337]

Für diese Haltung sprechen überzeugende Argumente. In der Entscheidung, in der das BVerfG unter anderem die konsultativen Volksbefragungen in Hamburg und Bremen ablehnte, stellte es gleichzeitig dar, wie Meinungen und Tendenzen, die in der öffentlichen Meinung zum Ausdruck kämen, eine „Vorformung" des Staatswillens darstellten. Es unterschied randscharf zwischen dem Willen des Staates, der durch die Amtsträger sowie durch das Volk selbst als Staatsorgan durch Wahlen und Abstimmungen gebildet werde, und dem Volkswillen, der sich gerade außerhalb staatlicher Vorgänge abspiele. Staatswille sei allerdings nicht ohne Volkswille möglich.[338] Auch wenn dieser seine größte Bedeutung im Vorfeld von Wahlen und Abstimmungen entfalte, weil er die Bildung des Staatswillens durch die Information des Volkes beeinflusse, sorge er auch in einer wahlfreien Zeit für formlose inhaltliche Legitimation des Staates.[339]

Gerade vor diesem Gedanken der Rückkoppelung kann und darf öffentliche Meinung und somit die Tätigkeit der Medien mit ihrer Wirkung auf die öffentliche Meinungsbildung keine Staatsgewalt darstellen. Denn der Staat darf sich nicht an sich selbst koppeln. Dies würde dem Gedanken von „Kontrolle von außen" diametral entgegenstehen. Die Rückkoppelung innerhalb einer Demokratie soll sicherstellen, dass Staatsgewalt nur im Sinne und Interesse der Bevölkerung ausgeübt wird.[340] Rückkoppelung muss vom Staat zum Volk verlaufen. Das ver-

---

336 Vgl. *Hofman* in: Schmidt-Bleibtreu/Hofman/Hopfauf, GG, Art. 20, Rn. 41.
337 Vgl. *Stern,* Staatsrecht, Bd. 1, § 18 II 5.
338 Vgl. BVerfGE, 8, 104 (113 f.).
339 Vgl. BVerfGE 20, 56 (98 f.).
340 Vgl. *Stein,* Staatsrecht, § 9 I.

langt schon die Maßgabe, dass alle Staatsgewalt vom Volk ausgeht, Art. 20 I. Staat und Volk sind zwei voneinander trennbare und zu trennende Dinge. Letzteres ermächtigt den Staat zu handeln – so lange sich die Handlungen in seinem Interesse bewegen.[341] Dafür spricht insbesondere die Formulierung aus Art. 38 I S. 2, wonach die Abgeordneten Vertreter des ganzen Volkes sind.[342]

Doch selbst wenn demnach festzustellen ist, dass das Verhalten der Medien, so relevant es für das Verfassungsleben auch sein mag, niemals Staatsgewalt darstellen kann und darf, bedeutet dies nicht automatisch, dass es nicht Gegenstand verfassungsrechtlicher Legitimation sein kann bzw. muss. Bedeutet nicht gerade die staatsrechtlich notwendige Rückkoppelung des Staatswillens an den Willen des Volkes, dass den Medien eine Aufgabe zufällt, deren Erfüllung am Maßstab des Grundgesetzes zu messen ist?

Im Rahmen von vorgelagerter Willensbildung zur Schaffung von demokratischer Legitimation spielen auch die Parteien im Sinne von Art. 21 I GG eine entscheidende Rolle. Sie stellen das wichtigste Forum für die Vorbereitung von Wahlen und ihren Bewerbern dar.[343] Damit tragen sie ebenso wie die Medien maßgeblich zur Bildung des staatlichen Willens bei. Auch die Parteien sind in einem „Übergangsbereich“ zwischen Staat und Volk angesiedelt.[344] Sie sind „Zwischenglieder“ zwischen dem Volk und den Staatsorganen.[345] Die Mitwirkung der Parteien ist nicht nur staatsorganisationsrechtlich, sondern sogar grundrechtlich durch die Freiheiten des Art. 9 legitimiert.[346] Dabei ergibt sich die Notwendigkeit einer verfassungsrechtlichen Legitimation schon aus dem Wortlaut von Art. 21 I GG selbst. Das GG gewährleistet in Art. 21 I nämlich nicht das Recht der Parteien, am politischen Willensbildungsprozess mitzuwirken. Es überträgt ihnen diese Aufgabe vielmehr. Denn sie gewährleisten demokratische Legitimation, insbesondere durch Wahlen.[347] Sie erlangen damit den Status einer verfassungs-

341 Vgl. *Pieroth* in: Jarass/Pieroth, GG, Art. 20, Rn. 4.

342 So auch *Janssen*, Die verfassungsrechtliche Bedeutung des Volkswillens für die Legitimation von Staatsgewalt, DÖV 2010, 949; allerdings wird hier zu Recht beschrieben, wie schon an der Formulierung von Art. 38 I S. 2 deutlich wird, dass auch die Rückkoppelung, so notwendig sie für die Demokratie sein mag, ihre Grenzen in der Mandatsfreiheit der Volksvertreter finden soll, vgl. *Butzer* in: BeckOK, GG, Art. 38, Rn. 88.

343 Vgl. *Kluth* in: BeckOK, GG, Art. 21, Rn. 60.

344 *Pieroth* in: Jarass/Pieroth, GG, Art. 21, Rn. 1.

345 BVerfGE 44, 125 (145).

346 Vgl. *Janssen*, Die verfassungsrechtliche Bedeutung des Volkswillens für die Legitimation von Staatsgewalt, DÖV 2010, 949 (954).

347 Vgl. BVerfGE 61, 1 (11).

rechtlichen Institution.[348] Ihre „staatlich-institutionelle Verfestigung“ bringt wiederum mit sich, dass sie nur in geringem Umfang mit Medienunternehmen verflochten werden dürfen, da sonst eine Durchbrechung des Staatsfernegebots aus Art. 5 I droht sowie die Verwirklichung der Meinungsvielfalt eingeschränkt werden könnte.[349]

Damit einer Vereinigung jedoch diese öffentliche Aufgabe zufällt, muss sie nicht nur die Anforderungen des Grundgesetzes an die Parteienqualität erfüllen.[350] Sie darf darüber hinaus auch nicht vom BVerfG als verfassungswidrig eingestuft werden, Art. 21 II S. 2. Damit eine Vereinigung auf die Willensbildung des Volkes Einfluss nehmen kann und soll, muss sie ggf. einer Prüfung am Maßstab des GG standhalten.

Fraglich ist nun, ob die Medien, die ja nachgewiesenermaßen wenigstens Einfluss auf die Willensbildung des Volkes und somit den Staatswillen haben, ebenfalls vom Grundgesetz eine öffentliche Aufgabe übertragen bekommen haben, die das Erfordernis verfassungsrechtlicher Legitimation nach sich zieht.

a) Öffentliche Aufgabe der Medien

Der Wortlaut des Art. 5 I S. 2 lässt eine solche Übertragung einer öffentlichen Aufgabe des Grundgesetzes nicht erkennen. Anders als in Art. 21 I S. 1 GG, in dem es heißt, dass „[d]ie Parteien [...] bei der politischen Willensbildung des Volkes mit[wirken]“, findet sich in Art. 5 I kein Hinweis auf das, was Presse und Rundfunk verfassungsrechtlich tun oder tun sollen. Hier ist nur von der „Gewährleistung“ der Medienfreiheiten die Rede. Mit dieser Gewährleistung ist allerdings vorrangig der Auftrag des Grundgesetzes an den Staat gemeint, die Voraussetzungen für eine geeignete Kommunikation mithilfe der Medienfreiheiten bestehend aus Rundfunk- und Pressefreiheit zu schaffen, damit eine öffentliche wie auch individuelle Meinungsbildung möglich ist.[351] Den

348 Vgl. BVerfGE 2, 1 (73); BVerfGE 66, 116 (133 f.).

349 Vgl. BVerfGE 121, 30 (54) – Näheres zu den Schlussfolgerungen des Bundesverfassungsgerichts bei den Ausführungen zur Staatsfreiheit, C II 1 c.

350 Der Begriff der Partei, der im Grundgesetz nicht weiter definiert aber vorausgesetzt wird, hat seine verfassungsgemäße Definition in § 2 Parteiengesetz (PartG) gefunden, vgl. BVerfGE 91, 276. Sie sind demnach Vereinigungen von Bürgern, die sich in länger dauernder Tätigkeit zum Ziel setzen, Einfluss auf die Willensbildung des Volkes zu nehmen und bereit sind, dieses Ziel durch die Beteiligung an Wahlen zu verfolgen.

351 Vgl. *Bethge* in: Sachs, GG, Art. 5, Rn. 18 f.

Gesetzgeber trifft dadurch die Aufgabe, die Freiheiten der Massenmedien gesetzlich innerhalb eines gewissen Spielraums so auszugestalten, dass bestimmte Ziele verwirklicht werden können.[352] Zu diesen Zielen zählen insbesondere die Vielfaltssicherung, kommunikative Chancengleichheit und Verhinderung einer vorherrschenden Meinungsmacht.[353] Nur im Falle der Rundfunkfreiheit hat der Gesetzgeber von dieser grundgesetzlichen Ermächtigung Gebrauch gemacht, in dem er für die Ausgestaltung dieser „dienenden Freiheit" eine positive Ordnung erlassen hat.[354] Hinsichtlich der Presse hat der Gesetzgeber darauf verzichtet. Gemäß der bisherigen Ansicht befindet sich die Presse aufgrund geschichtlicher Entwicklungen im Realbereich in einem Gleichgewicht, das den Normbereich des Grundgesetzes dergestalt beeinflusst,[355] als vom Gesetzgeber lediglich verlangt wird, „Bestehendes" zu gewährleisten, damit Information und Meinungsbildung durch die Presse sichergestellt werden.[356] Bislang gehen Lehre und Rechtsprechung somit davon aus, dass dem Staat im Hinblick auf die Presse zunächst nur eine Schutzpflicht durch das Grundgesetz übertragen wird. Lediglich gegen Meinungsmonopole seien staatliche Maßnahmen zu ergreifen.[357] Im Übrigen bleibe die Pressefreiheit, anders als die Rundfunkfreiheit, ausdrücklich ein subjektives Abwehrrecht gegen den Staat, dessen Verwirklichung staatlicher Ausgestaltung nicht bedürfe.[358]

Fraglich bleibt nun im Hinblick auf Presse und Rundfunk, ob ihnen auch eine öffentliche Aufgabe zufällt, die über die bloße staatliche Gewährleistung hinaus übertragen wird. Obwohl diese verfassungsrechtliche Gewährleistung sich auf alle Medien des Art. 5 I S. 2 gleichermaßen bezieht und die Medien sich in ihrer Funktion für die Meinungsbildung nicht grundsätzlich voneinander unterscheiden, tun sie es sehr wohl in der Art und Weise dieser Funktionserfüllung und in ihrer Wirkung.[359] Daher wird die öffentliche Aufgabe der Medien hier abhängig von ihrem Erscheinungsbild untersucht.

---

352 Vgl. BVerfGE, 83, 238 (296).

353 So auch *Hoffmann-Riem* in: AK-GG, Art. 5, Rn. 175.

354 Vgl. *Jarass* in: Jarass/Pieroth, GG, Art. 5, Rn. 34; BVerfGE 57, 295 (320); BVerfGE 87, 181 (198).

355 Zu den Begriffen Realbereich und Normbereich einer Norm siehe *Hoffmann-Riem* in: Sozialwissenschaften im Öffentlichen Recht, S. 12 ff.

356 BVerfGE 57, 295 (323).

357 Vgl. *Jarass* in: Jarass/Pieroth, GG, Art. 5, Rn. 31.

358 Vgl. BVerfGE 57, 295 (323); 80, 124 (135); 117, 244 (259 f.).

359 Vgl. *Hoffmann-Riem* in: AK-GG, Art. 5, Rn. 138.

(1) Presse

Ungeachtet der Fragen, wie sich die Unterscheidung zwischen Presse und Rundfunk in Art. 5 I S. 2 auswirkt, sprach das BVerfG in seinem wegweisenden Urteil zur Spiegel-Affäre davon, dass der Presse eine „öffentliche Aufgabe" zufalle. Sie halte die ständige politische Diskussion in Gang, liefere dem Bürger die erforderliche Information, und wirke durch ihre eigenen Stellungnahmen als „orientierende Kraft öffentlicher Auseinandersetzung". Sie schaffe schließlich für den Bürger die Plattform, die er unbedingt benötige, um die öffentliche Meinung zu artikulieren.[360] Sie ist damit nach dieser Argumentation wesentlich an der oben beschriebenen „Rückkoppelung" des Staatswillens an den Volkswillen beteiligt, wie die Parteien es auch sind.

So essenziell diese Aufgabe zur Verwirklichung des Demokratie- und Rechtsstaatsprinzips auch sein mag, so weigern sich jedoch führende Stimmen in der Literatur, diese öffentliche Aufgabe der Presse – und auch des Rundfunks – als einen *normativen Begriff* zu begreifen, der Zentrum einer rechtlichen Beurteilung der Betätigung der Presse sein könnte. Vielmehr sei die Bezeichnung der Tätigkeit der Presse als Wahrnehmung einer öffentlichen Aufgabe nur als *deskriptiv* einzustufen. Sie soll die große Bedeutung der Medien zum Ausdruck bringen, nicht aber rechtliche Konsequenzen nach sich ziehen.[361]

So beschreibt *Herzog*, wie unverzichtbar das Recht auf eine freie Presse in einem demokratischen Staat sei. Er räumt der Erfüllung ihrer Aufgabe einen besonders hohen Rang ein.[362] Allerdings lehnt er die Auffassung ab, die Presse trage auch eine öffentliche Aufgabe im verfassungsrechtlichen Sinn, soweit daraus bestimmte Privilegien für die Grundrechtsträger der Pressefreiheit abgeleitet werden sollten. Zu diesen Privilegien könnten insbesondere der Informationsanspruch der Presse, die Wahrnehmung berechtigter Interessen bei ehrenrührigen Behauptungen im Sinne des § 193 StGB und das Zeugnisverweigerungsrecht von Journalisten gehören. Sowohl die Annahme einer rechtlichen Privilegierung als auch die einer rechtlichen Bindung, die aus der Bejahung einer öffentlichen Aufgabe erwachsen könnten, seien mit den Grundrechten und dem Demokratieprinzip vereinbar. Genauere Begründungen lässt er vermissen. Er plädiert vielmehr dafür, die Fragen von medienrechtlicher Verantwortung als Auslegungsfragen von Art. 5 I S. 2 zu

---

360 Vgl. BVerfGE 20, 162 (174 ff.).

361 So *Bethge* in: Sachs, GG, Art. 5, 66–67; *Herzog* in: Maunz/Dürig, GG, Art. 5, Rn. 119; *Starck* in: v. Mangoldt/Klein/Starck, GG, Art. 5, Rn. 73; *Degenhart* in: Bonner Kommentar zum GG, Art. 5, Rn. 352 ff.

362 Vgl. *Herzog* in: Maunz/Dürig, GG, Art. 5, Rn. 120.

behandeln, da dieser ohnehin im Lichte von Art. 20 ausgelegt werden müsse.[363] Indessen stellt er dabei ausdrücklich klar, dass seine Auffassung nur den Bereich der Rechtsfolgen einer öffentlichen Aufgabe betreffe. Seine Argumentation soll gerade nicht dazu dienen, den verfassungsrechtlichen Status der Presse als Institut oder aber ihre Vergleichbarkeit mit der Rolle der Parteien anzuzweifeln.[364]

Starck ist im Einklang mit *Herzog* der Auffassung, dass die Presse durch die Annahme einer öffentlichen Aufgabe zu sehr eingeengt – anstatt privilegiert – werden könnte. Die Umschreibung der öffentlichen Aufgabe der Presse im Spiegel-Urteil des BVerfG zitiert er als bloße „Realitätsbeschreibung", vermischt mit „ethischen Forderungen".[365] Er kritisiert insbesondere die Unbestimmtheit des Begriffs, die dazu führen würde, dass auch bei einer Privilegierung der Presse eine Quelle für Pflichten entstünde, die mit unberechenbaren Beschränkungen der Freiheit verbunden sei.[366] Mit Hinweis darauf, dass die Presse nach privatrechtlichen Grundsätzen arbeite und auf diese Weise eine geistige und wirtschaftliche Konkurrenz schaffe, die von der Staatsgewalt fern bleiben müsse, könne ihre öffentliche Aufgabe kein Amt und keine Rechtspflicht darstellen. Ganz besonders könne aus der öffentlichen Aufgabe kein Status als vierte Gewalt im Staat entstehen.[367]

Ganz ähnlich sieht dies auch *Bethge*. Die öffentliche Aufgabe der Presse könne nicht vom Staat erfüllt werden. Presseunternehmen müssten sich im gesellschaftlichen Raum frei von staatlicher Gestaltung frei bilden können. Die Einstufung der Presse als vierte Gewalt empfindet er sogar als gefährlich. Auf diese Weise würde eine rechtliche Bindung des Mediums entstehen, die in unzulässiger Weise über die Schranken des Art. 5 II hinausginge. Nur die drei klassischen Gewalten dürften an die Grundrechte gebunden werden und müssten verfassungsrechtlich – und damit zugleich demokratisch – legitimiert sein.[368]

Diese Sichtweise ist insoweit überraschend, als sich in zahlreichen Landesgesetzen durchaus Stellen finden, die der Presse eine öffentliche Aufgabe zuweisen. Dazu gehören unter anderen das Hamburgische Pressegesetz (§ 3), das Pressegesetz für das Land Nordrhein-Westfalen (§ 3) und das Bayrische Pressegesetz (Art. 3), in dem es sogar heißt, dass die Presse dem demokratischen Gedanken „dient" und in Erfüllung dieser Aufgabe zu handeln hat. Auch § 3 des Hamburgischen Pressegesetzes sagt aus, dass die Presse der Meinungsbildung „dient". Zwar

---

363 *Ders.*, a.a.O., Rn. 122.
364 *Ders.*, a.a.O., Rn. 121.
365 *Starck* in: v. Mangoldt/Klein/Starck, GG, Art. 5, Rn. 74.
366 Vgl. *ders.*, a.a.O., Rn. 73.
367 Vgl. *ders.*, a.a.O., Rn. 74.
368 Vgl. *Bethge* in: Sachs, GG, Art. 5, Rn. 67.

lassen sich aus einfachgesetzlichen Regelungen keine Aussagen über den verfassungsrechtlichen Status der Presse ziehen. Dennoch stünden alle diese Gesetze dann eigentlich im Widerspruch zum Grundgesetz, folgte man der Auffassung, dass der Presse keine öffentliche Aufgabe aus Art. 5 I S. 2 zukommt.

Bullinger warnt jedoch vor einer „überschießenden" Wirkung, die der öffentlichen Aufgabe aus den Landespressegesetzen zugeschrieben werden sollte.[369] Auch er betrachtet im Einklang mit der Verfassungsrechtsliteratur die materiell verfassungsrechtliche Anerkennung der öffentlichen Aufgabe der Presse als Gefahr für die Pressefreiheit. Ihre Funktion für die öffentliche Meinungsbildung würde durch eine solche Anerkennung in Gefahr geraten. Eine Pflicht der Presse zu umfassender, sachlicher und aufbauender Berichterstattung, die sich aus dieser Feststellung der öffentlichen Aufgabe der Presse ableiten ließe, würde gar dazu führen, die Presse als Träger eines öffentlichen Amtes anzuerkennen.[370]

Degenhart stimmt mit Bullinger überein, dass die öffentliche Aufgabe in den Landesgesetzen lediglich der Beschreibung der Rolle der Presse in einer freiheitlichen Demokratie dient.[371] Er schließt sich der Meinung an, bei der verfassungsrechtlichen öffentlichen Aufgabe, deren Begriff ohnehin keine klare Aussage habe, handele es sich bloß um einen deskriptiven Begriff. Er definiere gerade nicht die Pressefreiheit. Insofern könne die öffentliche Aufgabe der Presse nicht dazu dienen, verfassungsrechtliche Pflichten zu definieren. Er spricht dem Begriff der öffentlichen Aufgabe generell einen eigenständigen Aussagegehalt ab. Aus der Tatsache, dass die Pressefreiheit der Gewährleistung einer freien und individuellen Meinungsbildung diene, könne nicht geschlossen werden, dass die Pressefreiheit nicht primär ein individuell-abwehrrechtlich gestaltetes Grundrecht darstelle. Sie unterscheide sich hier von der Rundfunkfreiheit.[372] Eine genaue Begründung für diese Unterscheidung nennt er nicht.

(2) Rundfunk

Den meisten der erwähnten Stimmen, welche die öffentliche Aufgabe der Presse im verfassungsrechtlichen Sinne ablehnen, ist gemein, dass sie dieselben Aussagen in Bezug auf den Rundfunk treffen. *Herzog* verweist nur auf seine Ausführungen zur öffentlichen Aufgabe der Presse und ist der Auffassung, dass auch die gegenwärtige öffentlich-rechtliche Organisation von Teilen des Rundfunks

369 *Bullinger* in: Löffler, Presserecht, § 3 LPG, Rn. 55.
370 Vgl. hierzu ausführlich *Bullinger*, a.a.O., Rn. 55 ff.
371 Vgl. *Degenhart* in: Bonner Kommentar zum GG, Art. 5, Rn. 354.
372 Vgl. *Degenhart*, a.a.O., Rn. 355.

daran nichts ändere.[373] Auch *Starck* zieht sich zurück auf seine Ausführungen über die öffentliche Aufgabe der Presse und wiederholt seine Ansicht, dass diese nur der Beschreibung dienen würde. Zwar erkennt er an, dass der Rundfunk schon aufgrund seiner gesetzgeberischen Ausgestaltung verfassungsrechtliche Pflichten erfülle. Im Hinblick auf den Rundfunk müssten aber alle Pflichten, die der öffentlichen Aufgabe entnommen würden, sich auf die Schranken aus Art. 5 II stützen lassen.[374]

Diese Auffassungen zur öffentlichen Aufgabe des Rundfunks sind zwar im Hinblick auf die Meinungen zur öffentlichen Aufgabe der Presse konsequent. Die Konsequenz ergibt sich allerdings aus einer Gleichbehandlung von Rundfunk und Presse in dieser Frage. Diese Gleichbehandlung wirkt zwar insbesondere im Hinblick auf den Wortlaut von Art. 5 I S. 2 zunächst folgerichtig, da sich hier kein Hinweis auf eine Ungleichbehandlung der beiden Freiheiten erkennen lässt.[375] Wie oben bereits ausgeführt, sind die beiden Freiheiten von Presse und Rundfunk in Struktur und Zielrichtung aber keineswegs deckungsgleich.[376]

Schließlich ist die Rundfunkfreiheit ein anders ausgestaltetes Grundrecht als die Pressefreiheit. Sie ist, wie oben bereits ausführlich beschrieben, eine *dienende Freiheit*, bei der eine „öffentliche Aufgabe", zu informieren, zu kontrollieren und Meinungsbildung zu fördern, ein anderes Gewicht entfaltet als bei der Presse.[377] Wenn nun aber dem Rundfunk keine öffentliche Aufgabe zukäme, dann würde sich die Frage stellen, was oder welcher Aufgabe genau die Rundfunkfreiheit eigentlich dient. Oder präziser gefragt: Welche Aufgabe füllt dann diese dienende Funktion, die der Rundfunk durch die Betätigung seiner grundrechtlichen Freiheit aus Art. 5 I S. 2 hat, eigentlich aus? Wie kann man ohne Aufgabe dienen?

---

373 Vgl. *Herzog* in: Maunz/Dürig, GG, Art. 5, Rn. 194.

374 Vgl. *Starck* in: v. Mangoldt/Klein/Starck, GG, Art. 5, Rn. 107.

375 Denn dort heißt es u. a.: *„Die Pressefreiheit und die Freiheit der Berichterstattung durch den Rundfunk (...) werden gewährleistet."* Das „und" wirkt hier wie ein Aufzählungswort, das keine Abstufung erkennen lässt, sondern vielmehr die Erwähnung von Presse- und Rundfunkfreiheit gleichermaßen miteinander verknüpft in Bezug auf die verfassungsrechtliche Gewährleistung.

376 BVerfGE 57, 295 (320); *Ladeur/Gostomzyk*, Rundfunkfreiheit und Rechtsdogmatik – Zum Doppelcharakter des Art. 5 I 2 GG in der Rechtsprechung des BVerfG, JuS 2002, 1145.

377 So formuliert von *Ladeur/Gostomzyk*, Rundfunkfreiheit und Rechtsdogmatik – Zum Doppelcharakter des Art. 5 I 2 GG in der Rechtsprechung des BVerfG, JuS 2002, 1145.

Aber auch zur dienenden Eigenschaft der Rundfunkfreiheit äußert *Degenhart* deutliche Kritik. Er befürchtet insbesondere, dass sie dazu dienen könnte, die Pressefreiheit ebenfalls als eine solche einzustufen unter Verweis auf die ausdrückliche Gleichstellung, die das BVerfG in Bezug auf Presse- und Rundfunkfreiheit vorgenommen habe.[378] Zwar hält er es nicht für zwingend, die Rundfunkfreiheit als dienend einzustufen, aber doch für gerechtfertigt angesichts der Besonderheiten, die das Medium des Rundfunks im Vergleich zu Presse aufweise.[379]

Denn das BVerfG spricht insofern von dem „klassischen Auftrag des Rundfunks“, wenn es dessen Rolle für die Meinungs- und Willensbildung, für die Information, Unterhaltung und Kultur beschreibt.[380] Das BVerfG formuliert einen Auftrag, die Rundfunkfreiheit so auszugestalten, dass sie der Meinungsvielfalt und der politischen Willensbildung dient, und darüber hinaus Unterhaltung, über die Tagesberichterstattung hinausgehende Information und kulturelle Angebote bereitstellt.[381]

Im Falle des öffentlich-rechtlichen Rundfunks wird vom „Funktionsauftrag“ gesprochen.[382] Dieser Funktionsauftrag gilt zwar nicht unmittelbar für den privaten Rundfunk. Aber auch hier sind im Vergleich zum öffentlich-rechtlichen Rundfunk abgeschwächte Vorkehrungen getroffen worden, um eine Vielfaltsicherung der abgebildeten Meinungen sicherzustellen.[383] Denn Art. 5 I S. 2 verlangt eine Rechtsordnung, die gewährleistet, dass im Rundfunk alle gesellschaftlichen Strömungen und Kräfte zu Wort kommen.[384] Dies gilt für den gesamten Rundfunk – also für den öffentlich-rechtlichen wie auch den privaten, wenn auch nicht gleichermaßen.[385]

Im Ergebnis bedeutet dies, dass die herrschende Meinung in der Literatur die öffentliche Aufgabe des Rundfunks ebenfalls als einen reinen deskriptiven Begriff

378 Siehe die Bezeichnung des BVerfG, dass die Rundfunkfreiheit neben der Pressefreiheit stünde, vgl. BVerfGE 12, 205 (260 f.).

379 Vgl. *Degenhart* in: Bonner Kommentar zum GG, Art. 5, Rn. 643 ff.

380 Vgl. BVerfGE, 90, 60 (90).

381 Vgl. *Hoffmann-Riem* in: AK-GG, Art. 5, Rn. 223.

382 Vgl. *Vesting* in: Hahn/Vesting, Rundfunkrecht, Rn. 44 ff.

383 Vgl. *Hoffmann-Riem* in: AK-GG, Art. 5, Rn. 222.

384 Vgl. BVerfGE 12, 205 (262 f.).

385 Denn rundfunkrechtliche Regulierung hing niemals mit der Sondersituation des Rundfunks im Vergleich zur Presse aufgrund der anfänglich eingeschränkten Übertragungsmöglichkeit zusammen. Vielmehr stützte sich die Regulierung des Rundfunks auf die „Aktualität, Breitenwirkung und Suggestivkraft“ des Rundfunks, die bei privatem und öffentlich-rechtlichem Rundfunk gleichermaßen zu finden ist, vgl. BVerfGE 90, 60 (87).

sieht, obwohl der gesamte Rundfunk eine dienende Freiheit in Anspruch nimmt. Tatsächlich träfe den Rundfunk keine öffentliche Aufgabe. Den öffentlich-rechtlichen Rundfunk trifft zwar ein Funktionsauftrag. Der private Rundfunk sieht sich ebenfalls mit abgeschwächten normativen Anforderungen konfrontiert, die „bestimmt und geeignet" sein müssen, ein möglichst hohes Maß gleichgewichtiger Vielfalt sicherzustellen.[386] Ist die verfassungsrechtliche Funktion des Rundfunks, die Meinungsbildung zu ermöglichen, also keine öffentliche Aufgabe?

(3) Stellungnahme

Eine öffentliche Aufgabe ist keine Freiheitsgewährleistung. Sie steckt vielmehr einen rechtlichen Rahmen ab, in dem jede Tätigkeit, die von der öffentlichen Aufgabe umfasst ist, verfassungsmäßige Rechtfertigung erlangt.[387] Aus Sicht vieler Kommentatoren ist die öffentliche Aufgabe der Medien aber nur eine beschreibende Redeweise, welche die so bedeutsame Einbindung der Medien in das Verfassungsleben und insbesondere in die Zielerreichung von Demokratie, Rechtsstaatlichkeit und Sozialstaatlichkeit verdeutlichen soll.[388]

Eine solche Ansicht ist verfehlt. Die öffentliche Aufgabe der Medien ist kein deskriptiver Begriff, sondern vielmehr die rechtliche Anerkennung der Verantwortung, welche die Medien in der Demokratie der Bundesrepublik Deutschland kraft ihrer Natur innehaben müssen. Dies zeigt sich besonders eindrucksvoll am Beispiel des Rundfunks. Ihm eine öffentliche Aufgabe abzusprechen, dem öffentlich-rechtlichen Rundfunk aber gleichzeitig einen Funktionsauftrag aufzuerlegen, erscheint nicht schlüssig. Der Funktionsauftrag ist ausdrücklich in § 11 RStV normiert. Dabei konkretisiert er die Vorgaben aus Art. 5 I S. 2, dass „die Vielfalt der bestehenden Meinungen in möglichster Breite und Vollständigkeit Ausdruck" finden.[389] Damit wird der öffentlich-rechtliche Rundfunk zum „Treuhänder" der Gesellschaft und verpflichtet, sich dieser grundrechtlichen Maßgabe zu unterwerfen.[390] Sein Auftrag besteht insbesondere darin, eine besondere Qualität gesellschaftlicher Information sicherzustellen.[391]

Auch im Hinblick auf den privaten Rundfunk, der nur wegen der Existenz des öffentlich-rechtlichen Rundfunks schwächeren Anforderungen an Sicherung der Vielfalt genügen muss, ergibt diese Sichtweise keinen Sinn. Denn beim privaten

386 BVerfGE 73, 118 (159).
387 Vgl. *Pieroth* in: Jarass/Pieroth, GG, Art. 21, Rn. 11; BVerfGE 61, 1 (11 f.).
388 Vgl. *Hoffmann-Riem* in: AK-GG, Art. 5, Rn. 178.
389 BVerfGE 57, 295 (325).
390 *Eifert* in: Hahn/Vesting, Rundfunkrecht, § 11 RStV, Rn. 22.
391 Vgl. *Hoffmann-Riem* in: AK-GG, Art. 5, Rn. 223 f.

Rundfunk kann von der rechtlichen Sicherung der Rundfunkfreiheit nicht abgesehen werden. Auch er wirkt an der Meinungsbildung mit.[392] Im Übrigen muss sich eine öffentliche Aufgabe schon aus der Einstufung der Rundfunkfreiheit als eine dienende Freiheit ergeben. Eine dienende Eigenschaft folgt immer aus der Zuweisung einer Aufgabe, der man durch seine Tätigkeit folgt. Eine Ablehnung der öffentlichen Aufgabe des Rundfunks würde dazu führen, dass die dienende Eigenschaft der Rundfunkfreiheit – also die Gewährleistung einer freien öffentlichen und insbesondere individuellen Meinungsbildung[393] – ins Leere läuft. Dienen kann nicht ohne Aufgabe stattfinden. Aus der Tatsache des Vorliegens einer dienenden Freiheit muss das Vorliegen einer öffentlichen Aufgabe zwangsläufig folgen.

Im Übrigen ist diese Ansicht in Bezug auf den Rundfunk auch dogmatisch nicht zu begründen. Zwar lässt der Wortlaut von Art. 5 I nicht erkennen, dass dem Rundfunk oder den Medien eine öffentliche Aufgabe übertragen worden ist. Der Wortlaut gibt aber genauso wenig einen Hinweis darauf, dass ein Auftrag an den Gesetzgeber erteilt wurde. Er spricht insoweit nur von „Gewährleistung". Geht man dennoch wie die herrschende Meinung zu Recht davon aus, dass Art. 5 I einen Auftrag an den Gesetzgeber enthält, einen gesetzlichen Rahmen zu schaffen, der bewirkt, was Art. 5 I S. 2 gewährleisten will, findet sich eine öffentliche Aufgabe.[394] Damit erteilt das Grundgesetz nämlich dem Gesetzgeber selbst eine öffentliche Aufgabe: Die Rundfunkfreiheit ist so auszugestalten, dass sie verwirklicht werden kann. Wenn nun der Gesetzgeber einen rechtlichen Rahmen schaffen muss, der den öffentlich-rechtlichen Rundfunk errichtet und den privaten ermöglicht, so setzt er einen Rahmen, der verfassungsrechtlich nur deshalb notwendig ist, weil eine öffentliche Meinungsbildung ohne Freiheit der Berichterstattung durch den Rundfunk nicht denkbar ist. Die Rundfunkanstalten sollen an der öffentlichen Meinungsbildung mitwirken. So sieht es das Grundgesetz vor. Das ist ihre öffentliche Aufgabe. Die gesetzgeberische Pflicht zur positiven Ordnung leitet sich von dieser öffentlichen Aufgabe der Rundfunkanstalten selbst ab. Den Staat träfe keine öffentliche Aufgabe zur Gestaltung einer positiven Ordnung, würde die öffentliche Aufgabe der Rundfunkanstalten dies nicht unbedingt verlangen. Wenn nun der Gesetzgeber einen rechtlichen Rahmen schafft, der den öffentlich-rechtlichen Rundfunk errichtet und den privaten ermöglicht, so überträgt er den geschaffenen Anstalten seine Aufgabe, Rundfunkfreiheit zu

---

392 Vgl. BVerfGE, 73, 118 (158).

393 Vgl. *Grzeszick*, Der Telemedien-Auftrag des öffentlich-rechtlichen Rundfunks zwischen Verfassungs- und Gemeinschaftsrecht, NVwZ 2008, 608 (609).

394 Vgl. BVerfGE 57, 295 (321 f.).

ermöglichen. So erhalten die Träger der Rundfunkfreiheit zwar möglicherweise nicht direkt, jedenfalls aber derivativ ihre Funktion, eine öffentliche Aufgabe. Ihre öffentliche Aufgabe wiederum verpflichtet den Staat zu einer einem gesetzlichen Rahmen der Rundfunkfreiheit. Das verfassungsrechtliche Erfordernis einer positiven Ordnung durch den Gesetzgeber macht den Rückschluss auf eine öffentliche Aufgabe wenigstens der Rundfunkanstalten zwingend. Somit ist die Meinung, eine öffentliche Aufgabe der Medien gäbe es nicht, schon deshalb verfehlt, weil wenigstens ein Medium eine besitzen muss.

Wenn nun begründet werden kann, dass dem Rundfunk eine öffentliche Aufgabe zukommt, so stellt sich die Frage, warum dies für die Presse nicht gelten sollte. Hiergegen spricht zunächst nichts.[395] Benutzte man dieselbe Konsequenz, mit der aus der Ablehnung der öffentlichen Aufgabe der Presse die öffentliche Aufgabe des Rundfunks abgelehnt wurde, so müsste man jetzt im Umkehrschluss eine öffentliche Aufgabe der Presse vor dem Hintergrund bejahen, dass sich dieses beim Rundfunk geradezu aufdrängt. Alle Garantien des Art. 5 I dienen „der Gewährleistung freier individueller und öffentlicher Meinungsbildung" und damit auch der Bildung des Volkswillens.[396] Dazu zählt auch die Gewährleistung der Pressefreiheit. Auf den ersten Blick erscheint es nicht offensichtlich, weshalb Presse und Rundfunk unterschiedlich behandelt werden sollten.

Rechtlich spricht kein überzeugendes Argument dafür, bei Presse und Rundfunk im Hinblick auf die öffentliche Aufgabe der Medien zu differenzieren. Zwar besitzt der Rundfunk eine besondere „Breitenwirkung, Aktualität und Suggestivkraft".[397] Eine solche findet sich bei der Presse so nicht. Dennoch ist und bleibt auch die Presse für die öffentliche Meinungsbildung und damit für die Bildung des Volkswillens konstitutiv.[398] Dies haben Rundfunk und Presse gemeinsam.[399] Eine Trennung der Medien vorzunehmen, obwohl sie dieselbe Rolle für die Bildung des politischen Volkswillens spielen, überzeugt nicht. Daran kann auch die Annahme nichts ändern, der Rundfunk hätte eine größere Bedeutung für die Meinungsbildung. Das mag aufgrund seiner besonderen Charakteristika der Fall sein. Für das Vorliegen einer öffentlichen Aufgabe spielen jedoch die spezifischen Eigenarten der einzelnen Medien keine Rolle. Dafür sind diese Charakteristika einem viel zu schnellen und

395 So auch *Degenhart* in: Bonner Kommentar zum GG, Art. 5, Rn. 643, auch wenn er dies im Ergebnis ohne genauere Begründung ablehnt.

396 BVerfGE 57, 295 (319).

397 BVerfGE 90, 60 (87).

398 Vgl. BVerfGE 10, 118 (121).

399 Vgl. BVerfGE 12, 205 (260).

weitreichenden Wandel unterworfen.[400] Die öffentliche Aufgabe des Rundfunks leitet sich aus seiner Funktion für die Meinungsbildung ab. Wenn die Presse dieselbe Funktion hat, muss sie dieselbe öffentliche Aufgabe erfüllen wie der Rundfunk auch.

Im Übrigen wäre eine Trennung vor dem Hintergrund der Konvergenz der Medien auch nicht sinnvoll. Nicht nur sind die sogenannten „Neuen Medien" und die vielfältigen Tätigkeiten von Presseunternehmen im Internet (und somit dem Gebiet des Rundfunks) dazu geeignet, auch den Trägern der Pressefreiheit eine neue Breitenwirkung, Suggestivkraft und Aktualität zu verleihen, die der des Rundfunks sehr nahekommt. Denn auch Zeitungen müssen heute nicht mehr den nächsten Tag und Abdruck abwarten, um brisante Meldungen zu verbreiten. Sie können sich dazu ihrer Online-Präsenzen bedienen. Außerdem bewirkt die Konvergenz der Medien ein Verschmelzen der einzelnen Medien. So würde die Ablehnung der öffentlichen Aufgabe der Presse bewirken, dass das Online-Angebot des Rundfunks sich am Maßstab seines Funktionsauftrages und damit einer öffentlichen Aufgabe messen lassen muss, und das der Presse nicht, obwohl sie sich medial und in ihrer Wirkung kaum unterscheiden. Das ist eine Differenzierung, die nicht zu rechtfertigen ist.

Die Bedenken gegen eine öffentliche Aufgabe der Presse, dass sie rechtlich zu starke Bindungen und Einengungen auslösen würde, überzeugen gerade nach Feststellung einer öffentlichen Aufgabe des Rundfunks nicht. Denn der Rundfunk – nicht einmal der öffentlich-rechtliche – ist kein Teil der Staatsgewalt. Es besteht daher kein Anlass zu glauben, dass die Bejahung der öffentlichen Aufgabe der Presse dazu führen würde, sie als vierte Gewalt einzustufen. Letztlich sind diese Bedenken deshalb unbegründet, weil auch die Medien ein Staatsfreiheitsgebot aus Art. 5 trifft.[401]

Dasselbe gilt auch für das Argument gegen die öffentliche Aufgabe, dass durch ihre Bejahung zu große Beschränkungen der Freiheit der Presse entstehen könnten. Auch hier ist wieder auf die Rundfunkfreiheit zu verweisen, die durch ihren Funktionsauftrag (bzw. abgeschwächten beim privaten Rundfunk) und die positive Ordnung, aus der sie folgt, überhaupt erst ermöglicht wird. Zudem drohen der Pressefreiheit auch aus dem privaten Raum Gefahren.[402] Gefahren für die

---

400 Vgl. *Michel*, Konvergenz der Medien, MMR 2005, 284 ff. Hier wird beschrieben, wie die Konvergenz insbesondere unter Jugendlichen das Rezeptionsverhalten vollkommen verändert.

401 Vgl. *Ladeur/Gostomzyk*, Rundfunkfreiheit und Rechtsdogmatik – Zum Doppelcharakter des Art. 5 I 2 in der Rechtsprechung des BVerfG, JuS 2002, 1145 (1148).

402 So könnte zum Beispiel eine reine wirtschaftliche Ausrichtung des Rundfunks dazu führen, dass möglichst massenattraktive Angebote zu geringen Kosten gemacht wer-

Freiheit gehen nicht nur vom Staat aus.[403] Die Pressefreiheit ist nicht schon dadurch verwirklicht, dass eine öffentliche Aufgabe abgelehnt wird. Auch ist nicht ersichtlich, wie eine Ablehnung diese Freiheit schützt. Denn die bloße Annahme einer öffentlichen Aufgabe löst nicht automatisch die staatliche Möglichkeit aus, auf Presseberichterstattung Einfluss zu nehmen. Schließlich hat auch der öffentliche Auftrag des öffentlich-rechtlichen Rundfunks nicht zur Entstehung von Staatsfunk geführt.[404]

Letztlich spricht ebenfalls die Dogmatik des Grundgesetzes dagegen, einer öffentlichen Aufgabe der Presse zu widersprechen. Unzweifelhaft überträgt das GG in Art. 21 I S. 1 den Parteien die öffentliche Aufgabe, an der politischen Willensbildung *mit*zuwirken.[405] Damit geht schon der Wortlaut des Grundgesetzes davon aus, dass diese öffentliche Aufgabe nicht ausschließlich den Parteien obliegt. Sie ist für sie insofern kein Alleinstellungsmerkmal.[406] Dies muss im Umkehrschluss bedeuten, dass diese öffentliche Aufgabe auch anderen Akteuren übertragen werden kann. Hierbei kann es sich nur um die meinungsbildenden Medien handeln und somit auch die Presse, da ihre Tätigkeit für die öffentliche und politische Meinungsbildung konstitutiv sind.[407] Das Fehlen einer ausdrücklichen Übertragung einer öffentlichen Aufgabe der Medien in Art. 5 I S. 2 ist unschädlich, weil es sich bei Art. 5 anders als bei Art. 21 um ein Grundrecht handelt, bei dem nicht die Verteilung öffentlicher Aufgaben im Zentrum steht.

Insgesamt stellt sich die Argumentation der herrschenden Meinung als ergebnisorientiert dar. Eine ergebnisoffene sachliche Betrachtung der Umstände lässt alle ablehnenden Ansichten zur öffentlichen Aufgabe der Presse vermissen. Alleine schon deshalb kann die Ansicht, die Presse habe keine öffentliche Aufgabe, nicht überzeugen. Vielmehr ist davon auszugehen, dass nicht nur Rundfunk und Presse, sondern alle Medien eine öffentliche Aufgabe haben – nämlich an der politischen Meinungsbildung im Volk mitzuwirken.

---

den würden, was zu einer Verfehlung der rundfunkspezifischen Ziele führen würde, *Ladeur/Gostomzyk*, Rundfunkfreiheit und Rechtsdogmatik – Zum Doppelcharakter des Art. 5 I 2 in der Rechtsprechung des BVerfG, JuS 2002, 1145 (1150).

403 Vgl. insbesondere die Fragestellungen zur sog. „inneren Pressefreiheit", die sich mit der Stellung des Journalisten in Bezug zu seinem Redakteur beschäftigt, *Herzog* in: Maunz/Dürig, GG, Art. 5, Rn. 159, 187.

404 *Eifert* in: Hahn/Vesting, Rundfunkrecht, § 11 RStV, Rn. 29 ff.

405 Vgl. BVerfGE 61, 1 (11 f.).

406 Vgl. *Pieroth* in: Jarass/Pieroth, GG, Art. 21, Rn. 11.

407 So auch BVerfGE 10, 118 (121).

b) *Zwischenergebnis*

Im Ergebnis muss also von einer öffentlichen Aufgabe der Medien ausgegangen werden. Sie sollen den Bürger informieren, ihm die Möglichkeit einräumen, Meinungen gegeneinander abzuwägen und zu bilden, und als „orientierende Kraft" an der öffentlichen Auseinandersetzung teilzunehmen. In den Medien artikuliert sich die öffentliche Meinung.[408] Ebenso wie die Parteien sind die Medien damit unmittelbar an der Entstehung des Volkswillens beteiligt und zwar in einer Weise, in der sie nicht nur bloßen Einfluss ausüben. Gemäß dem Diätenurteil des BVerfG üben sie eine hinreichende Kontrolle auf die Legislative aus. Genau wie die Parteien sind die Medien dabei aber kein Teil der Staatsgewalt oder des Staates selbst, sondern an einem Vorgang der Rückkoppelung beteiligt, der die ständige Legitimation staatlichen Handelns auch außerhalb der Wahlperioden bewirkt. Mit den Parteien verbindet sie auch, dass sie eine öffentliche Aufgabe wahrnehmen, deren Vakanz sich die Demokratie der Bundesrepublik nicht leisten kann.

Im Hinblick darauf, dass die Medien damit die wesentlichen Eigenschaften der Parteien teilen, die aber wiederum demokratisch legitimiert sind, ist es folgerichtig, auch für die Medien das Erfordernis demokratischer Legitimation anzunehmen. Insbesondere aus der öffentlichen Aufgabe von Rundfunk und auch der Presse muss sich ein Prüfungsmaßstab ergeben, mithilfe dessen hinterfragt werden kann, ob dieser Aufgabe auch entsprochen wird. In verfassungsrechtlicher Hinsicht ist also die Fragestellung angebracht, ob der tatsächliche und gesetzliche Rahmen, innerhalb dessen sich die Inhaber von Rundfunk- und Pressefreiheit bewegen, der öffentlichen Aufgabe der Medien, deren Erfüllung für das Demokratie- und Rechtsstaatsprinzip notwendig ist, zur Genüge entspricht. Dafür spricht insbesondere, dass die Medien von einem Gebot betroffen sind, das sonst nur noch die Parteien kennen: Das Gebot der Staatsferne bzw. Staatsfreiheit.[409]

c) *Staatsfreiheit*

Für die öffentliche Aufgabe der Medien, aber insbesondere für das Erfordernis ihrer verfassungsrechtlichen Legitimation spricht, dass sie mit den Parteien eine Maßgabe teilen, die sonst keinen anderen Beteiligten am Verfassungsleben zu-

---

408 BVerfGE 20, 162 (175).

409 Ausführlich in Bezug auf die Parteienfinanzierung vgl. *v. Arnim,* Parteienfinanzierung: Zwischen Notwendigkeit und Missbrauch, NVwZ 2003, 1076 (1077); BVerfGE 85, 264 (283).

gesprochen wird. Gemeint ist die Staatsferne oder Staatsfreiheit.[410] So sprach das BVerfG im Hinblick auf die Parteien von der „Unabhängigkeit vom Staat" und von der Verwurzelung im „gesellschaftlich-politischen" Raum.[411] Damit verwendete es nicht nur gedanklich die Trennung zwischen staatlicher und gesellschaftlicher Sphäre für die oben beschriebene Rückkoppelung des staatlichen Willens an die Willensbildung in der Gesellschaft. Es forcierte sie geradezu, indem es Staatsfreiheit als klare Trennlinie der beiden Sphären einstufte.

Jahrzehnte vor seinem Grundsatzurteil zur Parteienfinanzierung hat sich das BVerfG bereits ausdrücklich zur Staatsfreiheit der Presse geäußert. In seinem Spiegel-Urteil heißt es: „Eine freie, nicht von der öffentlichen Gewalt gelenkte, keiner Zensur unterworfene Presse ist ein Wesenselement des freiheitlichen Staates. (...) Presseunternehmen müssen sich im gesellschaftlichen Raum frei bilden können."[412] Damit ordnete das BVerfG die Presse nicht nur der gesellschaftlichen Sphäre zu. Es beschrieb Staatsfreiheit ebenfalls als klare Trennung zwischen Gesellschaft und Staat. Um die verfassungsrechtlich notwendige Rückkoppelung zu gewährleisten, dürfe der Staat nicht in die gesellschaftliche Sphäre eingreifen, in der Parteien wie auch Medien verankert seien. Staatsfreiheit bedeutet gemäß BVerfG somit nichts anderes als die Schaffung einer Sphäre, in der die Medien ihrer willensbildenden Tätigkeit staatlich unbeeinflusst nachgehen können. Diese Sphäre müssen sie sich allerdings mit den Parteien teilen.

(1) Gebot der Staatsfreiheit

Staatsfreiheit ist aber keinesfalls ein *Status quo*, der sich aus dem Wesen der Medien ergibt. Das Gebot der Staatsfreiheit etabliert die Trennung der staatlichen von der gesellschaftlichen Sphäre. In der deutschen Geschichte war die Trennung zwischen Staat und Gesellschaft keineswegs selbstverständlich. In der Zeit von

---

410 Gemeinhin werden die Begriffe „Staatsferne" und „Staatsfreiheit" synonym verwendet. So sprach das BVerfG grundsätzlich von Staatsfreiheit unabhängig davon, ob es sich mit Parteien oder Medien befasst, vgl. BVerfGE 85, 264; BVerfGE 121, 30. Autoren der Literatur verwenden dagegen auch den Begriff der Staatsferne, vgl. *Fink* in: Spindler/Schuster, Recht der elektronischen Medien, 1. Teil, C IV, 2, Rn. 40 ff.; *v. Arnim,* Parteienfinanzierung: Zwischen Notwendigkeit und Missbrauch, NVwZ 2003, 1076 (1077); *Degenhart,* Staatspresse in der Informationsgesellschaft, AfP 2009, 207 (215) – wobei *Degenhart* überwiegend den Begriff der Staatsfreiheit benutzt. Im Folgenden wird der Begriff der Staatsfreiheit und nicht Staatsferne verwendet.

411 BVerfGE 85, 264 (287).

412 BVerfGE 20, 162 (174, 175).

1933 bis 1945 gab es nicht nur massive Beschränkungen der Pressefreiheit.[413] Darüber hinaus fanden umfangreich angelegte Gleichschaltungsbemühungen im ganzen sozialen und politischen Raum statt. Insbesondere die Bildung von Meinung und Willen im Volk sollte staatlich gelenkt werden. Durch das Reichskulturkammergesetz vom 22. September 1933[414] sollte die staatliche Unabhängigkeit des gesamten kulturellen und sozialen Raumes abgeschafft werden. Ziel war es jedoch nicht nur, nur noch bestimmte Meinungen der Öffentlichkeit zugänglich zu machen. Darüber hinaus sollten die Bürger sich jetzt als „Glieder" eines großen Ganzen – nämlich Deutschlands – begreifen, bei dem es eine Trennung zwischen gesellschaftlichem und staatlichem Leben nicht mehr gab.[415] Damit schafften die Nationalsozialisten letztlich die gesellschaftliche Sphäre und damit auch die in einem demokratischen System notwendige Rückkoppelung des Staates auf die Gesellschaft ab, in dem sie nur noch eine einzige – staatliche – Sphäre schufen. Durch den Staat und seine überaus starke Einflussnahme auf alle meinungsbildenden Medien war damit eine freie politische Willensbildung im Volk unmöglich geworden. Das Grundgesetz wurde nach der Maßgabe verfasst, diese staatliche Allmacht unbedingt zu revidieren. Es kann als „Gegenentwurf" zum Totalitarismus gedeutet werden und ist in seinem Aufbau darauf ausgerichtet, die Wiederholung eines solchen Unrechts für immer zu verhindern.[416] Damit richtet es sich auch gegen die von den Nationalsozialisten begangene „Gleichschaltung der Gesellschaft".

Hält man sich diese Deutung des Grundgesetzes vor Augen, erscheint es nicht verwunderlich, dass die Staatsfreiheit als ein dem Grundgesetz abstrakt wesensimmanentes Gebot ausgestaltet ist, welches sich gegen den Staat richtet und Eingriffe insbesondere in Form der Einflussnahme in den gesellschaftlichen Raum massiv beschränkt beziehungsweise verhindert.[417] Im Hinblick auf die Staatsfreiheit der Presse gilt nicht nur, dass sie vor staatlicher Beschränkung in ihrer Tätigkeit geschützt werden soll. Vielmehr ist das Gebot der Staatsfreiheit der Presse auch schon dann berührt, wenn der Staat selbst als Verleger tätig wird.[418] Dabei ist es dem Staat nicht grundsätzlich untersagt, auf dem Gebiet der Presse tätig zu werden. Dies erschiene aufgrund des sehr weiten verfassungsrechtlichen

---

413 Dies diente insbesondere der „administrativen Unterdrückung des politischen Gegners", *Willoweit,* Deutsche Verfassungsgeschichte, § 39, II, 1.

414 RGBl. 1, S. 661.

415 Vgl. *Willoweit,* Deutsche Verfassungsgeschichte, § 40, II, 1.

416 BVerfGE 124, 300 (328).

417 Vgl. *Schultze-Fielitz* in: Dreier, Grundgesetz Kommentar, Art. 5, Rn. 102 ff.

418 Vgl. *Degenhart,* Staatspresse in der Informationsgesellschaft, AfP 2009, 207.

Begriffs der Presse auch unrealistisch.[419] Allerdings treffen den Staat die Limitierungen aus Art. 5 I S. 2. Insbesondere besteht die Maßgabe, dass der Staat nicht „zeitungsähnlich" auftreten und der privaten Presse allenfalls eine „marginale" Konkurrenz bieten darf. Der Staat darf nur veröffentlichend tätig werden, solange er in komplementierender Funktion zur privaten Presse steht. Diese Schranken gelten auch dann, wenn er sich in privater Form am Presseleben betätigt.[420]

Die Staatsfreiheit des Rundfunks ist dabei in einem anderen Licht zu sehen. Denn die abwehrrechtliche Komponente der Rundfunkfreiheit beinhaltet zwar, wie bei der Presse, die Freiheit vor staatlicher Einflussnahme, allerdings ruft ihre Eigenschaft als dienende Freiheit das Erfordernis einer positiven Ordnung hervor.[421] Die von Seiten des Staates vorgenommene Ausgestaltung der Rundfunkfreiheit kann somit kein Verstoß gegen das Gebot der Staatsfreiheit darstellen, weil der Staat hier als Grundrechtshelfer auftritt.[422]

Nichtsdestotrotz ist das Gebot der Staatsfreiheit für den Rundfunk vom BVerfG ausführlich formuliert worden. So darf der Staat selbst keinen Rundfunk veranstalten.[423] Er muss aber einen Rahmen schaffen, in dem Nachrichten und Darbietungen staatsfrei und „unter Beteiligung aller gesellschaftlich relevanten Kräfte" verbreitet werden.[424] Der Staat darf insoweit die Ausgewogenheit des Programmangebots nur durch eine externe Kontrolle organisieren, aber nicht selbst kontrollierend tätig werden.[425] Die Veranstaltung von Rundfunk darf vom Staat niemals beherrscht, sondern nur ermöglicht werden.[426] Nur bei der Kontrolle des Rundfunks, seiner Aufsicht, lässt sich eine Lockerung des Gebots der Staatsfreiheit erkennen. So soll dann kein Verstoß gegen die Staatsfreiheit des Rundfunks

---

419 Mit „Presse" sind alle Druckerzeugnisse gemeint, vervielfältigt und einer unbestimmten Zahl von Personen zur Verfügung gestellt werden, wie oben ausführlich dargestellt, vgl. *Jarass* in: Jarass/Pieroth, GG, Art. 5, Rn. 20; *Papier/Schröder,* Verfassungsfragen des Dreistufentests, S. 63.

420 Vgl. *Degenhart,* Staatspresse in der Informationsgesellschaft, AfP 2009, 207 (209 f.).

421 Vgl. *Ladeur/Gostomzyk,* Rundfunkfreiheit und Rechtsdogmatik – Zum Doppelcharakter des Art. 5 I 2 GG in der Rechtsprechung des BVerfG, JuS 2002, 1145 (1150).

422 Vgl. *Schultze-Fielitz* in: Dreier, Grundgesetz Kommentar, Art. 5, Rn. 103.

423 Vgl. BVerfGE 12, 205 (259 ff.), auch wenn hier der Begriff der „Staatsfreiheit" noch nicht fällt, so äußert sich das BVerfG deutlich dazu, dass der Staat unmittelbar oder mittelbar kein Unternehmen beherrschen darf, das Rundfunk veranstaltet.

424 BVerfGE 31, 314 (329).

425 Vgl. BVerfGE 73, 118 (153).

426 *Fink* in: Spindler/Schuster, Recht der elektronischen Medien, Erster Teil, C IV, 2. Rn. 40.

bestehen, wenn Vertreter des Staates oder der Parteien Mitglieder der Aufsicht sind. Ihr Einfluss darf allerdings wiederum keinen beherrschenden Charakter einnehmen, sondern soll sich nur auf einen „angemessenen" Anteil erstrecken.[427] Dies soll nicht nur für den staatlichen Einfluss auf den Rundfunk gelten, sondern auch für den, der von den Parteien ausgeht.[428]

(2) Parteien und Medien

Tatsächlich verdient das Verhältnis der beiden Inhaber der Staatsfreiheit ein besonderes verfassungsrechtliches Augenmerk. Die Parteien haben traditionell ein Interesse daran, eigene Mittel zu haben, mit denen sie ihren Beitrag zur Bildung der öffentlichen Meinung leisten wollen. Dies ist ihnen auch insoweit bislang gestattet, als es sich um Tätigkeiten im Bereich von Presse oder Film handelt. Es sollen insoweit keine Besonderheiten bestehen. Da Presse und Film privatwirtschaftlich organisiert sind, sind sie den Gesetzen des Marktes unterworfen, die eine Beteiligung von Parteien an Medien unbedenklich machen soll.[429] Besonders stark an Presseunternehmen beteiligt ist die SPD, die über ihre eigene Deutsche Drucks- und Verlagsgesellschaft mbH ca. 20 Zeitungen besitzt.[430]

Anders gestaltet sich gegenwärtig die Beteiligung der Parteien auf dem Gebiet des Rundfunks. Hierzu hat sich das BVerfG am 12. März 2008 ausführlich geäußert.[431] Im Rahmen eines abstrakten Normkontrollverfahrens lag dem Gericht die Frage vor, ob § 6 II Nr. 4 des Gesetzes über den privaten Rundfunk in Hessen verfassungsgemäß war. Antragsteller waren verschiedene Mitglieder des Bundestages, die argumentierten, das Gesetz sei verfassungswidrig, wenn es verhindere, dass solche Unternehmen Rundfunk veranstalteten. Mit anderen Worten wurde die Frage gestellt, ob Parteien verfassungsrechtlich am Rundfunk beteiligt sein dürfen.

Das BVerfG hat dies zwar nicht vollständig ausgeschlossen, parteibeherrschtem Rundfunk – egal ob privat oder öffentlich-rechtlich – jedoch eine klare Absage erteilt. Es hat das Gesetz teilweise für verfassungswidrig erklärt, weil es auch solchen Unternehmen den Zugang zum Rundfunk versagte, die durch die Beteiligung einer politischen Partei nicht beherrscht wurden. Dies sei unverhältnismäßig.

427 BVerfGE 73, 118 (165).
428 Vgl. *Hahn* in: Hahn/Vesting, Rundfunkrecht, 3. Auflage, Anhang zu §§ 11e, 11f Überblick über das Aufsichtssystem des öffentlich-rechtlichen Rundfunks, Rn. 8.
429 Vgl. *Klein* in: Maunz/Dürig, GG, Art. 21, Rn. 190 ff.
430 Vgl. *Kluth* in: BeckOK, GG, Art. 21, Rn. 75 f.
431 Vgl. BVerfGE 121, 30 (50 ff.).

Parteien dürften sich als Grundrechtsträger grundsätzlich auch auf Rundfunkfreiheit berufen.[432] Sobald jedoch die Partei eine beherrschende Funktion in dem Rundfunkunternehmen einnehme, liege sowohl ein Verstoß gegen Art. 5 I S. 2 als auch gegen Art. 21 I vor. Die Verbindung der beiden Artikel ergebe, dass das Gebot der Staatsfreiheit des Rundfunks auch gegenüber den Parteien gelte. Die dienende Rundfunkfreiheit solle eine Ordnung etablieren, in der bestehende Meinungen in Vielfalt und möglichster Breite Ausdruck fänden.[433] Daher solle die Staatsfreiheit auch gegenüber den Parteien gelten, da diese „staatsnah" seien. Das BVerfG erkannte zwar an, dass die Parteien nicht dem Staat zuzurechnen seien und somit der gesellschaftlichen Sphäre zurechneten. Allerdings mache die besondere „Staatsnähe" der Parteien die Anwendung der Staatsfreiheit des Rundfunks notwendig.[434] Somit dürften Parteien keinen Rundfunk betreiben – jedenfalls nicht in beherrschender Funktion. Parteien und Rundfunk sind im Gegensatz zu Parteien und Presse laut BVerfG verfassungsrechtlich voneinander zu trennen.

Diese Ausführungen des BVerfG überraschen. Zwar schloss es sich einer Meinung an, die schon Jahre zuvor vertreten worden war.[435] Jedoch wird der Rückzug des Gerichts auf den Grundsatz der Staatsfreiheit des Rundfunks teilweise als „irreführend" und „falsch" bezeichnet.[436] Besonders auffällig ist dieses Urteil vor dem Hintergrund, dass es die Parteien als „staatsnah" einstuft. Denn es gilt zu beachten, dass die Parteien ebenso wie die Medien staatsfrei sein sollen.[437] Die Parteien sind in der gesellschaftlichen Sphäre – und nicht der staatlichen – verankert und wirken an der politischen Willensbildung mit. Dies gebietet schon Art. 21 I.[438] Parteien müssen politisch, wirtschaftlich und organisatorisch auf den Bürger und nicht auf den Staat angewiesen sein.[439] Woher stammt diese vom BVerfG eingeführte Staatsnähe, wenn es doch selbst fordert, dass Parteien gleichzeitig staatsfrei bzw. staatsfern sein sollen? Diese Frage drängt sich insbesondere vor dem Hintergrund auf, dass eine Trennung von Parteien und Presse verfassungsrechtlich nicht ausdrücklich vorgesehen ist.

---

432 Vgl. BVerfGE 121, 30 (57).

433 Vgl. BVerfGE 57, 295 (320); 73, 118 (153); 90, 60 (88); 114, 371 (387).

434 BVerfGE 121, 30 (61).

435 Vgl. *Möstl*, Politische Parteien als Medienunternehmer, DÖV 2003, 106 (110).

436 *Kluth* in: BeckOK, GG, Art. 21, Rn. 76.

437 Vgl. BVerfGE 85, 264 (283 ff.).

438 Vgl. *Saliger/Sinner*, Korruption und Betrug durch Parteispenden, NJW 2005, 1073 (1074).

439 Vgl. BVerfGE 111, 382 (395).

Der Grund liegt für das BVerfG in der personellen Überschneidung zwischen politischer Partei und Staatsorgan.[440] Parteimitglieder streben staatliche Macht an.[441] Durch ihre personelle Mitwirkung sind sie an der Bildung des Staatswillens beteiligt und beeinflussen die Beschlüsse von Parlament und Regierung.[442] *Reffken* stimmt zwar der Entscheidung des Gerichts, Parteien und Rundfunk grundsätzlich voneinander zu trennen, inhaltlich zu. Er stellt jedoch in Frage, ob es wirklich der richtige Ansatz sei, ausgerechnet die Parteien zum Adressaten der Staatsfreiheit des Rundfunks zu machen, wenn sie doch gar nicht zum Staat zählten. Er hätte es vielmehr begrüßt, wenn das BVerfG ein allgemeines Prinzip der Freiheit des Rundfunks aufgestellt hätte, das diesen von parteipolitischer Beherrschung fernhalten soll. Insbesondere sieht er die Gefahr, dass der vom BVerfG gewählte Ansatz dazu dienen könnte, die klare Trennung zwischen Staat und Parteien und somit die Trennung zwischen Staat und Gesellschaft bzw. der gesellschaftlichen Sphäre zu „verwischen".[443]

Dieser Kritik *Reffkens* ist grundsätzlich zuzustimmen. Zwar wurde vom BVerfG die personelle Verflechtung von Staat und Parteien richtig erkannt, und es ist unzweifelhaft, dass die Parteien auf eine Bestimmung des Staatswillens hinarbeiten.[444] Allerdings lässt das BVerfG hier eine genaue Definition des Begriffs der „Staatsnähe" vermissen. Denn eine personelle Verflechtung würde nur dann zur Staatsnähe führen, wenn eine Partei auch tatsächlich Mitglieder aufweisen kann, die staatliche Organe besetzen. Dies ist aber längst nicht bei allen politischen Parteien der Fall. Das würde dazu führen, dass nur wenige Parteien als staatsnah einzustufen wären und sich deren Zahl gerade im Laufe eines Wahljahres stark verändern kann. Darüber hinaus übersieht das BVerfG, dass auch Medien zwar weniger durch personelle, dafür aber durch inhaltliche Verflechtungen Staatsnähe aufweisen könnten. So sind gerade politisch orientierte Medien inhaltlich stark an den Staat und seine Handlungen gebunden, da sich ihre Berichterstattung darauf fokussiert. Sollten diese dann auch staatsnah sein, obwohl sie gleichzeitig staatsfrei sind? Welche verfassungsrechtlichen Auswirkungen sollte dies haben? Dürften Medienvertreter als Adressaten der Staatsfreiheit keine politischen Ämter ausfüllen?

---

440 Vgl. BVerfGE 121, 30 (57).

441 Zu beachten ist jedoch, dass Abgeordnete nach Erlangung politischer Macht rein rechtlich nicht länger an den Willen ihrer Partei gebunden sind. Das Grundgesetz sieht ausdrücklich ein Verbot des imperativen Mandats vor, Art. 38 I S. 2, vgl. *Butzer* in: BeckOK, GG, Art. 38, Rn. 90; zum faktischen Einfluss der Partei ausführlich oben unter C I 1.

442 Vgl. *Holznagel,* Anm. zum Urt. d. BVerfG v. 12.3.2008, MMR 2008, 591 (596).

443 *Reffken,* Rundfunkbeteiligungen politischer Parteien, NVwZ 2008, 857 (860).

444 Vgl. *Zippelius,* Der Weg der Demokratie – Ein Lernprozeß, NJW 1998, 1528 (1530).

Dennoch ist die Entscheidung des BVerfG im Ergebnis zu begrüßen. Dies liegt jedoch nicht daran, dass es das absolute Verbot von Beteiligungen der Parteien am Rundfunk untersagt hat. Vielmehr hat es dem Verbot Rechnung getragen, dass der Rundfunk instrumentalisiert wird.[445] Der Rundfunk darf weder dem Staat noch einer gesellschaftlichen Gruppe ausgeliefert werden.[446] Damit darf der Rundfunk auch nicht einer Partei oder mehreren Parteien ausgeliefert werden, aber nicht weil diese besonders staatsnah wären, sondern frei gebildete Gruppen im gesellschaftspolitischen Raum sind, die ein besonderes Interesse daran haben, Medien für ihren Zweck der Erlangung staatlicher Macht zu nutzen.[447]

Der Grund, Parteien und Rundfunk zu trennen, weil Parteien staatsnah sind, ist schlichtweg der falsche. Demnach wären Parteien staatsnah, während sie gleichzeitig staatsfrei bzw. *staatsfern* sein sollen. Dies ist eine umständliche Gedankenkonstruktion, die ungeeignet ist, die legitime Trennung zwischen Parteien und Rundfunk zu begründen. „Staatsnah" ist ein zu unbestimmter Begriff, als dass er sich zu einer Abgrenzung eignen würde, die solche Gruppierungen, die sich am Rundfunk beteiligen dürfen, von solchen, denen es nicht gestattet sein soll, trennt. Auch zeigt sich hier die Schwäche der Argumentation des BVerfG mit dem Begriff der „Staatsnähe" der Parteien. Nach der Logik des BVerfG wären aber Presseunternehmen, an denen Parteien mehrheitlich beteiligt sind, von „staatsnahen" Verbänden beherrscht und somit wohl kaum noch staatsfrei.

Der Grund, weshalb Parteien und Rundfunk nicht zu eng verbunden sein dürfen, ist vielmehr, dass sie dieselbe öffentliche Aufgabe haben, die sie unabhängig voneinander ausführen müssen und sollen. Sie sollen beide an der Bildung des Volkswillens und an der Rückkoppelung des Staatswillens an den Willen des Volkes (politische Willensbildung) mitwirken.[448] Sie sind deswegen „inkompatibel".[449] Dass sie diese Aufgabe unabhängig voneinander wahrnehmen müssen, ergibt sich aber nicht aus der „Staatsnähe" der Parteien, sondern daher, dass sie sich beide gegenseitig bei der Erfüllung dieser Aufgabe kontrollieren müssen.

---

445 So auch *Holznagel,* Anm. zum Urt. d. BVerfG v. 12.3.2008, MMR 2008, 591 (597).

446 Vgl. *Fink* in: Spindler/Schuster, Recht der elektronischen Medien, Erster Teil, C, IV, Rn. 45; BVerfGE 12, 205 (262).

447 Vgl. *Reffken,* Rundfunkbeteiligungen politischer Parteien, NVwZ 2008, 857 (859).

448 Ausführlich dazu die obigen Ausführungen unter C II 1 a.

449 Möstl, Parteien als Medienunternehmer, DÖV 2003, 106 (110).

(a) Kontrolle
Ein tragendes Organisationsprinzip des Rechtsstaats hat seine Verankerung in Art. 20 II S. 2 gefunden: Die Gewaltentrennung. Sie besteht im Wesentlichen in der Aufteilung politischer Macht in verschiedene Funktionsbereiche, die sich jeweils durch eine gegenseitige Kontrolle mäßigen sollen.[450] Prägendes Element der Gewaltentrennung ist diese Kontrolle, da nur sie das Einhalten der Grundgesetzmaßstäbe durch die jeweilige Gewalt sicherstellt. Verfassungsrechtliche Kontrolle bewirkt somit, dass die für die Demokratie konstitutiven Kräfte ihre Aufgaben im Sinne des Grundgesetzes wahrnehmen.[451] Mit anderen Worten stellt Trennung und Kontrolle die Funktionstüchtigkeit der Institutionen her. Dieses Prinzip gilt zwar nur im Bereich des Staates, lässt sich jedoch in gewisser Form auf den gesellschaftlichen Bereich übertragen. Denn es gilt zu beachten, dass die staatliche Sphäre ihren ganzen Bestand auf die gesellschaftliche stützt. In Art. 20 II S. 2 heißt es: „Alle Staatsgewalt geht vom Volke aus." Hier stellt das Grundgesetz den Grundsatz auf, dass alle drei Staatsgewalten, die gemeinsam vollständig den Staat und seine Sphäre darstellen, ihren Bestand und ihre Entscheidungen auf den im Volk gebildeten Willen (die gesellschaftliche Sphäre) stützen müssen.[452] Damit bildet der Staat das notwendige Gegenstück zur Gesellschaft.[453] Die gesellschaftliche Sphäre funktioniert nach denselben Prinzipien, die auch für das Funktionieren staatlicher Institutionen gelten.

Im Rahmen von Kontrolle der Staatsgewalten kommt den Medien ihre verfassungsrechtliche Kernaufgabe zu, auch wenn sie kein Teil der staatlichen Sphäre sind. Ausdrückliche Erwähnung findet dies im Diätenurteil des BVerfG von 1975. Wie

450 Vgl. *Creifelds,* Rechtswörterbuch, „Gewaltentrennung".

451 Vgl. *Herzog/Grzeszick* in: Maunz/Dürig, GG, Art. 20, Rn. 9.

452 Vgl. *Huster/Rux* in: BeckOK, GG, Art. 20, Rn. 56.

453 Eigentlich ist das notwendige Gegenstück zum Staat das Volk. Das Gegenstück zur staatlichen Sphäre hingegen bildet die gesellschaftliche Sphäre. Denn in ihr vollzieht sich die Findung und Gestaltung des Volkswillens, der in der staatlichen Sphäre zum Staatswillen wird. Volk und Gesellschaft sind aber keineswegs dasselbe. Während dem Volk jeder Mensch automatisch angehört, besteht die Gesellschaft nur aus denjenigen, die sich auch an der „Gemeinschaft" beteiligen. *Otto Mayer* beschreibt die Gesellschaft als etwas, die durch den Einzelnen „in einer Mischung zusammenwirkend" ihr „Gepräge" verleiht bekommt und von der der Einzelne nicht mehr „loskommt" vgl. *Mayer,* Fichte über das Volk vom 20.11.2913 in: Mayer, Kleine Schriften zum öffentlichen Recht Band II, S. 8 ff. Wegen der einfacheren Zuordnung des Worten „Gesellschaft" zur „gesellschaftlichen Sphäre" wie bei „Staat" und „staatlicher Sphäre" wird im Folgenden anstelle des Wortes „Volk" gelegentlich das Wort Gesellschaft verwendet, um Verwirrungen zu vermeiden.

oben bereits ausführlich dargestellt, soll die parlamentarische Arbeit der Abgeordneten „vor den Augen der Öffentlichkeit" stattfinden und sich somit einer Kontrolle durch die Öffentlichkeit stellen.[454] Die Augen der Öffentlichkeit sind die Medien.[455]

In der repräsentativen Demokratie sind die Medien diejenigen, die zwischen Volk und Staat vermitteln. Sie ermöglichen einen Austausch an Informationen, Stimmungen, Meinungen und Tendenzen im Volk in Bezug auf das staatliche Handeln. Sie ermöglichen dem Volk, sich auch außerhalb von Wahlen gegenüber ihren Repräsentanten zu äußern. Gleichzeitig geben sie den Staatsorganen die Möglichkeit der Vermittlung ihrer Ziele.[456] Bei dieser öffentlichen Meinungsbildung stehen Medien und Parteien jedoch direkt nebeneinander.[457] Innerhalb der gesellschaftlichen, nicht-staatlichen Sphäre begegnen sich aufgrund des gemeinsamen Gebots der Staatsfreiheit daher zwei völlig verschieden ausgestaltete Institutionen, die beide eine konstitutive Rolle für die Demokratie innehaben. Sie beide vermitteln zwischen Volk und Staat.

Bei einer Verflechtung dieser beiden Institutionen würde nun aber – ähnlich wie in der staatlichen Sphäre – ein Zustand hergestellt, der verhindern würde, dass beide diese Aufgabe ausreichend wahrnehmen können. Innerhalb der staatlichen Sphäre würde ohne eine Trennung und gegenseitige Einflussnahme der Gewalten eine Gewalt eine übergeordnete Stellung einnehmen, die die jeweils andere mitbestimmt. Der Grundgedanke der Gewaltenteilung ist die Abwehr von Missbrauch von Staatsgewalt.[458] Die Abwehr von Missbrauch ist auch der tragende Gedanke hinter der Trennung von Parteien und Rundfunk. Die Parteien sollen eine Rundfunkanstalt nicht für ihre politischen Überzeugungen missbrauchen dürfen, weil sonst die Pluralität der Meinungen in der rundfunkrechtlichen Berichterstattung verloren geht. Dies wäre ein Verstoß gegen Art. 5 I S. 2.[459] Parteibeherrschter Rundfunk würde mit der dienenden Eigenschaft der Rundfunkfreiheit im Widerspruch stehen. Praktisch gesprochen könnte der Rundfunk nicht mehr neutral über das Verhalten und die Arbeit der Mitglieder derjenigen Partei berichten, die sie organisatorisch beherrscht. Sie könnten die vom BVerfG erwähnte Kontrolle durch die Öffentlichkeit nicht mehr ausüben. Schon deswegen sind Parteien und Rundfunk voneinander zu trennen.

---

454 Vgl. BVerfGE 40, 296 (327).

455 Ausführlich dazu die obigen Ausführungen unter C I 1 b.

456 Vgl. *Fechner,* Medienrecht, § 2, Rn. 2.

457 Vgl. *Schmidt,* Politische Parteien und andere Vereinigungen, NJW 1984, 762 (765).

458 Vgl. *Herzog/Grzeszick* in: Maunz/Dürig, GG, Art. 20 V, Rn. 2.

459 Vgl. BVerfGE 121, 30 (61).

Auch umgekehrt wird die Arbeit des Rundfunks von den Parteien nicht beherrschend mit überwacht. Die Grundlage für die Besetzungen der Aufsichtsgremien der öffentlich-rechtlichen Rundfunkanstalten finden sich in Art. 5 I S. 2 selbst. Die Rundfunkfreiheit erfordert eine effektive Aufsicht, die Pluralität herstellt und die grundrechtliche Funktion des Rundfunks sicherstellt.[460] Die öffentlich-rechtlichen sind ebenso wie die privaten Rundfunkanstalten Gegenstand einer staatlichen Rechtsaufsicht.[461] In ihr finden sich Vertreter aus verschiedenen gesellschaftlichen Gruppen, wie Kirchen, Verbände und auch Parteien.[462] Politische Parteien sind schon über ihren Auftrag aus Art. 21 I als gesellschaftlich relevant einzustufen und können daher bei Zusammensetzung der öffentlich-rechtlichen Rundfunkräte oder Anstaltsversammlungen der Landesmedienanstalten berücksichtigt werden.[463] Ihr Einfluss muss sich allerdings auf einen „angemessenen Anteil" beschränken, der nicht beherrschend sein darf.[464]

Somit kontrollieren auch die Parteien die Arbeit des Rundfunks, sowie sie umgekehrt von den Medien selbst kontrolliert werden sollen. Die Parteien könnten die Arbeit einer Rundfunkanstalt, die sie selbst beherrschen, aber nicht effektiv darauf kontrollieren, ob sie gemäß Art. 5 I S. 2 ihrem öffentlichen Auftrag genügen. Würde eine Anstalt sich einseitig der politischen Richtung der sie beherrschenden Partei zuwenden, würde diese Partei die Rundfunkarbeit wohl kaum rügen, da sie traditionell ein (legitimes) Interesse an der Nutzung der Medien für ihre politischen Ziele hat.[465]

Die Trennung von Rundfunk und Parteien ist verfassungsrechtlich geboten, weil sie zwei maßgebliche Kräfte im gesellschaftlichen Raum darstellen. Die öffentliche Meinungsbildung kann nur dann funktionieren, wenn Parteien und Rundfunk jeweils ihre Aufgaben wahrnehmen. Ihre Aufgaben sind konstitutiv.[466] Dies können sie jedoch nur unabhängig voneinander wahrnehmen. Eine Verflechtung der beiden Institutionen würde insbesondere zu einer fehlenden

---

460 Vgl. *Degenhart,* Rundfunkaufsicht und Wettbewerbsgleichheit im dualen Rundfunksystem, ZUM 1997, 153 (158).

461 Vgl. BVerfGE 12, 205 (262); 57, 295 (326).

462 Vgl. *Fechner,* Medienrecht, § 10, Rn. 76, 176 ff.

463 Vgl. *Hahn* in: Hahn/Vesting, Rundfunkrecht, Anh. §§ 11e, f RStV, Rn. 8; *Fechner,* Medienrecht, § 10, Rn. 200.

464 BVerfGE 73, 118 (180); 12, 205 (263).

465 *Klein* in: Maunz/Dürig, GG, Art. 21, Rn. 190.

466 Vgl. *Graf Kerssenbrock,* Der Rechtsschutz des Parteimitgliedes vor Parteischiedsgerichten, S. 33 f.; *Soehring,* Presse, Persönlichkeitsrechte und Vorverurteilungen, GRUR 1986, 518; *Starck,* Grundversorgung und Rundfunkfreiheit, NJW 1992, 3257 (3262).

Kontrolle untereinander führen, was die Erfüllung der öffentlichen Aufgabe von Parteien und Rundfunk erheblich beeinträchtigen würde.[467] Somit ist im Ergebnis festzustellen, dass *Reffken* zuzustimmen ist, wenn er im Gegensatz zum BVerfG die Trennung von Parteien und Rundfunk aus einem eigenständigen rundfunkrechtlichen Grundsatz statt der Staatsfreiheit herleiten möchte.[468]

(b) Parteien und Presse

Doch gerade, wenn man festhalten kann, dass die Trennung von Parteien und Rundfunk geboten ist, weil beide dieselbe gesellschaftliche Aufgabe der öffentlichen Meinungsbildung wahrnehmen, fragt sich, wieso dies im Verhältnis zwischen Parteien und Presse nicht gelten soll. Diese sind zwar anders als der Rundfunk rein privat-wirtschaftlich organisiert und daher sollen keine Besonderheiten für die Beteiligungen von Parteien an Presseunternehmen gelten, weil sie einem freien Wettbewerb unterworfen sind.[469] Nach der Logik des BVerfG wären aber Presseunternehmen, an denen Parteien mehrheitlich beteiligt sind, von „staatsnahen" Verbänden beherrscht und somit nicht nur privat. Geht man zudem davon aus, dass die Trennung von Parteien und Rundfunk in der Wahrnehmung derselben konstitutiven Rolle für die Demokratie wurzelt, ist diese Besonderheit äußerst auffällig. Denn auch die Presse steht als „Verbindungs- und insbesondere als *Kontroll*organ" zwischen Volk und seinen gewählten Vertretern.[470] Wie die Presse ihrer Kontrollfunktion angemessen nachgehen kann, wenn sie von Parteien beherrscht wird, ist fraglich. Was genau soll die Presse in ihrem Verhältnis zu Parteien vom Rundfunk unterscheiden und eine Trennung zwischen Presse und Parteien unnötig machen?

Hierzu gebietet sich zunächst die dogmatische Einordnung des rundfunkrechtlichen Grundsatzes der Trennung von Parteien und Rundfunk. Parteibeherrschter Rundfunk würde gemäß der Entscheidung des BVerfG nicht im Einklang mit

467 So auch *Möstl*, Parteien als Medienunternehmer, DÖV 2003, 106 (108).

468 Vgl. *Reffken*, Rundfunkbeteiligungen politischer Parteien, NVwZ 2008, 857 (860), wobei erstaunlich ist, dass er dann dem Urteil eine Stärkung der subjektiv-rechtlichen Komponente der Rundfunkfreiheit entnehmen möchte. Das Vorliegen eines Prinzips der Freiheit von parteipolitischer Beeinflussung, das er aus dem Urteil herausliest, würde dieser Einschätzung gerade widersprechen, da ein solches Prinzip der objektiv-rechtlichen Dimension der Rundfunkfreiheit, die in der positiven Ordnung des Rundfunks aufgeht, entspringt.

469 Vgl. *Klein* in: Maunz/Dürig, GG, Art. 21, Rn. 190; *Kluth* in: BeckOK, GG, Art. 21, Rn. 75, wobei hier nähere Begründungen zu dieser Maßgabe fehlen.

470 BVerfGE 20, 162 (175).

dem objektiv-rechtlichen Gehalt der Rundfunkfreiheit stehen.[471] Zwar können die Parteien sich auf die Rundfunkfreiheit berufen. Dies ist auch insofern unproblematisch, als die Rundfunkfreiheit eine subjektiv-rechtliche Komponente besitzt, also auch ein Abwehrrecht darstellt. Allerdings ist bei einem Berufen der Parteien auf die Rundfunkfreiheit deren überwiegender objektiv-rechtlicher Gehalt in die Beurteilung miteinzubeziehen. Maßgeblich ist, dass eine uneingeschränkte Ausübung der Rundfunkfreiheit durch die Parteien den „Dienst" der Rundfunkfreiheit an der Demokratie behindern würde. Um hierbei der Kontroll- und Informationsfunktion bei der Herstellung von Öffentlichkeit gerecht zu werden, bedarf es einer gewissen Neutralität.[472] Diese Neutralität des Rundfunks würde aber durch die fehlende Distanz zu Parteien, die entsteht, wenn Parteien kontrollierenden Einfluss ausüben, behindert werden.[473]

Im Falle der Rundfunkfreiheit ist der Staat angehalten sicherzustellen, dass die dienende Funktion der Rundfunkfreiheit erfüllt wird. Um eben dies zu gewährleisten, hat das BVerfG entschieden, dass Parteien an Rundfunkunternehmen jedenfalls nicht beherrschend beteiligt sein dürfen. Auf diese Art und Weise ist der Tatsache Rechnung getragen, dass Parteien sich zwar grundsätzlich auf die Rundfunkfreiheit berufen können. Auf der anderen Seite ist sichergestellt, dass die Parteibeteiligungen kein Hindernis für ein Erfüllen der dienenden Funktion des Rundfunks darstellen. Insofern differenziert eine solche Lösung zwischen den beiden Dimensionen des Grundrechts, die sich so beide entfalten können.[474]

In Anbetracht dieser Lesart der Entscheidung des BVerfG zu parteibeherrschtem Rundfunk stellt sich die Frage, ob sich diese Prinzipien auf das Verhältnis zwischen Parteien und Presse übertragen lassen. Anders als der Bereich des Rundfunks sind die Printmedien privatwirtschaftlich organisiert. Daher sollen keine Besonderheiten für die Beteiligungen von Parteien an Presseunternehmen gelten, weil sie einem freien Wettbewerb unterworfen sind.[475] Denn bislang dominiert die negatorische Funktion der Pressefreiheit, also ihre subjektiv-rechtliche Komponente in Form eines klassischen Abwehrrechts des Einzelnen gegen den

471 Vgl. BVerfGE 121, 30 (61 f.).

472 Zur Kontrollfunktion der Medien vgl. das Diätenurteil des BVerfG, in dem es von der Notwendigkeit einer Kontrolle „durch die Augen der Öffentlichkeit" spricht, BVerfGE 40, 296 (327).

473 So auch *Möstl*, Politische Parteien als Medienunternehmer, DÖV 2003, 106 (110).

474 Vgl. *Musiol*, Urteilsanmerkung zum Urteil des BVerfG v. 12.3.2008, FD-GewRS 2008, 256278.

475 *Kluth* in: BeckOK, GG, Art. 21, Rn. 75, wobei hier nähere Begründungen zu dieser Maßgabe fehlen.

Staat. Die Presse diente bisher in erster Linie der Verwirklichung von privatrechtlichen und privatwirtschaftlichen Interessen Einzelner.[476] Damit steht die Pressefreiheit im Gegensatz zur Rundfunkfreiheit, deren objektiv-rechtlicher Gehalt dominiert.[477] Bei der Pressefreiheit geht man bislang davon aus, dass diese zur Entfaltung einer staatlichen Hilfe nicht bedürfe. Das BVerfG erkannte hier, dass das Pressewesen die mit der Pressefreiheit verbundene Aufgabe im Gegensatz zum Rundfunk erfüllen könne, weil sich durch die Vielzahl und Vielfältigkeit der Presseprodukte ein gewisses „Gleichgewicht" eingependelt habe. Eine positive Ordnung sei nicht notwendig, weil es insofern nur erforderlich sei, „Bestehendes zu gewährleisten".[478]

Die Pressefreiheit hat aber neben dem subjektiven Recht einen objektiv-rechtlichen Normgehalt, der dem der Rundfunkfreiheit ähnlich ist. So gehört zur Pressefreiheit, die für die Demokratie „unentbehrliche mediale Publizität" herzustellen.[479] Das BVerfG hat klargestellt, dass alle Garantien (und nicht nur die Rundfunkfreiheit) des Art. 5 I S. 2 der individuellen und öffentlichen Meinungsbildung dienen.[480] Es bezog sich dabei auch auf seine grundsätzliche Feststellung, dass die Pressefreiheit mehr sei als nur ein Grundrecht gegen den Staat. Vielmehr gehöre hierzu die institutionelle Eigenständigkeit der Presse, die der Staat zu garantieren habe.[481] Die objektiv-rechtliche Dimension der Pressefreiheit hat aber nicht wie beim Rundfunk dazu geführt, dass die Notwendigkeit einer positiven Ordnung bejaht wurde.[482] Vielmehr wird der objektiv-rechtliche Gehalt der Presse hinzugezogen, um den Schutzbereich des subjektiven Abwehrrechts zu verstärken.[483] Somit kann festgehalten werden, dass sich Rundfunk- und Pressefreiheit in der ungleichen Gewichtung der objektiv-rechtlichen bzw. subjektiv-rechtlichen Dimensionen unterscheiden. Die überwiegende objektiv-rechtliche Dimension der Rundfunkfreiheit verhindert beherrschende Parteibeteiligungen. Aber auch die Pressefreiheit besitzt eine objektiv-rechtliche Dimension, die dieselbe Zielrichtung besitzt wie

---

476 *Bethge* in: Sachs, GG, Art. 5, Rn. 71–73.

477 Vgl. *Ladeur* in: Hahn/Vesting, Rundfunkrecht, § 7 RStV, Rn. 89.

478 Vgl. BVerfGE 57, 295 (323).

479 *Paschke,* Medienrecht, C, Rn. 211 f.

480 Vgl. BVerfGE 57, 295 (319).

481 Vgl. BVerfGE 12, 205 (260).

482 Vgl. *Bullinger* in: Löffler, Presserecht, Einleitung, Rn. 3, der aber noch im selben Absatz beschreibt, wie die Presse und die Pressefreiheit der freiheitlich-demokratischen Grundordnung *dienen*.

483 Vgl. *Ladeur* in: Paschke/Berlit/Meyer, Hamburger Kommentar, 4. Abschnitt, Rn. 3.

der Rundfunk: Eine freie und individuelle Meinungsbildung durch politische Berichterstattung und Vermittlung verschiedener Meinungen. Der objektiv-rechtliche Gehalt soll aber jenen grundrechtlichen Schutzbereich verstärken, auf den die Parteien sich als in der Gesellschaft wurzelnde, private Gruppen berufen können.

Damit ließe sich das Prinzip, auf dem die verhältnismäßige Trennung von Rundfunk und Parteien fußt, nicht ohne Weiteres auf das Verhältnis zwischen Parteien und Presse übertragen. Die unterschiedliche dogmatische Ausgestaltung von Rundfunk- und Pressefreiheit spricht dagegen. Allerdings gilt zu beachten, dass auch die Pressefreiheit gleich der Rundfunkfreiheit der öffentlichen Meinungsbildung dient. Damit drohen bei einer unternehmensbeherrschenden Parteibeteiligung dieselben Probleme wie beim Rundfunk bei der gegenseitigen Kontrolle von Parteien und Presse. Die Presse soll die Politik der Parteien kontrollieren, ohne die dafür notwendige Distanz aufweisen zu können. Ob bei einer fehlenden gegenseitigen Kontrolle zwischen Presse und Parteien die Aufgabe der öffentlichen Meinungsbildung durch beide Institutionen erfolgreich erfüllt wird, ist somit zweifelhaft.

Allerdings ist im Verhältnis zwischen Presse und Parteien nicht nur die Maßgabe von Art. 5 I S. 2 zu beachten.[484] Vielmehr muss auch Art. 21 I berücksichtigt werden. Die öffentliche Aufgabe, die das GG auf die Parteien überträgt, verleiht ihnen im Gegensatz zu anderen Personenvereinigungen eine besondere Prägung.[485] Soweit die öffentliche Funktion der Parteien es erfordert, sind die Grundrechte, die ihnen zustehen, zu modifizieren, weil ansonsten eine Beeinträchtigung ihrer Mitwirkung an der politischen Willensbildung stattfinden könnte.[486] Eine Trennung von Parteien und Medien dient aufgrund der Gedanken von Unabhängigkeit und Kontrolle nicht nur der Funktionsfähigkeit der Medien. Auch die Erfüllung der öffentlichen Aufgabe der Parteien könnte beeinträchtigt werden, wenn eine ausreichende Kontrolle durch die Medien nicht mehr stattfindet. Somit ist ebenso zu prüfen, ob die Pressefreiheit der Parteien in Anbetracht der Funktionsfähigkeit der Parteien zu modifizieren ist.

Eine solche Modifikation könnte beinhalten, dass die Pressefreiheit der Parteien eine andere Gewichtung der subjektiv-rechtlichen und objektiv-rechtlichen Gehalte erhält. Maßgeblich hierfür ist, dass die Parteien ungehindert ihrer Vermittlungsaufgabe im Rahmen der Volkswillensbildung nachgehen können. Dies

484 Auch das BVerfG stützte seine Entscheidung auf Art. 5 in Verbindung mit Art. 21 GG, vgl. BVerfGE 121, 30 (60 f.).

485 Vgl. *Klein* in: Maunz/Dürig, GG, Art. 21, Rn. 396.

486 Vgl. *Möstl,* Politische Parteien als Medienunternehmer, DÖV 2003, 106 (109).

ist nur dann der Fall, wenn ihre ungehinderten Beteiligungsmöglichkeiten an den Presseunternehmen nicht mit der umgekehrten Vermittlungsaufgabe der Presse im Bereich der öffentlichen Meinungsbildung im Widerspruch stehen. Ein solcher Widerspruch wird nicht anzunehmen sein, wenn Parteien nur Minderheitenbeteiligungen gestattet sind. Solche erlauben zumeist keinen beherrschenden Einfluss auf die Presseredaktionen, sodass nicht davon ausgegangen werden kann, dass eine Beeinträchtigung von Unabhängigkeit und gegenseitiger Kontrolle gewährleistet ist.

Im Hinblick auf beherrschende Beteiligungen ist aber zu fragen, ob das vom BVerfG erkannte „Gleichgewicht" innerhalb des Pressewesens durch beherrschende Parteibeteiligungen an einigen Presseunternehmen gestört wird.[487] Besteht ein solches Gleichgewicht trotz der Möglichkeit parteibeherrschter Presse, sind am Schutzbereich der Pressefreiheit der Parteien keine Modifikationen vorzunehmen, weil die Erfüllung der öffentlichen Aufgabe aus Art. 21 I dies nicht fordert. Möglicherweise konnte man in der Vergangenheit von einem solchen Gleichgewicht ausgehen, weil in der Presselandschaft eine viel stärkere Vielfalt als innerhalb des Rundfunks bestand. Ob das aber auch für die Gegenwart gilt, ist angesichts der jüngsten medialen Entwicklungen fraglich.[488] Denn die Presselandschaft wird durch sinkende Auflagenzahlen und Marktkonzentrationen immer kleiner.[489] Je weiter die Presselandschaft schrumpft, desto mehr inhaltliches Gewicht entfaltet parteibeherrschte Presse. Mit der zunehmenden Konzentration auf dem Pressemarkt und dem Rückgang der Anzahl an überregionalen Tageszeitungen gewinnen Inhalte aus parteibeherrschten Presseunternehmen an Bedeutung. Dieser Zuwachs beeinträchtigt die von der Presse ausgeübte Kontrolle. Gleichzeitig ist zu bedenken, dass Pressebeteiligungen Finanzierungmöglichkeiten für die Parteien sind. Dieser wirtschaftliche Druck könnte dazu führen, dass die Parteien bei ihren Presseerzeugnissen auf besonders massentaugliche und wenig informative Berichterstattung hinwirken, um ökonomischen Erfolg zu erzielen.[490] Das Interesse an einer kritischen und ausgewogenen Berichterstattung könnte dabei zurücktreten.

---

487 Vgl. BVerfGE 57, 295 (323).

488 Gemeint sind hier die Konzentrationen auf dem Meinungsmarkt und die sinkenden Auflagenzahlen, vgl. ausführlich die Ausführungen unter E II b.

489 Vgl. *Brinkmann*, Zur Aktualität des Vielfaltsgebot in den Massenmedien, ZUM 2013, 193 (196).

490 Gemäß dem BVerfG wohnt diese Gefahr publizistischem Wettbewerb inne, vgl. BVerfGE 119, 181 (215).

Führt man sich diese Entwicklungen und insbesondere den Umstand, dass diese noch nicht abgeschlossen sind, vor Augen, stellt sich die Frage nach der dogmatischen Ausgestaltung der Pressefreiheit der Parteien neu. Unabhängigkeit und gegenseitige Kontrolle sind in einer kleineren Presselandschaft schwieriger zu gewährleisten. Um der Missbrauchsgefahr der Presse durch die Parteien vorzubeugen, bedarf es einer Einschränkung des Schutzbereichs der Pressefreiheit. Soweit die Parteien sich auf Pressefreiheit berufen, erfordert deren öffentliche Aufgabe, dass der objektiv-rechtliche Gehalt der Pressefreiheit wesentlich höher zu gewichten ist. Die Vermittlungsaufgabe aus Art. 21 I ist in die Gewichtung des objektiv-rechtlichen Gehalts der Pressefreiheit der Parteien miteinzubeziehen. Denn auch wenn diese Aufgabeübertragung durch das Grundgesetz Grundlage der verfassungsrechtlichen Parteienrechte ist, liegt in ihr die objektive Wertentscheidung der Verfassung für eine Parteiendemokratie.[491] Überwiegt die objektiv-rechtliche Dimension der Pressefreiheit durch das Zusammenspiel mit der objektiven Maßgabe aus Art. 21 I, dass die Parteien „an der politischen Willensbildung mitwirken", sind ähnliche Wertungen vorzunehmen wie im Bereich der Rundfunkfreiheit. Parteibeherrschte Presse steht im Widerspruch zu der objektivrechtlichen Rolle der Presse innerhalb der demokratischen Willensbildung. Das Zusammenwirken der öffentlichen Aufgabe der Parteien mit der objektiv-rechtlichen Dimension der Pressefreiheit erfordert eine verhältnismäßige Trennung von Parteien und Presse nach dem Vorbild der Trennung von Parteien und Rundfunk.

Parteibeherrschte Presse bedroht die öffentliche Meinungsbildung, weil weder Presse noch Parteien an ihr ausreichend mitwirken können. Das Fehlen einer gesetzlichen Ausgestaltung zur verhältnismäßigen Beschränkung der Parteibeteiligungen an Presseunternehmen bedeutet somit eine verfassungsrechtliche Regelungslücke. Somit ergibt sich für die Presse, dass sie genau wie der Rundfunk die verfassungsrechtliche Maßgabe trifft, dass eine verhältnismäßige Trennung von den Parteien vorzunehmen ist, um die Erfüllung der öffentlichen Aufgaben der Parteien und allen Medien nicht zu beeinträchtigen. Denn würde eine solche Beeinträchtigung stattfinden, würde dies zwangsläufig dazu führen, dass weder die Parteien noch die Presse ihre verfassungsrechtlichen öffentlichen Aufgaben erfüllen können.

(3) Zwischenergebnis

Im Ergebnis ist somit festzuhalten, dass der gemeinsame Grundsatz der Staatsfreiheit, der Parteien und Medien in der gesellschaftlichen Übergangsphäre zwischen

---

491 Vgl. *Klein* in: Maunz/Dürig, GG, Art. 21, Rn. 160 f.

Staat und Volk verankert, und die daraus notwendigerweise folgende verfassungsrechtliche Trennung zwischen Parteien und Medien ebenfalls für das Bestehen einer öffentlichen Aufgabe der Medien und das Bedürfnis verfassungsrechtlicher Legitimation spricht. Parteien und Medien wären nicht voneinander zu trennen, nähmen sie nicht dieselbe öffentliche Aufgabe wahr und müsste nicht sichergestellt werden, dass sie dies unabhängig voneinander tun. Die Inhaber dieser Aufgabe müssen, wenn sie von den Parteien getrennt werden sollen, darüber hinaus verfassungsrechtlich legitimiert sein. Kein rein privater Grundrechtsinhaber kollidiert mit den Parteien und ihrer öffentlichen Aufgabe, sondern nur derjenige, dessen Verhalten sich am Maßstab des Grundgesetzes messen lassen muss. Die Verflechtung der Parteien mit den Medien verstößt gerade gegen jenen Teil des Verfassungsrechts, der den Medien ihre besondere Berechtigung verleiht. Bestünde hinsichtlich der Medien kein Erfordernis verfassungsrechtlicher Legitimation, könnte es gar keinen Verstoß geben. Aus diesem Grund ist dem verfassungsrechtlich entgegenzuwirken. Die notwendige Trennung von Parteien und Medien dient der Bewahrung ihrer jeweiligen verfassungsrechtlichen Legitimation.

III. Social Media Web und Demokratie

Die Inhalte des Social Media Web sollen keine Medien im herkömmlich verfassungsrechtlichen Sinne darstellen.[492] Wie oben bereits ausführlich dargestellt, ist dieser Ansicht zuzustimmen, wenn auch die Begründungen hierfür zum Teil wenig nachvollziehbar sind.[493] Die Angebote, die die Nutzer des Social Media Web anderen zur Verfügung stellen, müssen aus anderen Gründen als derzeit in der Literatur diskutiert reine Individualkommunikation sein, die vollständig nichtmedial ist.[494] Vielmehr spielen subjektive und objektive Faktoren bei der Einstufung eine Rolle. Objektiv ergibt sich die Zuordnung des Social Media Web in den Bereich der individuellen Meinungsfreiheit schon aus der Tatsache, dass es für die Einstufung als medial an einem Mittler, einem Dritten im Kommunikationsvorgang mangelt. Subjektiv ist darüber hinaus relevant, dass es auch der

492 Vgl. *Ladeur/Gostomzyk,* Der Schutz von Persönlichkeitsrechten gegen Meinungsäußerungen in Blogs, NJW 2012, 710 (711); *Kitz,* Das neue Recht der elektronischen Medien in Deutschland – sein Charme, seine Fallstricke, ZUM 2007, 368 (369).

493 Vgl. die Ausführungen unter B IV.

494 Insbesondere kann weder auf einen begrenzten Personenkreis abgestellt werden, noch auf die besondere Interaktivität, wie *Fechner* es vorschlägt, vgl. *Fechner,* Medienrecht, § 3, Rn. 102.

Wunsch des Anbieters des Inhaltes ist, nur seine Meinungsfreiheit zu betätigen, und sich nicht einer der Medienfreiheiten unterzuordnen.[495]

Damit ergibt sich für die Inhalte des Social Media Web ebenfalls nicht die besondere Gefährdungslage der Medienfreiheiten. Im Gegensatz zur Meinungsfreiheit haben die Medienfreiheiten eine übersteigerte Bedeutung für die individuelle und öffentliche Meinungsbildung, was sich aus ihrer Kommunikation mit der Masse ergibt.[496] Zwar ist Massenkommunikation auch durch das Social Media Web denkbar.[497] Daraus resultiert jedoch noch nicht dieselbe Gefahr für die öffentliche Meinungsbildung, wie dies bei den Medienfreiheiten der Fall ist. Die grundrechtsspezifische Gefahr für die Medien liegt in fremdbestimmter Einflussnahme.[498] Zwar ist es auch denkbar, dass die Anbieter auf dem Gebiet des Bereichs des Social Media Web fremdbestimmt sind. Insbesondere betätigen sich auch staatliche Institutionen wie Abgeordnete[499] oder Minister[500] im Bereich von Social Media. Und die spezifische Gefährdungslage der Massenkommunikation entstammt gerade der Gefahr durch staatliche Einflussnahme.[501] Allerdings ergibt sich diese Gefahr nur dann, wenn die genutzten Kommunikationsmittel nicht jedermann zugänglich sind.[502] Denn auch wenn im Bereich der Presse und des Rundfunks ein gewisser publizistischer und ökonomischer Wettbewerb vorherrscht,[503] ist diese Vielfalt nicht mit jener zu vergleichen, die entsteht, wenn ein Kommunikationsmittel jedermann zur Verfügung steht. Es ist nicht denkbar, dass der Staat oder eine Organisation das Social Media Web so für sich einnehmen kann, dass sich der Meinungsaustausch auf nur noch eine Meinung konzentriert und andere Tendenzen und Richtungen keine Plattform mehr finden. Denn selbst wenn der Staat oder eine andere Organisation sich in großem Umfang im Bereich des Social Media Web betätigt, wird dadurch denjenigen, die nicht zu ihnen gehören, nicht die Möglichkeit genommen, sich ebenfalls via Social Media Web zu äußern.[504] Die Nutzbarkeit für jedermann, die allen Social-Media-Angeboten zu

495 Vgl. die Ausführungen unter B IV 3.

496 Vgl. *Schulze-Fielitz* in: Dreier, GG, Art. 5, Rn. 66.

497 Vgl. *Söllner,* Bewegung der Massen durch Facebook, ZRP 2011, 179.

498 Vgl. *Schemmer* in: BeckOK, GG, Art. 5, Rn. 85.1; *Wendt* in: von Münch/Kunig, GG, Art. 5, Rn. 34.

499 Vgl. https://www.facebook.com/dirk.fischermdb, abgerufen am 2.3.2013.

500 Vgl. https://twitter.com/peteraltmaier, abgerufen am 2.3.2013.

501 Vgl. BVerfGE 113, 63 (76).

502 Vgl. *Schulze-Fielitz* in: Dreier, GG, Art. 5, Rn. 65.

503 Vgl. BVerfGE 119, 181 (215); 20, 162 (176).

504 Wie demonstriert im sogenannten arabischen Frühling, vgl. *Kettemann,* Das Internet als internationales Schutzgut: Entwicklungsperspektiven des Internet-Völkerrechts anlässlich des arabischen Frühlings, ZaöRV 2012, 469 (475).

eigen ist, besteht weiter fort.[505] Damit wird das Social Media Web nicht zur Staatsgewalt, selbst wenn es von großen Teilen durch den Staat genutzt werden würde.

Zwar bewirkt das Social Media Web, dass sich für die individuelle Meinungsfreiheit nicht dieselbe Gefahr ergibt wie bei den Medienfreiheiten. Dafür hat seine Entwicklung diesbezüglich zur Folge, dass sich ihre Bedeutung für das Funktionieren der Demokratie der Bedeutung der Medienfreiheit annähert. Das Grundrecht der freien Meinungsäußerung ist für die freiheitlich-demokratische Staatsordnung generell „schlechthin konstituierend".[506] Es teilt sich insoweit diese Eigenschaft mit der Presse- und Rundfunkfreiheit.[507] Allerdings war es bislang so, dass die Medienfreiheiten die Möglichkeit der Verbreitung von Nachrichten verstärkt haben und somit eine stärkere Bedeutung für die öffentliche Meinungsbildung hatten, weil nur sie über die Mittel verfügten, mit den Massen kommunizieren zu können.[508] Dieser Umstand hat sich jetzt geändert. Durch das Social Media Web steht es plötzlich jedermann offen, allgemeine Inhalte zu verbreiten.[509] Das heißt ganz konkret, dass die Besonderheit der Medien weggefallen ist, alleiniger Kommunikator mit dem Volk zu sein. Die konstitutive Meinungsfreiheit tritt in ihrer Bedeutung für die Bildung des Volkswillens neben die Medienfreiheiten und spielt nicht länger eine insoweit untergeordnete Rolle, weil es ihr an der Möglichkeit mangelt, die Allgemeinheit zu erreichen.

Dabei gilt insbesondere zu beachten, dass für das Social Media Web – anders als für die Medien – keine Notwendigkeit demokratischer Legitimation besteht, denn es vermittelt lediglich die Meinungsfreiheit. Diese ist die „in gewissem Sinn die Grundlage jeder Freiheit".[510] Ihre verfassungsrechtliche Berechtigung zieht sie somit aus Art. 5 I S. 1 selbst.

Somit wird die öffentliche Meinungsbildung auf einmal nicht nur mehr durch die Betätigung von Presse- und Rundfunkfreiheit bestimmt. Ein neuer maßgeblicher Faktor ist hinzugetreten. Die Freiheit, auf der Medienfreiheit überhaupt erst aufbaut, wird bei der Meinungsvermittlung und -verbreitung zu ihrer Konkurrenz.[511] Fraglich bleibt, welche Bedeutung diese Umstände für die verfassungs-

---

505 Vgl. *Gounalakis,* Der Begriff des Sendens aus urheberrechtlicher Sicht, ZUM 2009, 447 (451).

506 BVerfGE 7, 198 (208).

507 Vgl. BVerfGE 77, 65 (74); 107, 299 (329).

508 Vgl. *Wendt* in: von Münch/Kunig, GG, Art. 5, Rn. 1.

509 Vgl. *Söllner,* Bewegung der Massen durch Facebook, ZRP 2011, 179.

510 BVerfGE 7, 198 (208).

511 Zum Verhältnis von Medienfreiheit zur Meinungsfreiheit ausführlich: *Bullinger* in: Löffler, Presserecht, § 1 LPG, Rn. 33 ff.

rechtliche Rolle und Legitimation von Presse und Rundfunk spielen. Müssen Presse und Rundfunk anderen verfassungsrechtlichen Anforderungen genügen, jetzt da sie nicht mehr allein maßgeblich sind für die öffentliche Meinungsbildung?

IV. Fazit

Presse und Rundfunk beeinflussen im hohen Maße das staatliche Geschehen.[512] Die Medien werden daher in der Literatur und im Volksmund vielfach als „vierte Gewalt" bezeichnet.[513] Auch wenn der Begriff eine gewisse Praktikabilität aufweist, weil er die besondere Bedeutung für die Demokratie durch einen Vergleich mit der Staatsgewalt auf den Punkt bringt, ist er verfassungsrechtlich problematisch. Er ist nicht nur irreführend, sondern abzulehnen. Die Medien sind nicht nur keine Staatsgewalt, sie dürfen auch keine sein. Demokratische Willensbildung darf sich nur vom Volk zum Staat vollziehen und niemals umgekehrt.[514] Damit ist die Entscheidungsfreiheit des Volkes, aber insbesondere der Prozess der Entscheidungsfindung das tragende Element der Demokratie.[515] Diese freie öffentliche Meinungsbildung, die nicht vom Staat gelenkt ist, bildet somit das Herzstück einer freiheitlichen demokratischen Staatsordnung. Das Handeln aller Staatsorgane muss sich in einem permanenten Vorgang der Rückkoppelung auf den Willen des Volkes zurückführen lassen.[516]

Die Medien sind an eben diesem Prozess der Rückkoppelung maßgeblich beteiligt und ermöglichen ihn teilweise sogar. Eine Einstufung dieser Rolle als Staatsgewalt würde zu einem verfassungsrechtlichen Widerspruch führen. Denn Staatsgewalt kann sich nicht durch ihre eigenen Kräfte an die Gesellschaft binden. Dies würde dem Grundsatz, dass staatliche Willensbildung vom Volk zu den Staatsorganen hin stattzufinden hat, der Staat also die Bildung des Volkswillens nicht lenken darf, widersprechen. Es müssen daher Kräfte aus der gesellschaft-

512 Siehe hierzu die Ausführungen unter C I 1 b.

513 Vgl. *Seitz,* Promischutz vor Pressefreiheit, NJW 1997, 3216; *Stender-Vorwachs,* Das Persönlichkeitsrecht der Frau in den Medien, NJW 2006, 549 f., die sich sogar dazu hinreißen lässt, die Presse als verfassungsrechtlich abgesicherte „vierte Gewalt" zu bezeichnen; *Gounalakis/Zagouras,* Plädoyer für ein europäisches Medienkonzentrationsrecht, ZUM 2006, 716 (725); *Möstl,* Parteien als Medienunternehmer, DÖV 2003, 106 (108).

514 Vgl. BVerfGE 20, 56 (98).

515 Vgl. *Grzeszick* in: Maunz/Dürig, GG, Art. 20, Rn. 17.

516 Vgl. *Engelbert/Kutscha,* Staatliche Öffentlichkeitsarbeit und Demokratieprinzip, NJW 1993, 1233 (1234).

lichen Sphäre des Volkes sein, die diese Rückkoppelung gewährleisten. Medien dürfen schon verfassungsrechtlich niemals Staatsgewalt sein.

Dies kann jedoch noch nicht bedeuten, dass die Medien kein verfassungsrechtliches Legitimationserfordernis trifft. Innerhalb der gesellschaftlichen Sphäre sind die Medien nämlich nicht die einzigen, die den Vorgang der Rückkoppelung des Staatswillens an das Volk betreiben. Sie teilen sich diese Rolle mit den Parteien.[517] Parteien und Medien weisen gemeinsame verfassungsrechtliche Besonderheiten auf. So sind sie beide trotz ihrer für die Meinungsbildung konstitutiven Funktion nicht dem Staat zuzuordnen, sondern müssen aus Gründen des Demokratieprinzips in der gesellschaftlichen Sphäre verwurzelt werden. Sie sind die einzigen Inhaber der sogenannten Staatsfreiheit und dürfen nicht vom Staat gelenkt werden.[518] Parteien sind jedoch umfangreich verfassungsrechtlich legitimiert.[519] Ihr Legitimationserfordernis ergibt sich dabei aus der öffentlichen Aufgabe, die ihnen durch Art. 21 I S. 1 zugewiesen wird.[520] Es gilt als unumstritten, dass die Medien für die politische Willensbildung sowohl Medium als auch Faktor sind.[521] Das BVerfG selbst hat den Begriff der öffentlichen Aufgabe der Medien geprägt.[522] Dieser wurde aber weitgehend abgelehnt und vielmehr als deskriptiv denn als normativ empfunden. Die öffentliche Aufgabe der Medien soll also keine Rechtsfolgen nach sich ziehen, sondern lediglich die Bedeutung der Medien für die Demokratie veranschaulichen.[523]

Diese Ansicht ist, wie erwähnt, als zu kurzsichtig und inkonsequent abzulehnen. Eine öffentliche Aufgabe der Medien muss sich schon allein aus der Einstufung der Rundfunkfreiheit als dienende Freiheit ergeben. Da es sich aber dogmatisch nicht vertreten lässt, zwischen Rundfunk und Presse an dieser Stelle zu differenzieren, muss aus der öffentlichen Aufgabe des Rundfunks auch die der Presse zu schließen sein. Dies folgt nicht nur daraus, dass sowohl Rundfunk und Presse konstitutiv für die öffentliche Meinungsbildung sind, sondern auch aus

---

517 Vgl. *Kluth* in: BeckOK, GG, Art. 21, Rn. 16.

518 Vgl. BVerfGE 85, 264 (287); 90, 60 (88 f.); *Degenhart,* Staatspresse in der Informationsgesellschaft, AfP 2009, 207.

519 Siehe hierzu die Ausführungen unter C I 1 a.

520 Vgl. *Morlok* in: Dreier, GG, Art. 21, Rn. 25, der gleichzeitig darauf hinweist, dass hier das GG bereits davon ausgeht, dass die Parteien nicht die einzigen sind, die politische Willensbildung fördern. Sie wirken insofern nur *mit.*

521 Vgl. BVerfGE 12, 205 (260).

522 Vgl. BVerfGE 20, 162 (175).

523 *Bethge* in: Sachs, GG, Art. 5, 66–67; *Herzog* in: Maunz/Dürig, GG, Art. 5, Rn. 119, *Starck* in: v. Mangoldt/Klein/Starck, GG, Art. 5, Rn. 73.

der Konvergenz der Medien. Die eindeutigen Grenzen zwischen Rundfunk und Presse sind zu vage geworden, als dass sich ein Angebot eindeutig dem einen Medium oder dem anderen zuordnen ließe. Es würde verfassungsrechtliche Willkür ermöglichen, wenn man ein Angebot, welches nicht eindeutig dem Rundfunk oder der Presse zugeordnet werden kann, am Maßstab einer öffentlichen Aufgabe messen könnte oder auch nicht. Willkür ist in jeder Ausprägung jedoch verfassungsfeindlich.[524] Somit muss sich schon aus dem Nachweis einer öffentlichen Aufgabe der Medien das Erfordernis verfassungsrechtlicher Legitimation ergeben.

Darüber hinaus spricht aber auch das Verbot für politische Parteien, sich am Rundfunk in beherrschender Funktion zu beteiligen, gegen jene Auffassung. Irreführenderweise hat das BVerfG diese Maßgabe zunächst aus dem Grundsatz der Staatsfreiheit des Rundfunks hergeleitet. Es hat argumentiert, dass Parteien als „staatsnah“ einzustufen seien und dass eine Beherrschung des Rundfunks durch sie damit einer staatlichen Beherrschung gleichkommen würde.[525] Das Kriterium der Staatsnähe ist aber widersprüchlich und darüber hinaus nicht eindeutig genug, um hierauf eine Begründung der Ablehnung parteipolitischer Beherrschung von Rundfunkunternehmen zu stützen. Vielmehr ist grundsätzlich eine Trennung von Parteien und Medien wünschenswert vor dem Hintergrund, dass nur eine gegenseitige Kontrolle der beiden Institutionen ihre Funktionsfähigkeit auch sichern kann.[526] Ihre gegenseitige Verflechtung würde die Erfüllung der öffentlichen Aufgabe, die sie beide trifft, erschweren, wenn nicht gar unmöglich machen. Die notwendige Trennung von Parteien und Medien spricht wiederum für ein Erfordernis demokratischer Legitimation von Medien. Denn woher sollte das verfassungsrechtliche Gebot der Trennung von Parteien und Medien stammen, wenn nicht aus dem Bereich, der den Medien ihre besondere Rechtsstellung verleiht? Würden Parteien und Rundfunk sich miteinander verflechten, entstünde ein verfassungsrechtlicher Zustand, der dem Rundfunkunternehmen seine Berechtigung entzöge, weiterhin am Prozess der öffentlichen Meinungsbildung beteiligt zu sein. Dies kann im Umkehrschluss nur heißen, dass für die Beteiligung an der öffentlichen Meinungsbildung eine Berechtigung vorliegen muss. Dies gilt sowohl für die Parteien als auch für den Rundfunk und somit auch für die Presse.

---

524 Vgl. *Kischel* in: Maunz/Dürig, GG, Art. 3, Rn. 75 ff.

525 Vgl. BVerfGE 121, 30 (61).

526 So auch *Möstl*, Parteien als Medienunternehmer, DÖV 2003, 106 (110).

Es kann festgehalten werden, dass aus der öffentlichen Aufgabe der Medien ein Erfordernis verfassungsrechtlicher Legitimation fließt. Mit dieser Feststellung ist jedoch noch nicht die Frage beantwortet, ob die Medien diesem Erfordernis überhaupt entsprechen und welches Legitimationsniveau sich daraus ergibt. Durch was sind sie – wenn überhaupt – legitimiert?

Diese Fragestellung ist von besonderer Brisanz vor dem Hintergrund der Feststellung, dass Medien und Parteien im Bereich der Rückkoppelung nicht mehr die einzig Tätigen sind.[527] Durch das Social Media Web steht Massenkommunikation heute jedermann zur Verfügung, sodass öffentliche Meinungsbildung auch ohne Medien denkbar ist. Die Kommunikation des Volkes mit dem Staat ist nicht mehr länger allein durch die Medien möglich. Welche Auswirkungen hat dieser Umstand auf die Anforderungen, denen Medien zu genügen haben, wenn sie ihre verfassungsrechtliche Rolle ausüben wollen – und müssen?

527 Zum Begriff der Rückkoppelung vgl. *Schürmann*, Staatliche Öffentlichkeitsarbeit, NJW 1992, 1072 (1074).

D. Legitimation der Medien

Wenn festgestellt wurde, dass die Medien – ob Rundfunk oder Presse – einer verfassungsrechtlichen Legitimation bedürfen, stellt sich die Anschlussfrage, wie eine solche Legitimation aussehen sollte. Zwar wurde oben festgestellt, dass die Medien keine Staatsgewalt im Sinne des Grundgesetzes sind, sondern vielmehr einer gesellschaftlichen Sphäre zugeordnet werden, auf die der Staat keinen Einfluss haben darf.[528] Bei der Frage, ob sie den an sie gerichteten verfassungsrechtlichen Anforderungen genügen, bietet sich dennoch zunächst ein Blick auf die allgemeinen Prinzipien demokratischer Legitimation des GG an, die aus dem Rechtsstaatsprinzip aus Art. 20 II S. 2 folgen.[529] Dies drängt sich vor dem Hintergrund auf, dass die Legitimation für die Staatsorgane den Zweck erfüllt, sicherzustellen, dass sich das Handeln der Staatsorgane am Grundgesetz messen lassen kann.[530] Sie stellen einen konkreten verfassungsrechtlichen Maßstab auf. Die vorangegangenen Ausführungen haben bislang nur das bloße Erfordernis verfassungsrechtlicher Legitimation nachgewiesen. Welche Anforderungen genau sich daraus ergeben und ob sie sich eventuell aus den Prinzipien der Legitimation der Staatsorgane ableiten lassen, ist noch festzustellen.

I. Legitimationsprinzipien nach dem Grundgesetz

Demokratische Legitimation kann auf vielfältige Arten vermittelt werden, die sich jeweils wechselseitig ergänzen und miteinander zusammenwirken, um das richtige Legitimationsniveau herzustellen.[531] Das GG kennt dabei für die Legitimation seiner Staatsorgane verschiedene Formen, bei denen zunächst zwischen personeller und sachlicher Legitimation unterschieden wird.[532]

1. Personelle Legitimation

Personelle Legitimation ist dann gegeben, wenn eine einzelne Person ihre Bestellung zu einem bestimmten Amt und ihren Beitrag bei der Ausfüllung dessen auf

528 Vgl. *Jarass* in: Jarass/Pieroth, GG, Art. 5, Rn. 34, sowie *Pieroth* in: Jarass/Pieroth, GG, Art. 21, Rn. 1, 11, wobei er die gesellschaftliche Sphäre als Übergangsbereich zwischen Staat und Volk beschreibt.

529 Vgl. *Zippelius/Würtenberger*, Deutsches Staatsrecht, § 10, Rn. 10 ff.

530 Vgl. *Huster/Rux* in: BeckOK, GG, Art. 20, Rn. 83.

531 Vgl. *Grzeszick* in: Maunz/Dürig, GG, Art. 20, Rn. 120, 127.

532 Vgl. *Sachs* in: Sachs, GG, Art. 20, Rn. 35.

den Willen des Staatsvolkes zurückführen kann.[533] Dabei kommt es nicht darauf an, dass jede einzelne Person, die Staatsgewalt ausübt, durch Wahl oder Abstimmung vom Volk bestätigt sein muss. Vielmehr kommt es darauf an, dass sich eine ununterbrochene Legitimationskette ergibt. Staatsgewalt kann sich auch nur mittelbar auf das Volk zurückführen lassen.[534] Dabei kann die Legitimationskette darüber hergestellt werden, dass die vom Volk direkt gewählte Vertretung, zum Beispiel der Bundestag, die Person für ein bestimmtes Amt bestimmt.[535] Es kommt letztlich darauf an, ob nachgewiesen werden kann, dass die Bestellung einer Person zu einem Amt sich mittelbar oder unmittelbar auf den Willen des Volkes zurückführen lässt.

Jedoch bietet dieses Legitimationsprinzip keine geeignete Grundlage für die Bestimmung der Legitimationsanforderungen der Medien. Auf die Frage, ob die richtige Person für die Erfüllung der öffentlichen Aufgabe der Medien bestellt ist, kann es letztlich nicht ankommen. Zwar beeinflussen insbesondere Chefredakteure oder Verleger die Berichterstattung der Medien, die sie leiten, maßgeblich.[536] Einzelne Personalien können somit für die Frage, ob ein Medium seiner öffentlichen Aufgabe genügt, entscheidend sein. Jedoch hängt diese Frage nur indirekt mit der Person zusammen, viel stärker dagegen mit dem Inhalt, der in den Medien verbreitet wird. Für die Förderung der politischen und öffentlichen Meinungsbildung ist die einzelne Personalie letztlich unerheblich. Dies gilt gerade vor dem Hintergrund, dass die Medienfreiheiten auch innerhalb der Medienveranstalter gewisse Freiheiten in der Berichterstattung gewährleisten.[537] Es kommt nicht darauf an, wer etwas mithilfe der Medien zum Ausdruck bringt, als vielmehr auf das, was zum Ausdruck gebracht wird.

Letztlich scheint es zudem undenkbar, dass die Bestimmung der Personalien der Medien sich über eine Legitimationskette auf den Willen des Volkes zurückführen lassen kann. Die unmittelbar gewählte Volksvertretung oder die mittelbar legitimierte Exekutive darf die Personalentscheidung der Medien nicht treffen, weil dies ein grober Verstoß gegen das verfassungsrechtliche Gebot der Staatsfreiheit der Medien wäre.[538] Somit kann die personelle Legitimation keine Grundlage

---

533 Vgl. BVerfGE 77, 1 (40).

534 Vgl. BVerfGE 47, 253 (275).

535 Vgl. BVerfGE 83, 60 (72 f.).

536 Kritisch: *Pöppelmann*, „Die Meinungsfreiheit kann auf der Strecke bleiben" Die Innere Pressefreiheit muss gesichert werden, ZRP 2006, 237.

537 Zur sogenannten „inneren Pressefreiheit" *Wendt* in: von Münch/Kunig, GG, Art. 5, Rn. 39.

538 Vgl. *Degenhart*, Staatspresse in der Informationsgesellschaft, AfP 2009, 207. Die Besetzung der Rundfunkräte durch Vertreter der Fraktionen im Parlament stellt

bilden, auf der sich ein Maßstab zur Legitimation der Medien aufbauen lassen könnte.

2. Sachliche Legitimation

Für die sachliche Legitimation kommt es darauf an, ob das Volk auf die inhaltliche Ausgestaltung der Ausübung der Staatsgewalt hinreichenden Einfluss besitzt.[539] Dies geschieht zum einen durch die Bindung an die von der Volksvertretung geschaffenen Gesetze, zum anderen durch Verantwortung der Regierung gegenüber dem Parlament oder für nachgeordnete Behörden durch Weisungsgebundenheit.[540] Zusammengefasst sollen die Volksvertreter die Ausübung der Staatsgewalt in ihrer Arbeit mitbestimmen und kontrollieren, damit auf diese Weise ein zumindest mittelbarer Einfluss des Volkes auf die Exekutive hergestellt werden kann. Auch hierauf kann es bei der Frage nach dem Maßstab für eine verfassungsrechtliche Legitimation von Rundfunk und Presse indes nicht ankommen. Maßgeblich ist nicht die Einflussmöglichkeit des Volkes. Entscheidend ist vielmehr der Beitrag zur öffentlichen Meinungsbildung und die Frage, wie dieser verfassungsrechtlich sicherzustellen ist. Zudem würde eine Rückführung der medialen Inhalte gegen die Freiheit der Medien verstoßen, ihre Programme und Erzeugnisse inhaltlich staatsfrei zu gestalten.[541]

3. Institutionelle Legitimation

Neben die sachliche und personelle Legitimation tritt das Prinzip der institutionellen Legitimation. Es beruht auf der Überlegung, dass das GG neben dem unmittelbar legitimierten Parlament noch andere Organe vorgeschrieben hat und sie so in Erfüllung ihrer öffentlichen Aufgabe legitimiert.[542] Denn während das

hingegen keinen Verstoß gegen dieses Gebot dar, da dies nur die Aufsicht und nicht die Personalentscheidung selbst betrifft. Die Aufsicht des Rundfunks ist kein Teil der innerbetrieblichen Organisation. Darüber hinaus ist auch im Hinblick auf die Entsendung der Aufsichtsmitglieder das Gebot der Staatsfreiheit zu beachten und staatlicher Einfluss weitgehend auszuschließen. Aus diesem Grund liegt das Entsendungsrecht hauptsächlich bei den gesellschaftlichen Gruppen und weniger bei den Fraktionen, vgl. *C. Hahn* in: Hahn/Vesting, Rundfunkrecht, Anhang zu §§ 11e, 11f Überblick über das System des öffentlich-rechtlichen Rundfunks, Rn. 9.

539 Vgl. *Grzeszick* in: Maunz/Dürig, GG, Art. 20, Rn. 122.

540 Vgl. *Sachs* in: Sachs, GG, Art. 20, Rn. 41.

541 Zur sog. Tendenzfreiheit der Presse vgl. BVerfGE 52, 283 (296); zur sog. Programmfreiheit des Rundfunks vgl. BVerfGE 90, 60 (87).

542 Vgl. *Zippelius/Würtenberger*, Deutsches Staatsrecht, § 10, Rn. 12.

Parlament durch Wahlen unmittelbar legitimiert ist, besteht hinsichtlich der anderen Staatsorgane ein Defizit. Dies soll dadurch ausgeglichen werden, dass der Bestand dieser Organe verfassungsrechtlich ausreichend vorherbestimmt ist und sich ihre demokratische Legitimation aus der Verfassung selbst heraus ableitet.[543]

Nun werden durch Art. 5 I S. 2 Rundfunkfreiheit und Pressefreiheit „gewährleistet". Somit liegt der Gedanke nicht fern, dass die Medien eine Form der institutionellen Legitimation in Anspruch nehmen, da das Grundgesetz sie und ihren Bestand insoweit voraussetzt. Damit wären Presseunternehmen und Rundfunkanstalten Institute des Grundgesetzes und in der Folge demokratisch legitimiert. Dafür spricht zunächst die Rechtsprechung des BVerfG. In seinem Spiegel-Urteil sprach das BVerfG nämlich vom „Institut der freien Presse".[544] Darüber hinaus eröffnete es in seinem Beschluss vom 6. Oktober 1959 den Vergleich zwischen Medien und Parteien, die aufgrund ihrer öffentlichen Aufgabe Institutionen des Verfassungslebens seien.[545] Diese Formulierungen hat sich die Literatur an vielen Stellen zu eigen gemacht. So wird vom „Institut der Presse" gesprochen, welches verfassungsrechtlich garantiert sei.[546] Insoweit ist auch der Begriff der Institutsgarantie der Presse bzw. des Rundfunks in Verwendung.[547]

Eine Instituts- oder auch Einrichtungsgarantie eines subjektiven Rechts nach dem Grundgesetz ist jedoch abzugrenzen von einer institutionellen Garantie, die aus dem objektiv-rechtlichen Gehalt eines Grundrechts fließt. Bei der verfassungsrechtlichen Einrichtungsgarantie sichert ein normatives Gerüst eine Einrichtung mittel- oder unmittelbar gegen Abschaffung oder Wesensveränderung.[548] Um eine Einrichtungsgarantie des Grundgesetzes handelt es sich zum Beispiel bei Art. 6 I.[549] Der Bestand und die wesentlichen Strukturen von Ehe und Familie werden von Art. 6 I insoweit geschützt, als dem Gesetzgeber die Befugnis entzogen wird, über die zwingenden Elemente von Ehe und Familie zu verfügen.[550] Es sind insofern alle gesetzlichen Maßnahmen verfassungswidrig, welche die wesen-

543 Vgl. *Jarass* in: Jarass/Pieroth, GG, Art. 20, Rn. 10a.

544 Vgl. BVerfGE 20, 162 (175).

545 Vgl. BVerfGE 10, 118 (121, 123).

546 Vgl. *Partikel,* Compliance der Presse, CCZ 2009, 174.

547 Vgl. *Fink* in: Spindler/Schuster, Recht der elektronischen Medien, C III 3, Rn. 36; *Ladeur/Gostomzyk,* Rundfunkfreiheit und Rechtsdogmatik – Zum Doppelcharakter des Art. 5 I 2 in der Rechtsprechung des BVerfG, JuS 2002, 1145; *Pestalozza,* Der Schutz vor der Rundfunkfreiheit in der Bundesrepublik Deutschland, NJW 1981, 2158 (2163).

548 Vgl. *Badura,* Staatsrecht, C, Rn. 20.

549 Vgl. BVerfGE 6, 55 (71 ff.); 51, 386 (396 f.); 63, 323 (329); 76, 1 (46).

550 Vgl. *Uhle,* BeckOK, GG, Art. 6, Rn. 29.

sprägenden Eigenschaften von Ehe und Familie beeinträchtigen würden.[551] Eine weitere Institutsgarantie kennt das GG in Form von Art. 14.[552] Privateigentum wird vom Grundgesetz als Rechtsinstitut gesichert.[553] Ebenso wie bei der Einrichtungsgarantie des Art. 6 wird dem Gesetzgeber die Befugnis darüber entzogen, die typischen Grundformen und Grundstrukturen des Eigentums zu verändern.[554] Die Garantie des Eigentums dient dabei der Sicherung eines subjektiven Rechts.[555] Sie ist damit ein direkter Ausfluss aus dem subjektiven Abwehrrecht des Eigentums gegen den Staat.[556]

Ebenso verhält es sich bei der Einrichtungsgarantie des Art. 6. Sie bildet eine Grundsatznorm, bei der das Abwehrrecht gegen den Staat im Zentrum steht. Zur Verstärkung dieses subjektiven Rechts soll dem Staat der besondere Schutz von Ehe und Familie auferlegt werden.[557] Den Einrichtungsgarantien des Grundgesetzes ist somit gemeinsam, dass der subjektiv-rechtliche Gehalt eines Grundrechts, also das klassische Abwehrrecht, verstärkt werden soll durch eine besondere Verpflichtung des Staates. Es wird mehr als nur die Freiheit geschützt. Es wird vielmehr ein Rechtsinstitut von Verfassungswegen geschaffen, welches eine Freiheit direkt ausgestaltet. Dies geht über eine bloße Freiheitssicherung hinaus.

Diese Gedanken zu den Einrichtungsgarantien lassen sich nicht in direkter Form auf die Gewährleistungen von Art. 5 I übertragen. Denn die Grundrechte aus Art. 5 I wirken nicht nur im subjektiv-rechtlichen Bereichs des Individuums, sondern entfalten ihre besondere Funktion durch ihren objektiv-rechtlichen Gehalt.[558] Der staatliche Schutz von Presse- und Rundfunkfreiheit lässt sich aus der objektiv-rechtlichen Dimension von Art. 5 I herleiten. Bei der Gewährleistung kommt es nicht darauf an, die Rechte des Individuums gegen den Staat zu schützen, sondern vielmehr eine Freiheit abzusichern, die entscheidend für den demokratischen Prozess ist. Die Gewährleistung von Art. 5 I S. 2 richtet kein Rechtsinstitut in Form eines ausdrücklich bezeichneten Rechts ein, sondern institutionalisiert eine Freiheit.[559] Das Grundgesetz gestaltet diese Freiheit aber nicht

---

551 Vgl. BVerfGE 80, 81 (92).

552 Vgl. BVerfGE 19, 202 (206); 44, 1 (17); 67, 329 (340); 91, 346 (358); 97, 1 (6); 99, 341 (350); 112, 332 (348).

553 Vgl. *Becker* in: Stern/Becker, Grundrechte-Kommentar, Art. 14, Rn. 9.

554 Vgl. *Axer* in: BeckOK, GG, Art. 14, Rn. 19.

555 Vgl. BVerfGE 24, 367 (389); 58, 300 (339).

556 Vgl. *Papier* in: Maunz/Dürig, GG, Art. 14, Rn. 1.

557 Vgl. *Robbers* in: v. Mangoldt/Klein/Starck, GG, Art. 6, Rn. 8.

558 Vgl. *Fechner* in: Stern/Becker, Grundrechte-Kommentar, Art. 5, Rn. 234.

559 Vgl. *Starck* in: v. Mangoldt/Klein/Starck, GG, Art. 5, Rn. 11.

konkret aus, sondern garantiert insofern *nur* die Freiheit der Medien. Es richtet anders als bei Art. 14, in dem ein eigenes, hinreichend bestimmtes Recht gewährleistet wird, weder Presseunternehmen noch Rundfunkveranstalter selbst ein.

Dem steht auch die Existenz des öffentlich-rechtlichen Rundfunks nicht entgegen. Zwar hat die Rundfunkfreiheit durch die Einrichtung des öffentlich-rechtlichen Rundfunks insoweit eine Ausgestaltung erfahren, als dass die Einstufung der Rundfunkfreiheit als dienende Freiheit die Errichtung des öffentlich-rechtlichen Rundfunks nach sich gezogen hat.[560] Die Einrichtung des öffentlich-rechtlichen Rundfunks diente allerdings nicht dazu, der Rundfunkfreiheit ein bestimmtes Wesensmerkmal zu geben und dieses verfassungsrechtlich hinreichend abzusichern. Vielmehr entsprang die Einstufung der Rundfunkfreiheit als dienende Freiheit der Notwendigkeit, die freie individuelle und öffentliche Meinungsbildung zu schützen.[561] Die Einrichtung des öffentlich-rechtlichen Rundfunks wird verfassungsrechtlich nicht garantiert, wie dies bei Ehe und Familie oder beim Eigentum der Fall ist. Der öffentlich-rechtliche Rundfunk ist somit kein Institut der Verfassung, sondern ein Hilfsmittel des Gesetzgebers zur Sicherung der Rundfunkfreiheit. Damit hat die Rundfunkfreiheit aber noch keine verfassungsrechtliche Konkretisierung erfahren, wie dies bei Art. 6 und 14 der Fall ist, bei denen eine Freiheit durch die Schaffung eines Instituts in einer bestimmen Form abgesichert ist. Der öffentlich-rechtliche Rundfunk unterstützt insoweit auch nur die Absicherung einer Freiheit, gibt aber nicht deren Form vor, weil er als Teil der positiven Ordnung der Rundfunkfreiheit *dient*.[562] Garantieren kann er sie nicht, er ist nur Instrument zur Sicherung. Bei der Gestaltung der Rundfunkordnung kommt es nicht auf die Einrichtung einer Anstalt an, sondern darauf, ob die Freiheit des Rundfunks gewahrt bleibt.[563] Insoweit existiert auch kein verfassungsrechtlicher Anspruch auf Veranstaltung von (privatem) Rundfunk.[564] Dies widerspricht darüber hinaus nicht dem Verständnis des BVerfG vom „Institut der freien Presse". Zwar sprach dies von einem Institut, welches von Art. 5 I garantiert sei. Allerdings legte es dieser Formulierung den Gedanken zugrunde, dass der objektiv-rechtliche Gehalt der Vorschrift bestimme, dass der Staat gehalten sei, durch eine von ihm entsprechend erlassene Rechtsordnung „dem Postulat der Freiheit" Rechnung zu tragen.[565] Damit sprach auch das BVerfG nicht davon, dass

560 Vgl. *Fechner* in: Stern/Becker, Grundrechte-Kommentar, Art. 5, Rn. 150 f.

561 Vgl. BVerfGE 74, 297 (323 f.); 87, 181 (197).

562 Vgl. *Hahn/Witte* in: Hahn/Vesting, Rundfunkrecht, RStV, § 3, Rn. 8.

563 Vgl. BVerfGE 83, 238 (296).

564 *Starck* in: v. Mangoldt/Klein/Starck, GG, Art. 5, Rn. 11, 108.

565 Vgl. BVerfGE 20, 162 (175).

Art. 5 I S. 2 die Presse als Institut garantiere. Die Norm garantiere ihre Freiheit, nicht aber ihre Einrichtung.

Somit enthalten die Gewährleistungen von Art. 5 I nur Gewährleistungen von Freiheit. Zwar kann man von einer Institutionalisierung der Freiheit ausgehen.[566] Diese bezieht sich aber, anders als bei einer klassischen Einrichtungsgarantie, auf den objektiv-rechtlichen Gehalt der Grundrechte zur Sicherung einer freien öffentlichen Meinungsbildung. Die Existenz von Presseunternehmen oder Rundfunkanstalten wird aber nicht verfassungsrechtlich vorausgesetzt. Somit bietet auch das Prinzip der institutionellen Legitimation hier keinen hinreichenden Ansatz, um die Anforderungen an die verfassungsrechtliche Legitimation von Medien zu bestimmen. Denn Art. 5 I institutionalisiert nur die Freiheit, nicht aber diejenigen, die sie in Anspruch nehmen.

4. Verfassungsrechtliche Legalität

Aus den Prinzipien zur verfassungsrechtlichen Legitimation von Staatsgewalt kann daher kein Prinzip abgeleitet werden, welches geeignet wäre, den Maßstab zur Legitimation der Medien zu liefern. Denn auch die bloße Verankerung der Medien im Grundgesetz ohne Einrichtungsgarantie liefert noch keine Hinweise auf den konkreten Maßstab, anhand dessen sich feststellen lässt, ob die öffentliche Aufgabe ausreichend durch die Medien wahrgenommen werden kann. Dies verwundert jedoch nicht, da alle vorher genannten Prinzipien den Zweck verfolgen, Legitimation durch einen hinreichenden Einfluss des Volkes auf die Staatsgewalt sicherzustellen.[567] Darauf kann es aber bei der Frage, ob Medien ihre verfassungsrechtliche öffentliche Aufgabe erfüllen, nicht ankommen. Es kommt nicht – abstrakt gesprochen – auf den Willen der Medien an und ob dieser mit dem Willen des Volkes übereinstimmt. Denn anders als bei den Staatsgewalten hat ihr Handeln keinen Entscheidungscharakter.[568] Bei Medien ist maßgeblich, dass sie gerade eben jenen Einfluss des Volkes sicherstellen.[569] Sie sind somit unmittelbar an der Legitimation der Staatsgewalten beteiligt. Daher

566 Vgl. *Starck* in: v. Mangoldt/Klein/Starck, GG, Art. 5, Rn. 8 ff.

567 Vgl. *Kloepfer*, Verfassungsrecht, Bd. 1, § 7, Rn. 219 ff.; BVerfGE 83, 60 (71 f.).

568 Zum Entscheidungscharakter staatlichen Handelns vgl. BVerfGE 47, 253 (284); 107, 59 (87).

569 Durch die vielfach erwähnte Rückkoppelung, vgl. *Holznagel*, Konvergenz in lokalen und regionalen Medienmärkten – Spielräume für eine Beteiligung kommunaler TK-Unternehmen an Rundfunkveranstaltern, MMR 2011, 300 (301).

können für ihre Legitimation nicht die Prinzipien zum Tragen kommen, die sie selbst durch ihre Tätigkeit fördern.

Zudem fußen diese Legitimationserfordernisse darauf, dass das Innehaben von Macht und ihre Ausübung auseinanderfallen, obwohl das Volk der primäre Träger der Staatsgewalt ist und alle anderen hoheitlichen Akteure ihre Gewalt nur von ihm ableiten.[570] Eben jenes trifft auf die Medien schon deshalb nicht zu, weil sie nicht der staatlichen Sphäre angehören.[571] Die Medien sind gerade nicht in der staatlichen Sphäre verwurzelt, sondern gehören der gesellschaftlichen Sphäre an. Ihre Möglichkeiten werden somit weiterhin vom Volk selbst ausgeübt. Ihre „Macht" geht gerade nicht an den Staat über. Insoweit müssen für ihre verfassungsrechtliche Legitimation ganz andere Prinzipien gelten. Der Einfluss des Volkes ist sichergestellt, weil die Medien in ihm selbst wurzeln.[572]

Für verfassungsrechtliche Legitimation kommt es aber nicht notwendigerweise auf das Vorliegen von demokratischer Legitimation an. Entscheidend kann vielmehr die Übereinstimmung mit der Verfassung sein, die eine ausreichende Legitimation begründet.[573] Das BVerfG formulierte 1983 den Satz: „Nach dem Grundgesetz bedeutet verfassungsrechtliche Legalität zugleich demokratische Legitimität."[574] Demnach reicht eine Übereinstimmung mit den verfassungsrechtlichen Vorgaben aus, um verfassungsrechtliche Legitimation zu begründen. Zwar entschied das BVerfG dabei über die Legitimität des Bundeskanzlers und über die Frage, ob er neben seiner legalen Wahl durch das Parlament weiterer Legitimation bedürfe. Dies war eine Entscheidung über die Legitimität von Staatsgewalt. Dennoch hat das BVerfG dem Grundsatz Rechnung getragen, dass das Grundgesetz Recht schafft und gründet. Die Verfassung hat als normative Kraft die Möglichkeit, zu bestimmen und zu regulieren.[575] Übereinstimmung mit der Verfassung verleiht Recht und Befugnis. Insbesondere die Grundrechte haben eine Legitimationsfunktion.[576] Damit muss auch im Hinblick auf die Legitimation anderer verfassungsrechtlich relevanter Kräfte grundgesetzliche Legalität ausreichen.

570 Vgl. *Zippelius/Würtenberger,* Deutsches Staatsrecht, § 10, Rn. 10.
571 Vgl. *Rossen-Stadtfeld,* Beurteilungsspielräume der Medienaufsicht, ZUM 2008, 457 (472).
572 Vgl. *Möstl,* Politische Parteien als Medienunternehmer, DÖV 2003, 106 (107).
573 Vgl. *Badura,* Staatsrecht, A, Rn. 9.
574 BVerfGE 62, 1 (43).
575 Vgl. *Badura,* Staatsrecht, A, Rn. 9.
576 Vgl. *Bleckmann,* Staatsrecht II, § 11, Rn. 241.

a) § 2 PartG

Eine andere verfassungsrechtliche Kraft, die ihre Legitimation aus ihrer Legalität zieht, ist die Partei, die genauso wie die Medien in der gesellschaftlichen, nichtstaatlichen Sphäre wurzelt und an der Rückkoppelung des Staatswillens an den Volkswillen beteiligt ist.[577] In Art. 21 I S. 1 findet sich jedoch keine Definition der Partei, sie wird nur namentlich genannt und ihr wird eine öffentliche Aufgabe übertragen. Sie ist somit schon vom Wortlaut der Verfassung her für die Volkssouveränität existenziell, da Wahlen und Abstimmungen ohne sie nicht stattfinden könnten.[578] Darüber aber, wann einer Vereinigung die Eigenschaft als Partei und damit ihre öffentliche Aufgabe und verfassungsrechtlich entscheidende Rolle zukommt, schweigt das Grundgesetz. Vielmehr finden sich erst auf einfachgesetzlicher Ebene konkrete Tatbestandsvoraussetzungen, an denen sich messen lässt, wann von einer Partei auszugehen ist und wann nicht. In § 2 I ParteienG heißt es: *„Parteien sind Vereinigungen von Bürgern, die dauernd oder für längere Zeit für den Bereich des Bundes oder eines Landes auf die politische Willensbildung Einfluß nehmen und an der Vertretung des Volkes im Deutschen Bundestag oder einem Landtag mitwirken wollen, wenn sie nach dem Gesamtbild der tatsächlichen Verhältnisse, insbesondere nach Umfang und Festigkeit ihrer Organisation, nach der Zahl ihrer Mitglieder und nach ihrem Hervortreten in der Öffentlichkeit eine ausreichende Gewähr für Ernsthaftigkeit dieser Zielsetzung bieten. (...).“*

In dieser Norm finden sich die drei entscheidenden Merkmale für die Einstufung einer Vereinigung als Partei: Es muss sich objektiv um eine Vereinigung von Bürgern handeln, die sich subjektiv das Ziel gesetzt hat, auf die politische Willensbildung Einfluss zu nehmen, und die die Ernsthaftigkeit dieser Zielsetzung nach außen hin ausreichend manifestiert.[579]

Damit ist die Entscheidung über die Parteieigenschaft vom Gesetzgeber und nicht von der Verfassung getroffen worden, obwohl die Parteien für die Willensbildung des Volkes eine überaus große Bedeutung besitzen.[580] Aus einer Erfüllung der Voraussetzungen von § 2 ParteienG durch eine Partei kann sich eigentlich noch keine verfassungsrechtliche Legitimität ergeben, da zunächst nur einfachgesetzliche Legalität vorliegt. Die Bestimmungen von § 2 ParteienG können da-

577 Vgl. *Kloepfer*, Verfassungsrecht, Bd. 1, § 7, Rn. 231, 232.

578 Vgl. *Ipsen* in: Ipsen, ParteienG, § 1, Rn. 2.

579 Vgl. *Lenski*, Parteiengesetz, § 2, Rn. 3.

580 Vgl. hierzu ausführlich *Wietschel*, Der Parteibegriff, S. 143 ff.

her nur deklaratorisch sein, da der verfassungsrechtliche Parteienbegriff aus der Verfassung selbst stammen muss.[581]

Allerdings hat das BVerfG entschieden, dass § 2 ParteienG Art. 21 I zulässigerweise konkretisiere. Denn die Vorschrift präge einen Parteibegriff, der dem des Grundgesetzes entspreche. Sie erkläre nur das, was von Art. 21 I ohnehin gefordert sei.[582] Dass die Bestimmungen des § 2 ParteienG im Einklang mit der Verfassung stehen, hat das BVerfG stets wiederholt.[583] Aus der Vereinbarkeit mit der Verfassung ergibt sich somit für die Parteien, dass sie dann verfassungsrechtlich legitimiert sind, wenn sie der einfachgesetzlichen Norm entsprechen. Ihre Legitimation leitet sich daraus ab, dass in dieser Norm die zwingenden verfassungsrechtlichen Vorgaben hinreichend verankert wurden.[584] Damit lassen sich Legitimationserfordernisse der Verfassung auch aus einem einfachen Gesetz ablesen, weil die hinreichend deklarieren, was das Grundgesetz fordert.

b) Verfassungsrechtliche Vorgaben aus Art. 5 I S. 2

Für eine verfassungsrechtliche Legitimation der Medien ergibt sich daher, dass auf einfachgesetzlicher Ebene nach Normen gesucht werden kann, die den Prüfungsmaßstab der öffentlichen Aufgabe der Medien des Grundgesetzes ausreichend formulieren und deklarieren. Denn der Staat als „Grundrechtshelfer" hat gemäß Art. 5 I S. 2 die Aufgabe, die Medienfreiheiten in einfaches Recht umzusetzen.[585] Es gilt also nach den gesetzlichen Regelwerken zu suchen, die die Vorgaben von Art. 5 I S. 2 formulieren und die Legitimationsfunktion der Grundrechte in die Tat umsetzen.[586] Blickt man auf die einfachgesetzliche Ebene des Medienrechts, ergibt sich ein zersplittertes Bild. Aus der Tatsache, dass bislang nicht von einem einheitlichen Mediengrundrecht aus Art. 5 I S. 2 ausgegangen wird, ergeben sich für Rundfunk, Presse und Film jeweils ganz eigene gesetzlich formulierte Bedingungen, zum Beispiel in Form der Landespressegesetze und der Landesmediengesetze.[587] Allerdings gibt es bislang auf dem Gebiet des Presserechts keine Bundes-

---

581 Vgl. *Ipsen* in: Ipsen, ParteienG, § 2, Rn. 2.

582 Vgl. BVerfGE 24, 260 (264).

583 Vgl. BVerfGE 79, 379 (384); 89, 266 (270); 91, 262 (271).

584 Vgl. *Wietschel*, Der Parteibegriff, S. 146.

585 Vgl. *Ladeur/Gostomzyk*, Rundfunkfreiheit und Rechtsdogmatik – Zum Doppelcharakter des Art. 5 I 2 in der Rechtsprechung des BVerfG, JuS 2002, 1145 (1146).

586 Zur Legitimationsfunktion der Grundrechte vgl. *Bleckmann*, Staatsrecht II, § 11, Rn. 241 ff.

587 Vgl. *Schiwy/Schütz/Dörr*, Lexikon des Medienrechts, S. 311 f.

gesetze, sondern zunächst nur Landesgesetze, weil die Gesetzgebungskompetenz für Medienrecht grundsätzlich bei den Ländern liegt.[588] Dies hat dazu geführt, dass jedes Land sein Pressewesen allein geregelt hat. Es liegen 16 Landesgesetzeswerke zur Presse vor. Die landesrechtlichen Bestimmungen weisen allerdings große Übereinstimmungen auf.[589] So ist § 3 der jeweiligen Landespressegesetze überwiegend mit „Öffentliche Aufgabe“ betitelt.[590] Lediglich Bayern und Hessen haben in ihren Landespressegesetzen auf die Erwähnung der öffentlichen Aufgabe der Presse verzichtet.[591]

Da es bei der Legitimation der Medien zentral um die Frage geht, ob die Medien den verfassungsrechtlichen Anforderungen an die Erfüllung ihrer verfassungsrechtlichen öffentlichen Aufgabe aus Art. 5 I S. 2 gerecht werden und somit grundgesetzliche Legalität erlangen, liegt der Schluss nahe, dass die einfachgesetzlichen Vorschriften zur öffentlichen Aufgabe der Presse einen Hinweis darauf liefern, worin diese öffentliche Aufgabe konkret besteht. Bei einem Blick in die einfachgesetzlichen Regelungen zur öffentlichen Aufgabe der Presse finden sich jedoch teilweise Bestimmungen, die zu ungenau formuliert sind, um einen konkreten Maßstab zur Erfüllung der öffentlichen Aufgabe zu bestimmen. So heißt es unter anderem: „Die Presse erfüllt eine öffentliche Aufgabe“,[592] wobei eine genaue Erläuterung der öffentlichen Aufgabe fehlt. In anderen Vorschriften heißt es dagegen: „Die Presse erfüllt eine öffentliche Aufgabe insbesondere dadurch, dass sie Nachrichten beschafft und verbreitet, Stellung nimmt, Kritik übt, in anderer Weise an der Meinungsbildung mitwirkt oder der Bildung dient.“[593]

---

588 Bis zur Föderalismusreform hatte der Bund gemäß Art. 75 Nr. 2 a. F. das Recht, ein Rahmengesetz zu erlassen, das die Rechtsverhältnisse der Presse regelt, vgl. *Beater*, Medienrecht, § 2, Rn. 47.

589 Vgl. *Fechner*, Medienrecht, 8. Kapitel, Rn. 13.

590 So im Landespressegesetz (LPG) Hamburg, Baden-Württemberg, Berlin, Brandenburg, Bremen, Mecklenburg-Vorpommern, Niedersachsen, Nordrhein-Westfalen, Sachsen, Sachsen-Anhalt, Schleswig-Holstein und Thüringen; im Landesmediengesetz Rheinland-Pfalz und im Saarländischen Mediengesetz findet sich die öffentliche Aufgabe der Presse in § 5 bzw. § 4.

591 Wobei das LPG Bayern in Art. 3 I feststellt, dass die Presse dem demokratischen Gedanken dient, und in II von der Erfüllung *dieser* Aufgabe spricht.

592 § 3 I LPG Berlin; § 3 LPG Bremen; § 5 Landesmediengesetz Rheinland-Pfalz, in dem es heißt: „Die Medien nehmen eine öffentliche Aufgabe wahr.“; § 4 Saarländisches Mediengesetz, in dem es heißt: „Die Medien nehmen bei der umfassenden Mitwirkung an der Meinungsbildung eine öffentliche Aufgabe wahr.“

593 § 3 LPG Hamburg.

Die Bestimmung der öffentlichen Aufgabe anhand der Merkmale Nachrichtenbeschaffung, -verbreitung, Stellungnahme, Kritik oder anderes Mitwirken an der Meinungsbildung findet sich in den meisten Landespresse- und Landesmediengesetzen wieder.[594] Nun ergibt sich bei dieser Betrachtung der einfachgesetzlichen Ebene des Presse- und Medienrechts, dass es insbesondere auf den Beitrag der Medien zur Meinungsbildung ankommt, den sie dadurch leisten sollen, dass sie neben der bloßen Nachrichtenbeschaffung und -verbreitung auch selbst Stellung beziehen und Kritik üben. Die Landespressegesetze wurden mit einer besonderen Rücksicht auf das Grundgesetzes und dessen Vorgaben verfasst.[595] In den Gesetzen selbst finden sich darüber hinaus auch häufig Rückverweise auf die Verfassung und darauf, dass die Presse nur denjenigen Beschränkungen ausgesetzt sein darf, die das Grundgesetz vorgesehen hat.[596]

Fraglich ist jedoch, ob durch diese Tatbestandsvoraussetzungen die Erfüllung der öffentlichen Aufgabe der Medien hinreichend sichergestellt ist. Erlangen Medien ihre Legitimation und ihre besondere verfassungsrechtliche Rolle schon alleine dadurch, dass sie die Bevölkerung mit Nachrichten versorgen, eigene Stellungnahmen verbreiten und Kritik üben? Reicht das zu einer Mitwirkung an der öffentlichen Meinungsbildung aus oder muss ein weiteres Element hinzutreten, das wirklich gewährleisten kann, dass die für die demokratische Grundordnung konstitutive Meinungsbildung stattfinden kann?[597] Mit anderen Worten: Kommt es vielleicht nicht nur darauf an, dass die Medien ihre Arbeit machen, sondern auch darauf, auf welche Weise dies geschieht?[598]

---

594 So in § 3 LPG Baden-Württtemberg, wobei hier die Einschränkung gemacht wird, dass es sich nur um Nachrichten von öffentlichem Interesse handeln muss, § 3 LPG Brandenburg, § 3 LPG Mecklenburg-Vorpommern, § 3 LPG Niedersachsen, § 3 LPG Nordrhein-Westfalen, § 3 II LPG Sachsen, § 3 LPG Sachsen-Anhalt, § 3 LPG Schleswig-Holstein, § 3 LPG Thüringen.

595 Vgl. *Beater,* Medienrecht, § 2, Rn. 47.

596 Vgl. § 1 II LPG Thüringen, § 1 II LPG Baden-Württtemberg, § 1 II LPG Berlin, § 1 II LPG Brandenburg, § 1 II LPG Bremen, § 1 II LPG Hamburg, § 2 I LPG Hessen, § 1 II LPG Mecklenburg-Vorpommern, § 1 II LPG Niedersachsen, § 1 II LPG Nordrhein-Westfalen, § 4 III Landesmediengesetz Rheinland-Pfalz, § 3 III Saarländisches Mediengesetz, § 1 I LPG Sachsen, § 1 II LPG Sachsen-Anhalt, § 1 II LPG Schleswig-Holstein, § 1 II LPG Thüringen.

597 Vgl. *Fechner,* Medienrecht, 1. Kapitel, Rn. 35.

598 Zur Bedeutung von „Qualitätsjournalismus" in einer Demokratie vgl. *Tinnefeld,* Ein Plädoyer für Qualitätsjournalismus und Pressfreiheit – Über Fragen des juristischen Zeitgeschehens in der Informationsgesellschaft, MMR 2008, XXVI.

Dafür spricht die Rechtsprechung des BVerfG. Das BVerfG hat sich bereits 1961 sehr intensiv mit der Frage beschäftigt, wie Presse- und Rundfunkfreiheit derart gewährleistet werden können, dass durch Mitwirkung an der Meinungsbildung die öffentliche Aufgabe erfüllt wird. Bereits damals führte das Gericht aus, dass es zur Gewährleistung der Medienfreiheiten nicht ausreiche, dass Nachrichten verbreitet, beschafft und politische Meinungen zugänglich gemacht würden. Es komme auch darauf an, wie dieser Tätigkeit nachgegangen werde. Medien sind also nicht nur Medium der Meinungsbildung, sondern auch deren Faktor. Im Hinblick auf die Rundfunkfreiheit wurde damals das Erfordernis besonderer Vorkehrungen gesehen, die absichern sollten, dass der Rundfunk seinen Beitrag zur öffentlichen Meinungsbildung ausreichend leiste. Art. 5 würde insoweit eine gesetzliche Ordnung fordern, die sicherstellen soll, dass das Rundfunkprogramm alle relevanten Kräfte zu Wort kommen lasse und von Sachlichkeit und Ausgewogenheit geprägt sei. Bei der Presse sollten derartig strenge Erfordernisse nicht notwendig sein, obwohl die Gewährleistungen von Presse- und Rundfunkfreiheit verfassungsrechtlich gleich zu gewichten seien, weil bei der Presse ein ausreichender Wettbewerb im Gegensatz zum Rundfunk geherrscht habe.[599]

Als sich das BVerfG dann zum ersten Mal mit dem privaten Rundfunk beschäftigte, stand es vor der Frage, wie es die Rundfunkfreiheit sichern konnte, obwohl neben den öffentlich-rechtlichen Rundfunk, der besonderen gesetzlichen Anforderungen zu entsprechen hatte, private Veranstalter von Rundfunk getreten waren. Im Kern ging es um die Frage, wie die objektiv-rechtliche Dimension der Rundfunkfreiheit – also die Mitwirkung an der öffentlichen Meinungsbildung als Medium und Faktor[600] – davor geschützt werden kann, dass das subjektive Abwehrrecht des Grundrechts in den Vordergrund rückt und sie so verdrängt. Zugleich musste gewährleistet werden, dass trotz Wegfalls der Frequenzknappheit und des übermäßig hohen Finanzaufwandes zur Veranstaltung von Rundfunk und dem damit aufkeimenden privaten Rundfunk die demokratisch konstitutive öffentliche Meinungsbildung funktioniert.[601]

Das BVerfG stellte in seinem Urteil aus dem Jahr 1981 insoweit fest, dass sich der Beitrag zur öffentlichen Meinungsbildung – jedenfalls des Rundfunks – nicht allein darin erschöpfen könne, dass Nachrichten verbreitet oder politische Mei-

599 Vgl. BVerfGE 12, 205 (261).

600 Vgl. *Holznagel/Nolden* in: Spindler/Schuster, Recht der elektronischen Medien, Teil 5 Vorfragen zu Rundfunk und Telemedien, Rn. 43.

601 Vgl. *Bullinger*, Private Rundfunkfreiheit auf dem Weg in die Pressefreiheit, ZUM 2007, 337 (338).

nungen dargestellt würden. Vielmehr verlange Art. 5 I S. 2 nach einer positiven Ordnung, die sicherstelle, dass die *Vielfalt* aller Meinungen im Rundfunk zum Ausdruck komme. Denn die Rundfunkfreiheit sei auch schon dann beeinträchtigt, wenn der Rundfunk einer gesellschaftlichen Gruppe „ausgeliefert“ und das Gesamtprogramm einseitig beeinflusst werde.[602] Mit anderen Worten stellte das BVerfG fest, dass der Rundfunk seiner öffentlichen Aufgabe nur dann nachkommen könne, wenn sichergestellt sei, dass die Meinungsvielfalt ihren Ausdruck im Programm finde. Denn die objektiv-rechtliche Dimension der Rundfunkfreiheit ziele wesentlich auf die Schaffung von Meinungsvielfalt ab.[603]

(1) Meinungsvielfalt

Der verfassungsrechtlich geforderte Schutz der Meinungsbildungsfreiheit durch den Schutz von Meinungsvielfalt im Rundfunk hat seine normative Ausgestaltung unter anderem in dem einzigen medienrechtlichen Normgerüst gefunden, das bundesweit rechtliche Geltung beansprucht, § 1 I Rundfunkstaatsvertrag (RStV). In § 25 RStV findet sich die Verankerung der Meinungsvielfalt im privaten Rundfunk.[604] Freie Meinungsbildung kann sich nur entwickeln, wenn die Informationen, die dafür notwendig sind, in einem offenen und transparenten Kommunikationsvorgang zur Verfügung stehen. Innerhalb dieses Vorganges muss sich die Vielfalt an Tatsachen, Wertungen und Sichtweisen wiederfinden, die eine *diskursive* Entwicklung von individueller Meinung in der Bevölkerung zulassen kann.[605] Aus diesem Grund lautet § 25 I RStV: „[...] Die bedeutsamen politischen, weltanschaulichen und gesellschaftlichen Kräfte und Gruppen müssen in den Vollprogrammen angemessen zu Wort kommen [...].“

§ 25 RStV konkretisiert für den privaten Rundfunk die verfassungsrechtlichen Vorgaben aus Art. 5 I S. 2.[606] Sie sollen inhaltlich dafür sorgen, dass die Programmqualität des Rundfunks derart gestaltet ist, dass sich eine *„chancengleiche“* Meinungsbildung vollziehen kann. Darum heißt es in § 25 II RStV: „Ein einzelnes Programm darf die Bildung der öffentlichen Meinung nicht in einem

602 Vgl. BVerfGE 57, 295 (322).
603 Vgl. *Holznagel* in: Spindler/Schuster, Recht der elektronischen Medien, § 4 RStV, Rn. 9.
604 Vgl. *Bamberger,* Sicherung der Meinungsvielfalt durch die Landesmedienanstalten, ZUM 2000, 551.
605 Vgl. *Rossen-Stadtfeld* in: Hahn/Vesting, Rundfunkrecht, § 25 RStV, Rn. 10.
606 Vgl. *Holznagel/Grünwald* in: Spindler/Schuster, Recht der elektronischen Medien, § 25 RStV, Rn. 7 ff.

hohen Maße ungleichgewichtig beeinflussen." Das bedeutet konkret, dass eine „Instrumentalisierung der Kommunikation" verhindert werden soll. Themen, Gegenstände und Perspektiven sollen weder unter qualitativen noch quantitativen Gesichtspunkten einer öffentlichen Diskussion unterliegen, die von gezielten Interessen geprägt ist.[607] Zwar gilt auch im Bereich der Rundfunkfreiheit, dass es den Redakteuren freisteht, dem Programm bestimmte Tendenzen zu verleihen.[608] Allerdings darf dieser Tendenzschutz die verfassungsrechtliche Vorgabe, Meinungsvielfalt zu gewährleisten, nicht beeinträchtigen. Denn Meinungsvielfalt ist eine Bedingung für die Gewährleistung der Rundfunkfreiheit aus Art. 5 I S. 2.[609] Vielfalt ist dabei kein starrer Begriff, sondern vielmehr ein beweglicher Vorgang, der immer wieder durch umfangreiche Kommunikation eingerichtet werden muss, in der eine ausreichende Wahrnehmbarkeit sicherzustellen ist. Dabei muss keine absolute oder vollständige Vielfalt, wohl aber eine relative Vielfalt der Öffentlichkeit zugänglich gemacht werden.[610] Die Vorgabe der Meinungsvielfalt manifestiert damit die Maßgabe des BVerfG, dass der Rundfunk nicht nur Medium der öffentlichen Meinungsbildung ist, sondern ebenso ein Faktor, dessen Tätigkeit über das Beschaffen und Verbreiten von Nachrichten und Meinungen hinausgeht.[611]

(2) Medienübergreifender Prüfungsmaßstab

Somit gilt jedenfalls zunächst für den Rundfunk, dass sich seine Legitimität nicht nur daran messen lassen muss, dass er seiner verfassungsrechtlichen Tätigkeit nachgeht, sondern dass er dabei die für die Meinungsbildungsfreiheit immanente Meinungsvielfalt herstellt. Fraglich ist, ob dieser Legitimationsmaßstab nur für den Rundfunk gilt oder ob er für sämtliche Medien des Art. 5 I S. 2 gelten muss. Grundsätzlich unterliegt die Presse keinerlei Vielfaltsmaßstab. Es gibt keine Norm oder Entscheidung des BVerfG, die vorgibt, dass die Presse sich an dieselben Vielfaltsbestimmungen zu halten hat wie der Rundfunk.[612] Daraus könnte geschlossen werden, dass die verfassungsrechtliche Vorgabe der Meinungsvielfalt nur für Veranstalter des Rundfunks gilt. Dieser Rückschluss kann

607 *Rossen-Stadtfeld* in: Hahn/Vesting, Rundfunkrecht, § 25 RStV, Rn. 10.

608 Vgl. *Starck* in: v. Mangoldt/Klein/Starck, GG, Art. 5, Rn. 150; *Fink* in: Spindler/Schuster, Recht der elektronischen Medien, C Verfassungsrecht, Rn. 50.

609 Vgl. *Schemmer* in: BeckOK, GG, Art. 5, Rn. 78.1 f.

610 Vgl. *Rossen-Stadtfeld* in: Hahn/Vesting, Rundfunkrecht, § 25 RStV, Rn. 35 f.

611 Vgl. BVerfGE 12, 205 (260 ff.).

612 Vgl. *Bethge,* Der Grundrechtsstatus privater Rundfunkveranstalter, NVwZ 1997, 1 (5).

aber angesichts des Umstandes, dass Rundfunk und Presse gleichermaßen für die Demokratie konstitutive Massenkommunikation betreiben, keinen Bestand haben.[613] Die Vielfaltsvorgabe des Rundfunks ergibt sich aus seiner Funktion als Faktor der öffentlichen Meinungsbildung, die über die Funktion als bloßes Medium hinausgeht. Das BVerfG meint hier, dass der Rundfunk die öffentliche Meinungsbildung nicht nur ermögliche, sondern entscheidend lenken könne, indem er seinen Programmen durch Auswahl und Gestaltung gewisse Tendenzen verleihe.[614] Dasselbe müsse für die Presse gelten. Zur Aufgabe der Presse gehört es nicht nur, umfassende Information zu ermöglichen; vielmehr zählen auch der einordnende Kommentar und die Wiedergabe vielfältiger Meinungen dazu.[615] Dies wird insbesondere dadurch gewährleistet, dass die Verleger ihren Zeitungen eine gewisse Tendenz verleihen und diese aufrechterhalten dürfen, ohne vom Staat beeinträchtigt zu werden.[616] Die Presse ist damit ebenso wenig bloßes Medium der öffentlichen Meinungsbildung wie der Rundfunk, sondern ein gesellschaftlich wirkender Faktor. Gerade aber aus der Faktorfunktion für die öffentliche Meinungsbildung ergibt sich die Vorgabe aus Art. 5 I S. 2, dass ein Medium nur dann die öffentliche Aufgabe der Mitwirkung an der öffentlichen Meinungsbildung erfüllt, wenn die Vermittlung relativer Meinungsvielfalt sichergestellt ist.[617] Dies wiederum lässt den Rückschluss zu, dass auch die Presse ihrer öffentlichen Aufgabe nur dann angemessen entspricht, wenn sie der Vielfaltsvorgabe genügt. Dafür spricht auch die Rechtsprechung des BVerfG, die die institutionellen Garantien von Rundfunkfreiheit und Pressefreiheit in ihrer Gewichtung gleichsetzt. Zur Erläuterung der Faktorfunktion des Rundfunks verwies das BVerfG auf die Rolle der Presse und ihre Tätigkeit und bezeichnete den Rundfunk als danebenstehend.[618] Daraus kann ohne Weiteres geschlossen werden, dass das BVerfG davon ausgegangen ist, dass nicht nur der Rundfunk Faktor der öffentlichen Meinungsbildung ist, sondern die Presse ebenso. Dagegen spricht auch nicht die spätere Rechtsprechung des BVerfG. In seiner Lebach-Entscheidung aus dem Jahre 1973 sprach das BVerfG davon, dass Rundfunk und Presse „in gleicher Weise“ zu den für eine Demokratie unentbehrlichen

613 Vgl. BVerfGE 35, 202 (222).
614 Vgl. BVerGE 12, 205 (261 f.).
615 Vgl. *Schmidt* in: Erfurter Kommentar zum Arbeitsrecht, Art. 5 GG, Rn. 58.
616 Vgl. *Herzog* in: Maunz/Dürig, GG, Art. 5, Rn. 144.
617 Vgl. *Rossen-Stadtfeld* in: Hahn/Vesting, Rundfunkrecht, § 25 RStV, Rn. 35 f.
618 Vgl. BVerfG 12, 205 (261).

Massenkommunikationsmitteln gehörten und sich „wesensmäßig“ nicht unterschieden.[619] Auch hier betonte das Gericht die Gleichwertigkeit von Rundfunk- und Pressefreiheit und ließ keinerlei Abstufung erkennen. In späteren Entscheidungen nahm es zwar immer wieder auf die Notwendigkeit einer positiven Ordnung für die Rundfunkfreiheit zur Sicherung der Meinungsvielfalt Bezug. Für die Presse verneinte es indes nur die Notwendigkeit einer positiven Ordnung, nicht aber die Tatsache, dass auch die Presse der Vielfaltsvorgabe unterliege. Im Gegenteil suchte es immer wieder den Vergleich mit der Presse und stützte die unterschiedliche Behandlung von Rundfunk und Presse auf tatsächliche anstatt rechtliche Gegebenheiten.[620] Als ein solcher Faktor muss die Pressefreiheit derselben Vielfaltsvorgabe unterliegen wie die Rundfunkfreiheit.

Dieser Rückschluss ist zwingend vor dem Hintergrund, dass Meinungsvielfalt und Meinungsbildungsfreiheit nicht nur im Bereich des Rundfunks gelten. Rundfunk und Presse erfüllen dieselbe öffentliche Aufgabe, die auch dieselben Maßstäbe nach sich ziehen muss. Es ist nicht ersichtlich, warum bei der Erfüllung dieser Aufgabe für die Presse geringere Voraussetzungen gelten sollen als für den Rundfunk. Es könnte sich höchstens aus tatsächlichen Umständen ergeben, dass im Bereich der Presse andere oder geringere Vorkehrungen zu treffen sind, um Meinungsvielfalt sicherzustellen. Etwas anderes wäre auch vor dem Hintergrund sehr problematisch, dass die öffentliche Meinungsbildung durch die Medienfreiheiten gefördert werden soll. Die freie Meinungsbildung ist nur durch Zugang zu allen Arten von Meinungen möglich.[621] Vielfalt ist folglich ein immanenter Bestandteil der Meinungsbildungsfreiheit und muss Maßstab für die Legitimation all derer sein, die ihr verpflichtet sind. Aus diesen Überlegungen ergibt sich folgender Prüfungsmaßstab für die Legitimität von Rundfunk und Presse: Die Medien sind legitim, wenn sie Nachrichten beschaffen und verbreiten, Stellung nehmen, Kritik üben und eine relative Meinungsvielfalt sichergestellt ist.

II. Zur Legitimation von Rundfunk und Presse

Anhand dieses Prüfungsmaßstabes ist nun zu prüfen, ob und inwiefern Rundfunk und Presse verfassungsrechtlich legitimiert sind. Es geht um die Frage, ob die derzeitige Rechtsordnung zulässt, dass Presse und Rundfunk ausreichend informieren, Stellung beziehen, Kritik üben und dabei eine Berichterstattung entsteht, in der alle relevanten Meinungen und Tendenzen ihren Ausdruck finden.

---

619 BVerfGE 35, 202 (222).

620 Vgl. BVerfGE 57, 295 (323 f.); 73, 118 (180).

621 Vgl. *Rossen-Stadtfeld* in: Hahn/Vesting, Rundfunkrecht, § 25 RStV, Rn. 2.

1. Zur Legitimation des Rundfunks

Bei der Frage, ob der Rundfunk hinreichend legitimiert ist, muss es nicht darum gehen, ob einige Rundfunkveranstalter den verfassungsrechtlichen Vorgaben entsprechen, die sich aus ihrer öffentlichen Aufgabe ergeben. Es kommt auch nicht auf individuelle Rundfunkbeiträge an. Eine solche Überprüfung würde zu einer Überprüfung des einzelnen Programms führen, was wiederum mit der rundfunkrechtlichen Programmfreiheit in Einklang zu bringen wäre.[622] Das konkrete Programm und einzelne Fälle sind nicht unmittelbar entscheidend für die Legitimation des gesamten Rundfunks. Bei der Frage, ob der Rundfunk in seiner Gesamtheit seiner verfassungsrechtlich vorherbestimmten Tätigkeit nachgehen kann, kommt es nicht auf die Bewertung einzelner Beiträge an. Vielmehr muss eine Würdigung der rechtlichen und tatsächlichen Umstände ergeben, dass die Ausübung der Rundfunkfreiheit auf von Art. 5 I S. 2 GG vorherbestimmte Weise *gewährleistet* ist. Zwar ist entscheidend, dass es letztlich zu einem Produkt eines Mediums kommt, das einen Beitrag zur Bildung der individuellen und öffentlichen Meinung leistet. Allerdings kommt es insoweit auf die *Gesamtheit* aller Erzeugnisse eines Mediums an.[623] Bei der Beurteilung ihrer Entstehung sind alle tatsächlichen und rechtlichen Umstände entscheidend; zu prüfen ist, ob diese die verfassungsrechtlich geforderte Freiheit zulassen, fördern und gegebenenfalls schaffen.

Der Rundfunk unterliegt einer strengen positiven Ordnung, die die Forderungen des Art. 5 I S. 2 GG nach Meinungsvielfalt konkret umsetzen soll.[624] Bevor allerdings Gesetze diese Ordnung umsetzten, formulierte das BVerfG die Legitimationsgrundlagen des Rundfunks.[625] Später wurden diese durch die Rundfunkgesetze und insbesondere durch den RStV und die mit ihm in Einklang stehende Ländergesetzgebung umgesetzt.[626] Zur Überprüfung der Legitimation ist es somit gerechtfertigt, danach zu fragen, ob diese gesetzliche Ordnung die nötige

622 Zur Programmfreiheit und Aufsicht vgl. *Rossen-Stadtfeld,* Grenzen der Staatsaufsicht im Bereich des kommerziellen Rundfunks, ZUM 2008, 1 ff.

623 So kommt es auch bei der Beurteilung der Legitimation einer Partei nicht auf einzelne Aspekte an, sondern das „Gesamtbild" der Partei ist entscheidend, ob sie ihrer öffentlichen Aufgabe gerecht wird, vgl. *Morlok* in: Morlok, ParteienG, § 2, Rn. 10; BVerfGE 91, 262 (271).

624 Vgl. BVerfGE 57, 295 (319 ff.).

625 Vgl. BVerfGE 12, 205 (262 f.), bei dem die Forderung, dass alle in Betracht kommenden Kräfte im Gesamtprogramm zu Wort kommen, nach inhaltlicher Ausgewogenheit und Sachlichkeit (Meinungsvielfalt) zum ersten Mal namentlich genannt wurde.

626 Vgl. *Fechner,* Medienrecht, 10. Kapitel, Rn. 44.

Sorge dafür trägt, dass der Rundfunk Nachrichten beschafft, verbreitet, Stellung nimmt, Kritik übt und dabei den Grundsätzen der Meinungsvielfalt Rechnung trägt. Denn der Rundfunk bewegt sich im Rahmen dieser Ordnung. Ihre Grenzen sind für seine verfassungsrechtliche Legitimation maßgeblich.

Die Grundlage der gesetzlichen Rundfunkordnung in Deutschland bildet der bundesweit Geltung beanspruchende RStV.[627] § 1 II RStV schreibt vor, dass Landesrecht nur dann zur Anwendung kommt, wenn keine Regelung des RStV diesem entgegensteht. So heißt es in § 1 II RStV: „Soweit dieser Staatsvertrag keine anderweitigen Regelungen [...] enthält oder [...] zulässt, sind die [...] landesrechtlichen Vorschriften anzuwenden."

Zwar handelt es sich beim RStV zunächst nur um zwischenstaatliches Recht, das keine unmittelbare Außenwirkung entfaltet, sondern nur die jeweiligen Landesregierungen an die Vertragsbestimmungen bindet. Allerdings enthält § 1 II RStV insoweit die Klarstellung, dass bei einer Kollision mit Landesrecht die Regelungen dieses interföderalen Staatsvertrages als *lex posterior* bzw. *lex specialis* vorgehen.[628] Dies gilt allerdings nur aus dem Grund, dass in den Ländern entsprechende Zustimmungsgesetze zum RStV existieren, welche die Regelungen des RStV in einfaches Landesrecht transformieren.[629] Mithin ergibt sich, dass bei der Bewertung der positiven Ordnung des Rundfunks maßgeblich auf den RStV abzustellen ist, der den Rahmen schafft, in dem der Rundfunk in Deutschland seiner Tätigkeit nachgehen kann. Der RStV muss rundfunkrechtliche Tätigkeit zulassen und Meinungsvielfalt sicherstellen. Dass die Tätigkeit zulässig ist, ergibt sich bereits aus der Präambel des RStV, der öffentlich-rechtlichen und privaten Rundfunk in einem dualen Rundfunksystem regelt und beide der freien individuellen und öffentlichen Meinungsbildung und der Meinungsvielfalt verpflichtet. Schließlich sichert der RStV durch dessen Ausgestaltung der Rundfunkfreiheit mithilfe einer Rundfunkordnung für die notwendige Meinungsvielfalt. Innerhalb des RStV sind zur Tätigkeit des Rundfunks und zur Meinungsvielfalt insbesondere die Bestimmungen der §§ 11 und 25 von Bedeutung. Dass § 25 RStV die Meinungsvielfalt im privaten Rundfunk sicherstellt, ist bereits oben im Abschnitt D I 4 b 1 erörtert worden.

§ 11 I RStV enthält für den öffentlich-rechtlichen Rundfunk den konkreten Auftrag, Bildung, Information, Beratung und Unterhaltung anzubieten. Dabei

627 Vgl. *Ricker*, Der Rundfunkstaatsvertrag – Grundlage einer dualen Rundfunkordnung in der Bundesrepublik Deutschland, NJW 1988, 453 (455).

628 Vgl. *Holznagel/Kibele* in: Spindler/Schuster, Recht der elektronischen Medien, § 1 RStV, Rn. 23 ff.

629 Vgl. *Vesting* in: Hahn/Vesting, Rundfunkrecht, § 1 RStV, Rn. 37.

legt die Vorschrift die Rolle der öffentlich-rechtlichen Rundfunkanstalten bei der öffentlichen Meinungsbildung als Medium und Faktor fest. Es handelt sich hierbei um die wortlautgetreue Umsetzung der Feststellung des BVerfG zur Rolle des Rundfunks.[630] §11 II RStV ergänzt dann den ersten Absatz um besondere Anforderungen der Meinungsvielfalt, denen der öffentlich-rechtliche Rundfunk zu entsprechen hat. Es legt konkrete Maßstäbe fest, wie der öffentlich-rechtliche Rundfunk seinen Auftrag aus § 11 I RStV zu erfüllen hat. Er hat dabei insbesondere professionelle journalistische Standards einzuhalten, damit kein Missbrauch des Rundfunks im Bereich der politischen Kommunikation entstehen kann.[631] Für den öffentlich-rechtlichen Rundfunk gelten strengere Maßstäbe für die Meinungsvielfalt als für den privaten Rundfunk.[632] Dies liegt nach Ansicht des BVerfG u. a. daran, dass dem privaten Rundfunk eine gewisse ökonomische Basis zugebilligt werden müsse. Es sei daher zulässig, dass die innerhalb eines umkämpften Marktes schwierig umzusetzenden Vielfaltsanforderungen herabgesenkt, wenn auch nicht vollständig aufgehoben würden. Dies sei allerdings nur möglich, solange der öffentlich-rechtliche Rundfunk eine „Grundversorgung" an Meinungsvielfalt der Gesamtheit der Bevölkerung zugänglich mache.[633] Das BVerfG hat mit diesem Urteil die Grundentscheidung zugunsten einer dualen Rundfunkordnung getroffen, die wiederum vom RStV umgesetzt wurde, indem dieser dem öffentlich-rechtlichen Rundfunk zwar eine Gebührenfinanzierung zubilligt, dafür aber dem privaten Rundfunk einen weniger strengen Vielfaltsmaßstab auferlegt. Wesen des dualen Rundfunksystems ist, dass der private Rundfunk nur als „programmliches Additiv" zur Grundversorgung durch den öffentlich-rechtlichen Rundfunk hinzutritt.[634] Somit sorgt der RStV durch die Manifestierung der dualen Rundfunkordnung letztlich für Meinungsvielfalt innerhalb des gesamten Rundfunks.

Somit kann festgehalten werden, dass der RStV den notwendigen rechtlichen Rahmen schafft, der einen legitimen Rundfunk in Deutschland sicherstellt und ermöglicht. Denn alle Rundfunkveranstalter – ob privat oder öffentlich-rechtlich – sind an die für sie geltenden Vorgaben des RStV mittelbar gebunden. Der RStV sichert damit nicht nur die Tätigkeit des Rundfunks, sondern legt detailliert fest, wie dieser den Anforderungen an die Meinungsvielfalt entsprechen muss. Die

630 Vgl. BVerfGE 12, 205 (260).

631 Vgl. *Eifert* in: Hahn/Vesting, Rundfunkrecht, § 11 RStV, Rn. 62 f.

632 Vgl. *Ladeur/Gostomzyk*, Rundfunkfreiheit und Rechtsdogmatik – Zum Doppelcharakter des Art. 5 I 2 in der Rechtsprechung des BVerfG, JuS 2002, 1145 (1150).

633 Vgl. BVerfGE 73, 118 (157).

634 *Ladeur/Gostomzyk*, Rundfunkfreiheit und Rechtsdogmatik – Zum Doppelcharakter des Art. 5 I 2 in der Rechtsprechung des BVerfG, JuS 2002, 1145 (1150).

Legitimation des Rundfunks ist mithin über die Geltung des RStV und die mit ihm in Einklang stehenden Landesgesetze hinreichend sichergestellt.

2. Zur Legitimation der Presse

Die Überprüfung der Legitimation der Presse gestaltet sich im Vergleich zur Legitimation des Rundfunks anders. Auch hier kommt es wiederum nicht auf die Überprüfung einzelner Presseerzeugnisse an. Vielmehr muss sich die Legitimation der Presse aus dem Rahmen ergeben, innerhalb dessen sie operiert. Fraglich ist, ob dieser Rahmen es zulässt, dass eine Presselandschaft existiert, die das Volk mit Nachrichten, Stellungnahmen und Meinungen versorgt und dabei die Vorgaben der Meinungsvielfalt einhält.

Eine gesetzliche Ausgestaltung der Pressefreiheit besteht nicht. Zwar existiert auf Landesebene eine Reihe von Landespressegesetzen. Diese gestalten aber nicht die Pressefreiheit aus, sondern müssen sich vielmehr an ihr und ihren konkreten Vorgaben orientieren und dementsprechend ausgelegt werden.[635] Anders als die Rundfunkfreiheit ist die Pressefreiheit nämlich bislang keine dienende Freiheit.[636] Zwar besitzt auch die Pressefreiheit eine objektiv-rechtliche Dimension wie die Rundfunkfreiheit, zu der zählt, die für die Demokratie „unentbehrliche mediale Publizität" herzustellen.[637] Die objektiv-rechtliche Dimension der Pressefreiheit hat aber nicht wie beim Rundfunk dazu geführt, dass die Notwendigkeit einer positiven Ordnung entstanden wäre.[638] Denn die Pressefreiheit wird nach wie vor primär als ein subjektives Abwehrrecht gegen staatliche Eingriffe verstanden.[639] Zur Beurteilung der Legitimation der Presse kann also nicht auf die Überprüfung einer gesetzlichen Ordnung zurückgegriffen werden. Das bedeutet im Umkehrschluss, dass bislang davon ausgegangen werden konnte, dass die Presse ihre öffentliche Aufgabe auch ohne einen positiv geregelten Ordnungsrahmen erfüllt. Die einzelnen Gewährleistungen der grundgesetzlichen Pressefreiheit sorgten für eine ausreichende Legitimation.[640] Es fand bislang eine Versorgung mit Nachrich-

---

635 Vgl. *Bullinger* in: Löffler, Presserecht, Einleitung, Rn. 6.

636 Zur Einstufung der Rundfunkfreiheit als dienende Freiheit vgl. BVerfGE 57, 295 (320).

637 *Paschke,* Medienrecht, C, Rn. 211 f.

638 Vgl. *Bullinger* in: Löffler, Presserecht, Einleitung, Rn. 3, der aber noch im selben Absatz beschreibt, wie die Presse und die Pressefreiheit der freiheitlich-demokratischen Grundordnung *dienen*.

639 Vgl. BVerfGE 66, 116 (133).

640 Zu diesen Gewährleistungen zählen insbesondere die freie Ausübung, der Tendenzschutz und die Freiheit von Aufsicht, vgl. *Jarass* in: Jarass/Pieroth, GG, Art. 5, Rn. 27.

ten, Stellungnahmen und Kritik unter Rücksicht auf die Meinungsvielfalt statt, ohne dass eine gesetzliche Ausgestaltung verfassungsrechtlich geboten war.[641]

Fraglich ist, was die Notwendigkeit einer gesetzlichen Ausgestaltung bislang verhindert hat. Denn es gilt zu beachten, dass Rundfunk und Presse dieselbe öffentliche Aufgabe zu erfüllen haben. Was also ist bislang dafür verantwortlich, dass die Legitimation der Presse verfassungsrechtlich zwar nicht durch gesetzliche Ausgestaltung, sondern durch faktische Umstände im Gegensatz zu gesetzlich bindenden Vorschriften sichergestellt war? Warum hat die Verankerung der Pressefreiheit im Grundgesetz im Gegensatz zur Verankerung der Rundfunkfreiheit im Grundgesetz keinen gesetzlichen Rahmen nach sich gezogen?

Hinweise liefert hierzu die Rechtsprechung des BVerfG zur Rundfunkfreiheit. Denn das BVerfG hat sich ausgiebig mit der Frage der Ausgestaltung der Rundfunkfreiheit und dessen Notwendigkeit beschäftigt.[642] Da sowohl Presse als auch Rundfunk Medium und Faktor der öffentlichen Meinungsbildung sind,[643] muss der Rundfunk gegenüber der Presse Unterschiede aufweisen, sodass seine Legitimation nur über eine positive einfachgesetzliche Ordnung hergestellt werden kann. Mit anderen Worten wird die Presse durch jene Merkmale legitimiert, die den Rundfunk von ihr abgrenzt.[644] Das bisherige Fehlen rundfunkspezifischer Merkmale bei der Presse begründet das bisherige Ausreichen faktischer Umstände zur Legitimation anstelle von gesetzlich bindenden Vorschriften.

Der Unterschied zwischen Presse- und Rundfunkfreiheit ist historisch geprägt. So begründete sich das Erfordernis einer positiven Ordnung für die Rundfunkfreiheit zunächst aus der Tatsache der Knappheit der für die Rundfunkveranstaltung notwendigen Frequenzen und des hohen finanziellen Aufwandes, der damit verbunden war.[645] Gleichzeitig erkannte das BVerfG, dass sich das deutsche Pressewesen durch eine große Zahl selbstständiger Presseunternehmen auszeichnete, die miteinander konkurrierten und dabei unterschiedlichste politische Haltungen und Weltanschauungen vertraten. Der Rundfunk wies gegenüber der Presse die Besonderheit auf, dass es einen solchen Wettbewerb bei ihm nicht gab.[646]

---

641 Vgl. *Bullinger* in: Löffler, Presserecht, § 1 LPG, Rn. 30.

642 Vgl. *Paschke,* Medienrecht, C, Rn. 219 ff.

643 Vgl. BVerfGE 12, 205 (260 f.).

644 So auch *Ladeur/Gostomzyk,* Rundfunkfreiheit und Rechtsdogmatik – Zum Doppelcharakter des Art. 5 I 2 GG in der Rechtsprechung des BVerfG, JuS 2002, 1145 (1146).

645 Vgl. *Holznagel/Nolden* in: Hoeren/Sieber, Multimedia-Recht, Teil 5, Vorfragen zu Rundfunk und Telemedien, Rn. 44.

646 Vgl. BVerfGE 12, 205 (261).

Damit wurde der verfassungsrechtlich von Art. 5 I S. 2 garantierte Tendenzschutz der Presseanbieter unmittelbarer Garant der verfassungsrechtlichen Legitimation der Presse. Die Freiheit der Verleger, ihren Zeitungen bestimmte Tendenzen zu verleihen, ist eine der grundlegendsten Gewährleistungen der Pressefreiheit.[647] Die Freiheit, dass ein ganzer Verlag auf eine bestimmte politische Meinung ausgerichtet werden konnte, schaffte – in Verbindung mit der großen Zahl der Presseerzeugnisse – im Gegensatz zum Rundfunkwesen aus sich selbst heraus einen Zustand, in dem neben der Nachrichtenversorgung Meinungsvielfalt im Pressewesen gewährleistet war. Die geringe Zahl der Rundfunkanbieter konnte keine Meinungsvielfalt garantieren, sondern schuf umgekehrt die Gefahr des politischen Missbrauchs. Deshalb benötigte das Pressewesen keine positive Absicherung der Meinungsvielfalt und keinen Vielfaltsmaßstab.[648]

Dieser Unterschied zwischen Rundfunk und Presse blieb laut BVerfG auch nach Aufkommen der privaten Rundfunkveranstalter und der damit verbundenen Steigerung der Anzahl von Rundfunkveranstaltern bestehen. Denn auch nach Aufkommen der privaten Rundfunkveranstalter war nicht erkennbar, ob ein hinreichender Meinungsmarkt entstehen würde, auf dem alle Meinungen in ihrer Vielfalt ausreichend zu Wort kommen. Das BVerfG erkannte hier, dass das Pressewesen die mit der Pressefreiheit verbundene öffentliche Aufgabe im Gegensatz zum Rundfunk erfüllen könne, weil sich in ihm ein gewisses „Gleichgewicht" eingependelt habe. Eine positive Ordnung sei nicht notwendig, weil es insofern nur notwendig sei, „Bestehendes zu gewährleisten".[649] Das BVerfG ging also davon aus, dass es zur Erfüllung der öffentlichen Aufgabe der Presse ausreiche, wenn die Pressefreiheit durch den Staat nicht beeinträchtigt werde. Er solle nicht in ein bestehendes Gleichgewicht aus großer Anzahl und Tendenzschutz eingreifen, da hier Meinungsvielfalt vorherrsche.[650]

Das Erfordernis der positiven Ordnung des Rundfunks ist auch in der späteren Rechtsprechung immer wieder bekräftigt worden. 1986 bestätigte das BVerfG die Sondersituation der Rundfunkfreiheit gegenüber der Pressefreiheit und bekräftigte das Erfordernis einer positiven Ordnung der Rundfunkfreiheit auch in Zeiten privaten Rundfunks. Es zeigte sich skeptisch, ob private Rundfunkanbie-

647 Vgl. *Herzog* in: Maunz/Dürig, GG, Art. 5, Rn. 144; BVerfGE 37, 84 (91); 48, 271 (276 ff.).

648 Vgl. *Bethge,* Der Grundrechtsstatus privater Rundfunkveranstalter, NVwZ 1997, 1 (5).

649 Vgl. BVerfGE 57, 295 (323).

650 Zu dem besonderen Gleichgewicht aus Boulevard- und seriöser Presse im Vergleich zum dualen Rundfunksystem vgl. *Kriele,* Die Macht der Medien, ZRP 2012, 53 (54).

ter die öffentliche Aufgabe der Mitwirkung an der Meinungsvielfalt ausreichend erfüllen könnten, gerade weil ihre wirtschaftliche Ausrichtung dazu führen könne, möglichst für die Masse attraktive Angebote zu schaffen. Die Fixierung auf Einschaltquote und Zuschauerzahlen könnte vielmehr zur Folge haben, dass die Produktion von Sendungen, die der Meinungsbildung dienten, aufgrund zu hoher Kosten und zu geringem Nutzen zurückträte oder gar gänzlich fehlte. Dies könnte in einem Fehlen eines *Gleichgewichts* im Gesamtprogramm resultieren. Es würde zu „unvermeidbaren Schwankungen“ kommen. Es sei keine „gleichgewichtige Vielfalt“ zu erwarten.[651] In dieser Entscheidung stützte das BVerfG die Notwendigkeit einer positiven Ordnung des Rundfunks darauf, dass die rein wirtschaftliche, private Ausrichtung der betroffenen Medienunternehmen, also die daraus resultierende Konkurrenz gerade kein Gleichgewicht der Vielfalt der Meinungen entstehen lasse. Vielmehr bringe der Wettbewerb Unsicherheiten für die Meinungsvielfalt mit sich.

Diese Meinung bekräftige das BVerfG in seiner späteren Rechtsprechung. 1994 erkannte es beim privaten Rundfunk Mängel bei der Herstellung von Meinungsvielfalt durch seine reine privatwirtschaftliche Ausrichtung. Sie führe zu einer zu geringen Breite der Berichterstattung und einseitigen Themenausrichtung.[652]

2007 wiederum erklärte das BVerfG, dass die Sondersituation des Rundfunks gegenüber der Presse und das daraus resultierende Erfordernis einer positiven Ordnung noch immer bestünde, trotz der vielen technischen Neuerungen, die in den letzten Jahrzehnten eingetreten seien. Die Sondersituation des Rundfunks hänge mit der besonderen „Breitenwirkung, Aktualität und Suggestivkraft“ zusammen, die er besitze. Er präge durch seinen Zeitablauf das Leben der Bevölkerung maßgeblich. Er sei (im Verhältnis zur Presse) wesentlich schneller in der Verbreitung von Inhalten. Schließlich erreichten die bewegten Bilder, die er verwende, dass seine Berichterstattung eine besondere Authentizität vermittele und so eine besonders hohe Wirkung auf den Meinungsbildungsprozess im Volk gewinne. Die Steuerung von Meinungsvielfalt allein über den Markt gefährde das demokratisch konstitutive Ziel inhaltlicher Vielfalt in der Berichterstattung.[653]

Das Besondere an den späteren Rundfunkentscheidungen des BVerfG ist somit, dass der Wettbewerb innerhalb des Rundfunksektors als Gefahr für die Meinungsbildung betrachtet wurde. Das die verfassungsrechtliche Legitimation

651 BVerfGE 73, 118 (156, 158).
652 Vgl. BVerfGE 90, 60 (90).
653 Vgl. BVerfGE 119, 181 (215 f.).

der Presse sichernde Element ist gemäß der jüngeren Rechtsprechung des BVerfG auf dem Gebiet des Rundfunks also eher legitimationsgefährdend als fördernd.

Lässt man diese jüngeren Ausführungen des BVerfG zur Sondersituation des Rundfunks im Hintergrund wirken und betrachtet konkret nur seine Feststellungen zum Pressewesen, ergibt sich allerdings, dass die Presse ihre Legitimation aus ihrer großen Zahl von Presseerzeugnissen schöpft, die verbunden mit dem Tendenzschutz der Presse ein Gleichgewicht schafft, in dem Meinungsvielfalt hergestellt und der öffentlichen Aufgabe somit entsprochen wird. Die Legitimation der Presse resultierte somit aus faktischen Gegebenheiten. Die Legitimation der Presse wurde im Gegensatz zum Rundfunk aufgrund ihrer geschichtlichen Entwicklung faktisch sichergestellt, weshalb es der Ausgestaltung durch den Gesetzgeber nicht bedurfte.

Doch wenn davon ausgegangen wird, dass die Legitimation der Presse auf einem faktischen Gleichgewicht innerhalb des Pressewesens beruht, stellt sich im Anschluss die Frage, ob dieses Gleichgewicht heute noch besteht. Denn bei Verneinung dieser Frage müsste die verfassungsrechtliche Legitimation der Presse entfallen und Legitimation hauptsächlich durch die Sicherung der Meinungsvielfalt auf einem anderen Weg wiederhergestellt werden. Diese Fragen stellen sich insbesondere angesichts der Tatsache, dass auch die Presse die bislang rundfunkspezifische Breitenwirkung, Aktualität und Suggestivkraft durch die Konvergenz der Medien erreicht.[654] Ebenso ist die Feststellung des BVerfG, dass publizistischer Wettbewerb nicht automatisch vielfaltssichernd sein muss, sondern im Gegenteil auch vielfaltsgefährdend sein kann, von besonderer Brisanz vor dem Hintergrund der Umwälzungen auf dem Pressemarkt.[655]

---

654 Vgl. *Holznagel,* Konvergenz der Medien – Herausforderungen an das Recht, NJW 2002, 2351 (2355).

655 Zu den Veränderungen auf dem Pressemarkt vgl. *Brinkmann,* Zur Aktualität des Vielfaltsgebots in den Massenmedien, ZUM 2013, 193 (195 f.).

E. Legitimation im Zeitalter des Social Media Web

Bei der Bewertung der Legitimationsprinzipien muss grundsätzlich beachtet werden, dass sie einer Zeit entstammen, in der es das Internet und insbesondere die Angebote des Social Media Web noch nicht gab. Dessen ungeachtet hat das BVerfG in seinem letzten Rundfunkurteil die Legitimationsgrundlagen des Rundfunks von Neuerungen im Bereich der Kommunikationstechnologie abgekoppelt.[656] Dieser Wertung des BVerfG ist grundsätzlich zuzustimmen. Die dynamischen Entwicklungen auf dem Medienmarkt sind insbesondere in Bezug auf interaktive Anwendungen einer globalen Kommunikationsinfrastruktur noch lange nicht abgeschlossen.[657] Es ist derzeit noch nicht absehbar, welche Folgen diese Entwicklungen noch zeigen werden. Bei der Ermittlung der Grundsätze, die eine verfassungsrechtskonforme Medienlandschaft gewährleisten, die den Vorgaben der verfassungsrechtlichen öffentlichen Aufgabe aus Art. 5 I S. 2 entspricht, kann insoweit nicht auf faktische Gegebenheiten zurückgegriffen werden. Diese unterliegen einem großen Wandel, sodass sich aus ihnen keine zuverlässigen Grundlagen ableiten lassen, die gewährleisten, dass die Tätigkeiten der Medien eine ausreichende Meinungsvielfalt sicherstellen und die öffentliche Meinungsbildung stattfinden kann. Meinungsvielfalt muss aber auch in Zeiten der Digitalisierung garantiert sein. Denn die Öffnung der Massenkommunikation für das Individuum bietet keine Gewähr dafür, dass eine chancengleiche Meinungsbildung stattfindet.[658] Nur weil sich *alle* beteiligen können, ist Vielfalt und Ausgewogenheit noch nicht sichergestellt. Chancengleichheit ist aber ein immanenter Bestandteil der verfassungsrechtlich geforderten Meinungsvielfalt. Eine freie Meinungsbildung ist nur dann gewährleistet, wenn der Zugang zu einem Meinungsmarkt gesichert ist, auf dem alle Meinungen ihren Ausdruck finden können. Die Existenz dieses Grundsatzes eines Gleichgewichts der Meinungsvielfalt hat das BVerfG bestätigt.[659]

---

656 Vgl. BVerfGE 119, 181 (218).

657 Zur globalen Kommunikationsinfrastruktur und ihrer dynamischen Entwicklung vgl. *Meißelbach*, Web 2.0 – Demokratie 3.0?, S. 23.

658 Zur Chancengleichheit und Meinungsbildungsfreiheit vgl. *Rossen-Stadtfeld* in: Hahn/Vesting, Rundfunkrecht, § 25 RStBV, Rn. 8.

659 Vgl. BVerfGE 57, 295 (320, 322 ff.).

Umso unverständlicher ist, dass sich das BVerfG bislang zur Presse und ihrer verfassungsrechtlichen Legitimation kaum bzw. gar nicht geäußert hat. Denn von Veränderungen auf dem Markt der Kommunikationstechnologie ist die Presse genauso wie der Rundfunk betroffen. Bei ihr stellt sich nämlich plötzlich die grundsätzliche Frage, ob das Erfordernis eines gedruckten Werkes für den Grundrechtschutz maßgeblich bleibt.[660] Und sollte dem nicht so sein, muss verfassungsrechtlich mit der Veränderung von Aktualität, Breitenwirkung und Suggestivkraft umgegangen werden, wenn man die Presse nicht länger auf Papier und gedrucktes Wort beschränkt.

Die Legitimation der Presse baute das BVerfG auf faktische Gegebenheiten auf, die möglicherweise keine Gültigkeit mehr besitzen oder sich so stark verändern, dass sie keine verfassungsrechtliche Stabilität bieten. Die Beständigkeit verfassungsrechtlicher Legitimation ungeachtet tatsächlicher Veränderungen ist aber ein wesentlicher Bestandteil des Verfassungsrechts.[661] Sollte sich also ergeben, dass das Gleichgewicht der Presse nicht mehr besteht oder zumindest in Gefahr ist, würde ein verfassungsrechtlicher Zustand entstehen, in dem die bloße Einräumung der Pressefreiheit als subjektives Abwehrrecht den Anforderungen der Meinungsbildungsfreiheit nicht genügen würde. Da aber die Pressefreiheit ebenso wie die Rundfunkfreiheit für die Demokratie und öffentliche Meinungsbildung unentbehrlich ist, müsste der Gesetzgeber wie beim Rundfunk gestalterisch eingreifen, wenn Meinungsvielfalt nicht mehr aus der Freiheit selbst heraus entsteht.[662]

I. Neue Kommunikation im Zeitalter des Social Media Web

Seit dem Aufkommen des Internets und seiner Dienste hat sich die Kommunikation in der Gesellschaft stark verändert. Verfassungsrechtlich bedeutsam ist dabei die Konvergenz, die insbesondere die Grenzen zwischen Rundfunk und Presse insoweit verschwimmen lässt, als sich nicht mehr eindeutig sagen lässt,

660 Vgl. *Neuhoff*, Die Dynamik der Medienfreiheiten am Beispiel von Presse und Rundfunk, ZUM 2012, 371 (375).

661 Vgl. *Grzeszick* in: Maunz/Dürig, GG, Art. 20, Rn. 50.

662 Vgl. *Fiedler*, Zunehmende Einschränkungen der Pressefreiheit, ZUM 2010, 18 (19); zur Notwendigkeit gesetzgeberischer Ausgestaltung vgl. *Ladeur/Gostomzyk*, Rundfunkfreiheit und Rechtsdogmatik – Zum Doppelcharakter des Art. 5 I 2 GG in der Rechtsprechung des BVerfG, JuS 2002, 1145 f.

welches Angebot welcher Medienfreiheit unterliegt.[663] Die neuen Kommunikationsmöglichkeiten, denen sich die bisherigen Presse- und Rundfunkveranstalter gleichermaßen bedienen, stellen die „Sondersituation" des Rundfunks gegenüber der Presse in Frage. Ein von der Konvergenz zu lösender Vorgang hat maßgeblich mit der Rückkoppelung des Staates an das Volk zu tun. Das Social Media Web gibt dem Individuum den Zugang zu Massenkommunikation. Meinungsfreiheit bekommt für die individuell-freiheitliche und öffentliche Meinungsbildung eine größere Bedeutung.[664] Wie angesichts dieser Feststellung Meinungsvielfalt gewährleistet werden kann, bedarf der Klärung.

a) Konvergenz der Medien

Die Konvergenz der Medien wird intensiv besprochen.[665] Allerdings fehlt es bislang an einer konkreten Aufstellung der Wirkungen der Konvergenz. Wie erreicht sie überhaupt, dass Angebote nicht mehr klar Rundfunk oder Presse zugeordnet werden können? Ein wesentlicher Aspekt der Konvergenz ist der endgültige Übergang von der rundfunkrechtlich maßgeblichen Frequenzknappheit zum Frequenzüberfluss.[666] Zwar sind die Frequenzen bei DVB-T und UKW noch immer begrenzt – eine Zuteilung erfolgt durch die Landesmedienanstalten. Allerdings ist das Frequenzangebot größer geworden und die Einsatzmöglichkeiten der Frequenzen haben sich erweitert.[667] Denn die Möglichkeit, Informationen digital und nicht länger analog zu transportieren, hat zur Folge, dass auf einer einzelnen Rundfunkfrequenz das Vielfache an Rundfunk übertragen werden kann. Zu dieser Möglichkeit treten das Internet und seine Dienste noch hinzu. Durch die digitale Sendemöglichkeit und die daraus entstehende hohe Sendegeschwindigkeit ist es möglich, jede Form von Kommunikation zu übertragen. Die Spannweite reicht von einfachen Texten über Bilder bis hin zu bewegten Bildern in Form von langen Videos und Filmen. Hierdurch entsteht ein wesentlich höheres Empfangsangebot für die bisher bekannten Empfangsgeräte.[668]

---

663 Vgl. *Holznagel,* Die Zukunft der Medienfreiheiten im Zeitalter der Konvergenz, MMR 2011, 1 (2).

664 Vgl. hierzu die Ausführungen unter C III.

665 Vgl. hierzu die Ausführungen unter B IV 3.

666 Zur Frequenzknappheit und der zunächst daraus resultierenden positiven Ordnung der Rundfunkfreiheit vgl. *Starck,* „Grundversorgung" und Rundfunkfreiheit, NJW 1992, 3257 (3259 ff.).

667 Vgl. *Holznagel,* Frequenzeffizienz und Rundfunkspektrum, MMR 2008, 207 (212).

668 Vgl. *Bullinger,* Private Rundfunkfreiheit auf dem Weg zur Pressefreiheit, ZUM 2007, 337 (338).

Aber auch auf Seiten der Empfangsgeräte hat die Konvergenz der Medien einen maßgeblichen Einfluss. Zunächst war diese Konvergenz nur zwischen TV und PC bekannt. Bestimmte Programme konnten nicht länger nur über das Fernsehen konsumiert werden, sondern auch über den Computer.[669] Diese Konvergenz der Endgeräte hat sich durch das Aufkommen neuer Endgeräte fortgesetzt und auch den Bereich der Presse erreicht. So ist es derzeit möglich, insbesondere über mobile Empfangsgeräte wie Smartphones oder Tablet-PCs sogenannte E-Paper, elektronische Versionen der gedruckten Zeitungen, zu empfangen, als auch Bilder und Videos. Ganze Nachrichtensendungen und Fernsehsendungen sind über Apps abrufbar wie zum Beispiel die Tagesschau-App oder die heute-App.[670] Die Nutzung von Internetdiensten mithilfe von mobilen Empfangsgeräten hat sich innerhalb der Jahre 2007 bis 2012 fast verdreifacht.[671] Damit vereinigen sich die Angebote von Presse- und Rundfunkanbietern auf ein und demselben Empfangsobjekt. Dass Presse nur durch Druckerzeugnisse und Rundfunk nur durch Radio und Fernsehen verkörpert werden können, gehört durch das Aufkommen neuer Empfangsgeräte der Vergangenheit an. Dies hat insbesondere zur Folge, dass die Presseanbieter ihre Informationen nicht mehr nur durch Text und einfache Bilder verbreiten, sondern auch auf bewegte Bilder und das gesprochene Wort zurückgreifen können. Rundfunkanbieter bekommen wiederum die Möglichkeit, sich des geschriebenen – nicht des gedruckten – Wortes zu bedienen.

Die technischen Neuerungen, die Internet und internetfähige Endgeräte zur Folge haben, sprengen die bisherigen Grenzen der Medien. Die Medienunternehmen machen von diesen neuen Möglichkeiten umfangreich Gebrauch. So veranstalten Presseanbieter nicht nur Nachrichtenpräsenzen im Internet, sondern greifen auch auf die Möglichkeit zurück, bewegte Bilder in ihre Berichterstattung miteinzubeziehen. Das Nachrichtenmagazin „Der Spiegel“ veranstaltet auf spiegel.de unter dem Link „Video“ Online-Fernsehen in Form von kurzen Nachrichtenvideos.[672] Ähnliches findet sich auf bild.de, wo eine Videoseite unter dem Link „Bild.TV“ genutzt werden kann.[673] Auf faz.net besteht unter dem Link „MULTIMEDIA“ Zugriff auf Bildergalerien und Nachrichtenvideos.[674] Auch im

669 Vgl. *Bartosch,* Das Grünbuch über Konvergenz, ZUM 1998, 209 (211).

670 Vgl. *Sievers,* Digitaler Pressevertrieb über mobile Endgeräte, K&R 2011, 537 ff.

671 Vgl. *Mende/Oehmichen/Schröter,* Gestaltwandel und Aneignungsdynamik des Internets, Media Perspektiven 2013, 33 (34).

672 Vgl. http://www.spiegel.de/video/, abgerufen am 4.4.2013.

673 Vgl. http://www.bild.de/video/startseite/bildchannel-home/video-home-15713248.bild.html, abgerufen am 4.4.2013.

674 Vgl. http://www.faz.net/multimedia/, abgerufen am 4.4.2013.

Bereich der Unterhaltungspresse befinden sich auf den Internetseiten Videolinks, die zu kurzen Videos führen, mithilfe derer Informationen verbreitet werden.[675] Alle diese Videos sind auch über die jeweilige App für Smartphone oder Tablet abrufbar.

Umgekehrt bedienen sich Rundfunkunternehmen des geschriebenen und nicht des gesprochenen Wortes, um Nachrichten und Informationen zum Teil über ihre Apps zu verbreiten.[676] Allerdings gilt hier zu beachten, dass für den öffentlich-rechtlichen Rundfunk die Grenzen des § 11 d II Nr. 3 letzter Halbsatz RStV gelten, der nichtsendungsbezogene presseähnliche Angebote als unzulässig einstuft. Presseähnliche Angebote sind gemäß § 2 II Nr. 20 RStV „nicht nur elektronische Ausgaben von Printmedien, sondern alle journalistisch-redaktionell gestalteten Angebote, die nach Gestaltung und Inhalt Zeitungen oder Zeitschriften entsprechen." Zwar macht eine Schwerpunktsetzung auf den Text ein Online-Angebot noch nicht von vornherein presseähnlich.[677] Die genaue Auslegung der Presseähnlichkeit ist allerdings vor dem Hintergrund des Online-Auftrages der öffentlich-rechtlichen Rundfunkanstalten hoch umstritten.[678] Eine solche Einschränkung gibt es für den privaten Rundfunk jedoch nicht.

Zusammengefasst lässt sich feststellen, dass die tatsächlichen Beschränkungen, die Rundfunk und Presse – und ihre verfassungsrechtliche Legitimation – maßgeblich geprägt haben, durch die Konvergenz im Verschwinden begriffen sind.[679] Die Presse erhält die Möglichkeiten der bewegten Bilder. Der Rundfunk kann sich das geschriebene Wort zu Nutze machen. Ist angesichts einer solchen Verschmelzung die Ungleichbehandlung von Rundfunk und Presse noch zu rechtfertigen? Oder anders gefragt: Wenn Rundfunkveranstalter und Presseanbieter dieselbe öffentliche Aufgabe erfüllen, denselben Anforderungen an Meinungsvielfalt unterliegen und sich dabei derselben Mittel bedienen, weshalb unterliegen dann nur erstere dem Erfordernis einer positiven Ordnung?

---

675 Vgl. http://www.bunte.de/videos/, abgerufen am 4.4.2013; http://www.gala.de/videos/, abgerufen am 4.4.2013.

676 Vgl. http://www.tagesschau.de, abgerufen am 4.4.2013; http://www.heute.de, abgerufen am 4.4.2013; http://www.rtl.de/cms/news.html, abgerufen am 4.4.2013; http://www.sixx.de/stars-style, abgerufen am 4.4.2013.

677 Zum Meinungsstreit vgl. *Schulz* in: Hahn/Vesting, Rundfunkrecht, § 2 RStV, Rn. 170 ff.

678 Hierzu ist insbesondere das nicht rechtskräftige Urteil des LG Köln zu beachten, das entschied, dass die Inhalte der Tagesschau-App und von tagesschau.de vom 15.6.2011 presseähnlich seien und somit gegen § 11 d II Nr. 3 letzter Halbsatz verstoßen würden, vgl. LG Köln, Urteil v. 27.9.2012, 31 O 360/11.

679 *Vesting* in: Hahn/Vesting, Rundfunkrecht, Einführung, Rn. 18.

b) *Social Media*

Die Wirkungen der Konvergenz der Medien auf Rundfunk und Presse werden aber noch um einen weiteren Faktor verstärkt: das Social Media Web. Dessen Einflüsse haben allerdings nicht nur tatsächliche Folgen, sondern prägen maßgeblich die rechtlichen Bewertungen der öffentlichen Aufgabe der Medien. Wie bereits erwähnt, bewirken die Dienste des Social Media, dass das einzelne Individuum die Möglichkeit erhält, Informationen der Allgemeinheit zur Verfügung zu stellen. Die Möglichkeit, mit einer unbegrenzten Zahl Personen in Verbindung zu treten, ist nicht länger nur den Medien vorbehalten.[680] Die Meinungsfreiheit ist dabei genauso wie die Rundfunk- und Pressefreiheit für die öffentliche Meinungsbildung konstitutiv.[681] Sie war aber in einer Zeit, in der die Kommunikation mit den Massen nur den Medien möglich war, erheblichen Beschränkungen ausgesetzt.[682] Durch den Wegfall dieser Beschränkung erhält die Meinungsfreiheit eine erhebliche Aufwertung in ihrer Bedeutung für die öffentliche Meinung. Private Personen können jetzt an der öffentlichen Meinungsbildung viel wirksamer teilnehmen als zuvor. So kann heute das Volk mit dem Staat direkt kommunizieren. Es ist die Amtspflicht des Abgeordneten, den Dialog mit dem Volk zu suchen.[683] Dieser durch das Grundgesetz vorausgesetzte Dialog kann heute grundsätzlich ohne die Mitwirkung von Medien stattfinden. So haben Abgeordnete ihre eigenen Profile in sozialen Netzwerken[684] oder die Bundesregierung ihren eigenen Kanal bei einer Videoplattform.[685]

Dies hat Folgen insbesondere für die Vielfalt der Meinungen. Grundsätzlich hat die Beteiligung privater Individuen am öffentlichen Prozess der freien Meinungsbildung eine vielfaltserhöhende Wirkung. So werden soziale Netzwerke häufig zum umfangreichen politischen Diskurs zwischen Privatpersonen genutzt, in dem sich politische Meinungen eigenständig bilden können, ohne dass die Medien daran beteiligt sind.[686] Dabei weist die Nutzung des Social Media Web

680 Vgl. die Ausführungen unter C III.

681 Vgl. *Di Fabio* in: Maunz/Dürig, GG, Art. 2, Rn. 231 f.

682 Vgl. *Herzog* in: Maunz/Dürig, GG, Art. 5, Rn. 65.

683 Vgl. *Janssen*, Die verfassungsrechtliche Bedeutung des Volkswillens für die Legitimation der Staatsgewalt, DÖV 2010, 949 (957).

684 Vgl. https://www.facebook.com/dirk.fischermdb?fref=ts, abgerufen am 4.4.2013.

685 Vgl. http://www.youtube.com/user/bundesregierung, abgerufen am 4.4.2013.

686 Vgl. *Graf Kerssenbrock*, Die Vereinigten Staaten von Europa, S. 140, der sich mit der Frage beschäftigt, inwieweit soziale Netzwerke und der in ihnen stattfindende europaweite politische Diskurs den Bestand eines europäischen Staatsvolkes beeinflussen bzw. belegen.

häufig eine Reihe von speziellen Eigenschaften auf, die kein Abbild in der realen Welt finden. Zu beachten sind insbesondere die Anonymität, die Reichweite und die Geschwindigkeit, die eine einzelne Meinungsäußerung erreichen kann.[687] Bei dieser „Meinungsflut" gilt es aber zu beachten, dass viele Beiträge aus dem Social Media Web nicht dieselbe Qualität erreichen wie professionell recherchierte. Es entsteht vielmehr ein Überangebot an Meinungen, das in seiner Gänze von einem einzelnen Rezipienten nicht überschaut werden kann. Die Folge sind Probleme bei der Orientierung durch das Meinungsangebot, da der einzelne Nutzer eine Angebotsbewertung der Informationsmasse vornehmen muss, was zuvor durch journalistische Auswahl und Gestaltung gewährleistet war. Dies resultiert in einer besonderen Skepsis gegenüber Online-Inhalten und Nachrichten, was auch damit zusammenhängt, dass oft redaktioneller Inhalt und Werbung vermischt werden.[688] Darüber hinaus schafft die Maßgeblichkeit von Suchmaschi-nenergebnissen für die Auffindbarkeit einer Information ein erhebliches Potenzial für Manipulation und Missbrauch.[689] Dies kann im Ergebnis dazu führen, dass die Erhöhung der Informationsvielfalt letztlich in Desinformation mündet.[690]

Ein solcher Zustand der Desinformation wäre für die öffentliche Meinungsbildung fatal. Ohne Information gibt es keine politische Willensbildung. Sie wäre am Ende unmöglich, wenn die Bevölkerung keinen Zugang mehr zu vertrauenswürdigen Nachrichten und Stellungnahmen hat. Bislang wenden sich allerdings die Konsumenten von Nachrichten noch immer den Internetpräsenzen der Anbieter von traditionellen Medien zu.[691] Ein großer Teil der Kommunikation im Social Media Web verweist auf die Beiträge der klassischen Medien.[692] Dies korrespondiert mit der Erkenntnis, dass trotz der Tatsache, dass fast alle Informationen im Internet ohne das Zutun von Journalisten verfügbar sind, diese von den Nutzern als noch immer notwendig angesehen werden. Ihre Rolle sollte sich dabei nur ändern. Denn das Internet und Social Media machen eine Vermittlungsleistung

---

687 Vgl. *Yazar/Ammerich,* Facebook, Google & Co. – Chancen und Risiken, NVwZ 2012, 1156 f.

688 Vgl. *Brinkmann,* Zur Aktualität des Vielfaltsgebots in den Massenmedien, ZUM 2013, 193 (198).

689 Vgl. *Neuberger,* Online-Journalismus: Veränderungen – Glaubwürdigkeit – Technisierung, Media Perspektiven 2003, 131 (134 f.).

690 Vgl. *Brinkmann,* Zur Aktualität des Vielfaltsgebots in den Massenmedien, ZUM 2013, 193 (198).

691 Vgl. *Blaue,* Meinungsrelevanz und Mediennutzung, ZUM 2005, 30 (32).

692 Vgl. *Ladeur/Gostomzyk,* Der Schutz von Persönlichkeitsrechten gegen Meinungsäußerungen in Blogs, NJW 2012, 710 (711).

notwendig, die insbesondere durch Navigation und Filtern geprägt sein soll. Der Journalist wird als Moderator der öffentlichen Diskussion im Internet benötigt, der den Diskurs anstößt bzw. lenkt. Damit würde die Rolle des Journalisten insbesondere darin bestehen, eine für die demokratische Willensbildung geeignete Kommunikation zwischen den Nutzern zu schaffen.[693]

Dieser Bewertung ist auch aus rechtswissenschaftlicher Sicht zuzustimmen. Die öffentliche Aufgabe der Medien besteht aus Nachrichtenbeschaffung, -verbreitung, Stellungnahme und Kritik. Zwar bewirkt das Social Media Web, dass sich die Nachrichtenbeschaffung verändert, weil viele Informationen im Netz frei verfügbar sind. Dies entbindet die Medien jedoch nicht von der Notwendigkeit, diese Informationen aufzubereiten und der Bevölkerung zu vermitteln. Die Nachrichtenbeschaffung wird nicht obsolet, sondern verändert sich nur in ihrer Qualität. Dies gilt insbesondere bei der Bewertung der direkten Kommunikation von Amtsträgern mit dem Volk. Gerade hier ist eine journalistische Bewertung der Beiträge erforderlich, da diese Informationen von den Informierenden selbst verbreitet werden und so eine bestimmte Tendenz widerspiegeln. Ohne die kritische Nachfrage eines Journalisten kann ein wahrheitsgemäßes Abbild der Tätigkeit eines Amtsträgers nur schwer entstehen.

Damit korrespondierend erhalten die Medien im Bereich der Meinungsvielfalt eine wesentlich größere Verantwortung. Zwar besitzt das Social Media Web ein Potenzial das jeder Meinung die Möglichkeit zur Vermittlung an die Allgemeinheit verleiht. Gleichzeitig entstehen aber auch besondere Gefährdungslagen für die Meinungsvielfalt durch Manipulationen von wirtschaftlichen Unternehmen für ihren eigenen Erfolg.[694] Gerade in seiner Eigenschaft als Moderator der Vielfalt, die durch das Social Media Web entstanden ist, kommt dem Journalisten die Verantwortung zu, die Meinungsvielfalt und die freie Meinungsbildung durch seine Navigator-, Filter- und Moderatorkompetenz zu schützen. Um das Gleichgewicht aller bestehenden Meinungen für den dynamischen Prozess der Bildung der öffentlichen Meinungsbildung zu erhalten, muss er ein entsprechendes Gegengewicht schaffen. Damit bekommt die Verpflichtung der Medien zur Meinungsvielfalt ein wesentlich höheres Gewicht als zuvor.

Aus dem Social Media Web droht eine neue Gefahr für die Freiheit der Meinungsbildung. Die Betätigung der Meinungsfreiheit, die bislang keinerlei Re-

---

693 Vgl. *Neuberger*, Journalismus im Internet aus Nutzersicht, Media Perspektiven 2012, 48 ff.

694 Z.B. durch die einseitige Einflussnahme auf Suchmaschinenergebnisse, vgl. hierzu ausführlich *Danckert/Mayer*, Die vorherrschende Meinungsmacht von Google, MMR 2010, 219 ff.

gulierung erfahren hat, bedroht durch eine Überschwemmung mit Meinungen die Meinungsbildungsfreiheit selbst.[695] Wenn nun im Bereich der einfachen Meinungsfreiheit keine Absicherung der Meinungsvielfalt gewährleistet wird, bekommt die Absicherung der Meinungsvielfalt bei den Medienfreiheiten eine deutlich höhere Bedeutung. Das Erfüllen der öffentlichen Aufgabe von Rundfunk und Presse steht und fällt mit der Frage, ob die Vielfalt der Meinungen in ihnen abgebildet werden kann. Denn wenn schon die Gefahr des Missbrauchs der Meinungen im Social Media Web droht, muss ihr im Bereich von Rundfunk und Presse entsprechend Einhalt geboten werden.

II. Neue Rolle der Medien

Vor dem Hintergrund dieser neuen Rolle der Medien steht die Legitimation von Rundfunk und Presse erneut auf dem Prüfstand. Durch die größere Verantwortung, die das Social Media Web den Medienfreiheiten zufallen lässt, muss insbesondere erneut erwogen werden, ob Rundfunk und Presse die Vielfalt der Meinungen hinreichend absichern. Bei der Betrachtung dieser Gefährdungslage darf aber die Konvergenz der Medien nicht außer Acht gelassen werden. Denn der Zugang zu neuen Verbreitungswegen könnte dazu führen, dass die Gefährdung sich noch erhöht und die Anforderungen an die Meinungsvielfaltssicherung wachsen.

a) Rundfunk

Angesichts der Veränderungen durch Konvergenz und Social Media Web ist noch einmal die Frage zu stellen, ob verfassungsrechtlich hinreichend Gewähr dafür geleistet ist, dass der Rundfunk seiner öffentlichen Aufgabe entsprechen kann. Relevant ist dafür insbesondere die Frage, ob der Rundfunk in Zeiten, in denen die Mediennutzung einem starken Wandel unterworfen ist, noch dieselbe Bedeutung für die Bildung der öffentlichen Meinung hat wie vor dem Aufkommen der Digitalisierung. Denn es gilt zu beachten, dass unter anderem die Breitenwirkung und Suggestivkraft des Rundfunks das Erfordernis der positiven Ordnung der Rundfunkfreiheit begründen.[696] Würde der Rundfunk nicht mehr dieselbe Breite der Bevölkerung erreichen und auch nicht deren Meinungsbildung maßgeblich mitbestimmen, würde dieser Grundsatz seine Gültigkeit verlieren.

695 So auch *Brinkmann*, Zur Aktualität des Vielfaltsgebots in den Massenmedien, ZUM 2013, 193 (198 f.).

696 Vgl. BVerfGE 119, 181 (214 ff.).

Allerdings sind bislang auf dem Rundfunkmarkt keine wesentlichen Veränderungen ersichtlich, weder durch die Konvergenz der Medien noch durch das Aufkommen des Social Media Web. Das Fernsehen bleibt bis heute das wichtigste Informationsmedium für die eigene Meinungsbildung. Zwar nennen 90 % der 14- bis 29-Jährigen das Internet als wichtigste Informationsquelle. Gerade jüngere Menschen informieren sich ausgiebig im Internet. Allerdings geht es hierbei um die gezielte Information zu speziellen Interessen.[697] Im Zusammenhang aber mit der Frage, welches Medium für allgemeine Information und politische Meinungsbildung das relevanteste ist, wird auch bei den Jüngeren das Fernsehen am häufigsten genannt.[698] Bei den meistgenannten konkreten Informationsangeboten wird die Tagesschau von allen Altersgruppen am häufigsten genannt. In der Gruppe der 14- bis 29-Jährigen und 30- bis 59-Jährigen tritt dann an dritter Stelle google.de als Suchmaschine auf. Die Jüngeren nennen zusätzlich an sechster Stelle noch facebook.com als Informationsquelle. Die Tageszeitungen spielen bei den Jüngeren erst an siebter Stelle in Gestalt der BILD-Zeitung eine Rolle. Weitere Printmedien werden nicht angegeben. Die 30- bis 59-Jährigen nennen die BILD-Zeitung an zweiter Stelle und erwähnen nach google.de und t-online.de regionale Tageszeitungen als Printmedien erst an zehnter Stelle. Nur die Gruppe der über 60-Jährigen erwähnt allgemein alle Tageszeitungen als Quelle für die politische Meinungsbildung. Diese stehen für sie jedoch an zehnter Stelle.[699]

Zusammengefasst behält der Rundfunk für die politische Meinungsbildung eine herausragende Position, da seine Angebote in der politischen Meinungsbildung nach wie vor von einer breiten Gruppe wahrgenommen werden. Insbesondere hat er sich weder durch Angebote aus dem Social Media Web wie facebook.com noch durch andere Internetdienste wie google.de verdrängen lassen. Seine Breitenwirkung und Suggestivkraft bleiben bestehen. Allerdings gilt zu beachten, dass selbst wenn es zu einer Verdrängung des Rundfunks auf diesem Gebiet kommen würde, sich daraus noch keine Aussage bezüglich der Frage schließen ließe, ob er seiner öffentlichen Aufgabe nachkommt. Ein Rückgang der Nutzung der Rundfunkangebote würde zunächst nichts an der verfassungsrechtlichen Legitimation des Rundfunks ändern, da sich diese nicht maßgeblich durch die Nutzung bestimmt, sondern durch die Ausgestaltung durch den Gesetzgeber.

697 Vgl. *Hasebrink/Schmidt,* Medienübergreifende Informationsrepertoires, Media Perspektiven 2013, 1 (5).

698 Vgl. *Hasebrink/Schmidt,* a.a.O., (6).

699 Vgl. *ders.,* a.a.O., (9).

Die Rundfunkfreiheit ist entscheidend durch den RStV und den ihm zugrunde liegenden Rundfunkbegriff geprägt.[700] Er soll der besonderen Gefährdungslage des Rundfunks Rechnung tragen und sicherstellen, dass er dem Maßstab qualitativ hochwertiger Berichterstattung und Meinungsvielfalt genügt.[701] Der RStV setzt dabei die vom BVerfG erstmals aufgestellten Anforderungen an eine positive Ordnung aus Art. 5 I S. 2 unmittelbar um. Er gewährleistet somit die verfassungsrechtliche Legitimation des Rundfunks, der ihm entsprechen muss.[702] Das BVerfG ist insoweit aber von keinem statischen Rundfunkbegriff ausgegangen. Vielmehr stellte es auf einen entwicklungsoffenen Begriff ab, der nicht auf bestimmte, bis dahin bekannte Technologien beschränkt war.[703] Die genaue Definition sollte dem Gesetzgeber obliegen, der gehalten war, den Rundfunkbegriff so zu bestimmen, dass eine umfassende Berichterstattung gewährleistet ist und keine Fehlentwicklungen aufgrund technischer Neuerungen eintreten.[704] Der Rundfunkbegriff sollte insoweit funktional verstanden werden.[705]

Vor diesem Hintergrund scheint es für den Rundfunk und seine verfassungsrechtliche Legitimation zunächst verfassungsrechtlich unproblematisch, seine Programme im Zeitalter von Konvergenz und Social Media Web im Internet zu verbreiten und so für sich neue Verbreitungswege zu erschließen. Denn die Vorgaben des RStV gelten auch bei den Angeboten, die der öffentlich-rechtliche und der private Rundfunk online verbreiten, also unter den Bedingungen der Konvergenz.[706]

Allerdings ist um die Frage, ob auch Tätigkeiten der Rundfunkveranstalter im Internet unter den Rundfunkbegriff fallen, ein heftiger Streit entbrannt. So wird unter anderem vertreten, dass die Tätigkeiten im Internet nur als Hilfstätigkeit des Rundfunks einzustufen seien. Sie sollen die eigentliche Rundfunkversorgung durch die herkömmlichen Medien nur unterstützen.[707] Dem Rundfunk seien insoweit auch neue technische Möglichkeiten zur Erfüllung dieser Aufgabe rechtlich

---

700 Vgl. *Schulz* in: Hahn/Vesting, Rundfunkrecht, § 2 RStV, Rn. 11 ff.

701 Zur Regulierung der „Gefahren“ des Rundfunks vgl. *Schmid/Kitz,* Von der Begriffs- zur Gefährdungsregulierung im Medienrecht, ZUM 2009, 739 (740).

702 Vgl. *Eifert* in: Hahn/Vesting, Rundfunkrecht, § 11 RStV, Rn. 21.

703 Vgl. BVerfGE 73, 118 (154); 74, 297 (350 f.); 83, 238 (299).

704 Vgl. *Hoffmann-Riem* in: Benda/Maihofer/Vogel, Handbuch des Verfassungsrechts der Bundesrepublik Deutschland, § 7, Rn. 34.

705 So *Schulz* in: Hahn/Vesting, Rundfunkrecht, § 2 RStV, Rn. 13.

706 Zum Nebeneinander von öffentlich-rechtlichem und privatem Rundfunk im Internet vgl. *Hahn,* Der Online-Auftrag des öffentlich-rechtlichen Rundfunks, ZRP 2008, 217 (219).

707 Vgl. *Klaes,* Verfassungsrechtlicher Rundfunkbegriff und Internet, ZUM 2009, 135 (136).

zu gestatten, weil seine Definition sich an seiner Funktionserfüllung und an technischen Details zu orientieren habe.[708] Darüber hinaus wird vertreten, dass das Internet für den Rundfunk zwar nicht nur bloße Hilfstätigkeit sein soll. Das Internet stelle mit seinen Verbreitungswegen eine Ergänzung zu den bisherigen Angeboten des Rundfunks dar. Das Internet eröffnet neue Übermittlungsmöglichkeiten von Rundfunkdiensten, ohne aber deren inhaltliche Gestaltung zu beeinflussen.[709]

Ein dritter Standpunkt erblickt in der Tätigkeit der Rundfunkanstalten im Internet das Anbieten von Rundfunk selbst. Das Internet würde vom Rundfunk für bestimmte Angebote als „Primärmedium" genutzt, bei dem Inhalte erstmals und ausschließlich online verbreitet würden.[710] In einzelne Seiten des WWW könnten ganze Sendungen hineininterpretiert werden, die durch Aufrufen an- und abgeschaltet würden. Zudem sei eine zunehmende Anzahl der Angebote im Internet von journalistischer Professionalität und Eigenständigkeit geprägt, was dazu führe, dass sie dieselbe Meinungsrelevanz wie der Rundfunk entfaltet.[711] Gerade der „Reifeprozess", der im Internet zu beobachten sei und durch den Aufbau großer Internet-Präsenzen der traditionellen Presse- und Rundfunkunternehmen begünstigt werde, führe zu einem erhöhten Einfluss durch das Internet auf die öffentliche Meinungsbildung. Aus diesem Grund sei es verfassungsrechtlich geboten, von eigenen Rundfunkprogrammen im Internet auszugehen und nicht bloße Hilfstätigkeiten oder Ergänzungswege herkömmlicher Programme anzunehmen.[712]

Das BVerfG hat sich zu dieser Thematik nur dahingehend geäußert, dass Rundfunkveranstalter grundsätzlich alles unternehmen dürften, was der Erfüllung ihrer gesetzlichen Aufgaben diene. Dem Gesetzgeber sei bei der Ausgestaltung des Rundfunkbegriffs die Grenze gesetzt, dass er ihn nicht so definieren dürfe, dass der Rundfunk seiner Aufgabe der Grundversorgung nicht mehr nachkommen könne.[713] Eine wirkliche Entscheidung über die Frage, wie die Tätigkeit der Rundfunkveranstalter im Internet in Bezug auf den Rundfunkbegriff einzustufen ist, hat das BVerfG allerdings noch nicht getroffen.

---

708 Vgl. *Michel,* Rundfunk und Internet, ZUM 1998, 350 (351).

709 So *Eberle,* Neue Verbreitungswege, neue Angebote – die Sicht des öffentlich-rechtlichen Rundfunks, ZUM 2007, 439 ff.

710 Vgl. *Klaes,* Verfassungsrechtlicher Rundfunkbegriff und Internet, ZUM 2009, 135 (138 ff.).

711 Vgl. *ders.,* a. a. O., (139).

712 Vgl. *ders.,* a. a. O., (141).

713 Vgl. BVerfGE 83, 238 (312 ff.).

In einer Gesamtschau ist jedoch festzuhalten, dass der Rundfunkbegriff nicht an die Begriffe Hörfunk und Fernsehen gebunden ist, sondern neuen technischen Entwicklungen zunächst offen gegenübersteht. Vor diesem Hintergrund ist auch die „Bestands- und Entwicklungsgarantie“ zu werten, die dem Rundfunk verfassungsrechtlich zugewiesen ist. Diese Garantie gilt sowohl für den öffentlich-rechtlichen als auch den privaten Rundfunk.[714] Die Garantie der Rundfunkfreiheit könnte schon verfassungsrechtlich nicht auf herkömmliche Technik beschränkt bleiben. Da dem Rundfunkbegriff ein funktionales Verständnis über die Gewährleistung der Grundversorgung der Bevölkerung zugrunde liegt, müsste auch die Nutzung veränderter Verbreitungswege in seiner Definition eine Rolle spielen.[715]

Dieser Meinungsstreit über die Einordnung der Internetaktivitäten der Rundfunkanbieter unter dem verfassungsrechtlichen Rundfunkbegriff spielt jedoch für die Frage der Legitimation des Rundfunks vor dem Hintergrund von Social Media und Konvergenz der Medien keine tragende Rolle. Letztlich zeigt er nur, dass der verfassungsrechtliche Rundfunkbegriff gemeinsam mit der Medienlandschaft einem starken Wandel unterzogen ist, der noch nicht abgeschlossen ist. Umso wichtiger ist es, dass die Erfüllung der öffentlichen Aufgabe nicht auf tatsächliche Umstände gestützt wird, sondern auf eine positive Ordnung, die unabhängig von den Veränderungen des Rundfunkbegriffes gilt. Deren inhaltliche Vorgaben insbesondere zur Meinungsvielfalt gelten unabhängig davon, ob ein Angebot über das Internet oder auf herkömmlichem Wege verbreitet wird. Meinungsvielfalt muss auch im Internet beibehalten werden, wenn sich der Rundfunk hier betätigt.[716]

Vor diesem Hintergrund hat der zwölfte Rundfunkänderungsstaatsvertrag den Auftrag des öffentlich-rechtlichen Rundfunks um den sogenannten „Online-Auftrag“ ergänzt und die Art und Weise, wie dieser zu erfüllen ist, vorgeschrieben.[717] Der Auftrag des öffentlich-rechtlichen Rundfunks, sich auch online zu betätigen,

---

714 Vgl. *Holznagel/Kibele* in: Spindler/Schuster, Recht der elektronischen Medien, Achter Teil RStV, Präambel, Rn. 5.

715 Zur Bestands- und Entwicklungsgarantie vgl. ausführlich *Hain,* Die zeitlichen und inhaltlichen Einschränkungen der Telemedienangebote von ARD, ZDF und Deutschlandradio nach dem 12. RÄndStV, S. 41 ff.

716 Vgl. *Neuhoff,* Die Dynamik der Medienfreiheiten am Beispiel von Presse und Rundfunk, ZUM 2012, 371 (382).

717 Zu den Bestimmungen im Einzelnen vgl. *Hahn,* Der Online-Auftrag des öffentlich-rechtlichen Rundfunks, ZRP 2008, 217 ff.; *Hain,* Die zeitlichen und inhaltlichen Einschränkungen der Telemedienangebote von ARD, ZDF und Deutschlandradio nach dem 12. RÄndStV, S. 20 ff.

ergibt sich aus dem dynamischen, funktionellen Rundfunkbegriff des Art. 5 I S. 2. Der Gesetzgeber war daher gehalten, diesen Online-Auftrag zu konkretisieren.[718] Mit dieser Konkretisierung hat der Gesetzgeber zumindest für den öffentlich-rechtlichen Rundfunk dessen verfassungsrechtliche Vorgaben zur Erfüllung seiner öffentlichen Aufgabe ausdrücklich für dessen Internet-Tätigkeiten formuliert. Die Vorgaben der Meinungsvielfalt für den privaten Rundfunk gelten wiederum auch für dessen Tätigkeiten im Internet.[719] § 25 RStV gilt für den gesamtem privaten Rundfunk. Vor dem Hintergrund des dynamischen und funktionellen Rundfunkbegriffs erfasst § 25 RStV auch den Rundfunk im Internet unabhängig davon, ob dieser nur eine Hilfstätigkeit, eine Ergänzung der Übermittlungswege oder ein eigenes Angebot darstellt.

Somit lässt sich festhalten, dass durch den RStV und die Geltung seiner inhaltlichen Anforderungen für das Rundfunkprogramm im Internet die verfassungsrechtliche Legitimation des Rundfunks durch die Neuerungen des Social Media Web und der Konvergenz keine Beeinträchtigung erfahren hat. Die dynamische Bestands- und Entwicklungsgarantie bewirkt vielmehr, dass die Anforderungen an die Qualität der Berichterstattung und an die Einhaltung der Meinungsvielfalt durch die Rundfunkbetätigung in das Internet getragen werden. Dadurch, dass die Legitimation des Rundfunks gerade nicht aus tatsächlichen Gegebenheiten fließt, die durch den starken Wandel der Medien beeinflusst werden, hat die Legitimation auch Bestand im Zeitalter von Konvergenz und Social Media Web.

b) Presse

Die Presse wiederum hat die Sicherung ihrer demokratischen Legitimation aus faktischen Umständen gezogen. Bei der Betrachtung der Legitimation der Presse kommt es maßgeblich darauf an, ob das „Gleichgewicht“ und die „Sondersituation des Rundfunks“ noch gegeben ist, mit denen das BVerfG die fehlende Notwendigkeit einer positiven Ordnung für die Presse im Gegensatz zum Rundfunk begründete.[720] Denn wie bereits aufgezeigt, befinden sich die tatsächlichen Verhältnisse der Medien im Umbruch.

---

718 Vgl. *Klickermann*, Reichweite der Onlinepräsenzen von öffentlich-rechtlichen Rundfunkanstalten nach dem 12. RÄndStV, MMR 2008, 793 (794).

719 Vgl. *Noske*, Ist das duale Rundfunksystem reformbedürftig?, ZRP 2007, 64; kritisch: *Bullinger*, Private Rundfunkfreiheit auf dem Weg zur Pressefreiheit, ZUM 2007, 337 (343); zur Frage, ob die derzeitige Aufsicht des privaten Rundfunks angesichts der Digitalisierung und Konvergenz noch angemessen ist vgl. *Rossen-Stadtfeld* in: Hahn/Vesting, Rundfunkrecht, § 25 RStV, Rn. 68 ff.

720 Vgl. BVerfGE 73, 118 (154); 119, 181 (215).

Die Sondersituation des Rundfunks gegenüber der Presse ist unter anderem damit begründet worden, dass dem Rundfunk eine besondere „Aktualität, Breitenwirkung und Suggestivkraft“ zukommt.[721] Die besondere Aktualität des Rundfunks ergibt sich daraus, dass durch seine Produktions- und Verbreitungstechnik dem Nutzer das Gefühl vermittelt wird, Teil des Geschehens zu sein. Dadurch, dass er die Information sofort weiterverbreiten kann und nicht wie bei einer Zeitung bis zum nächsten Tag auf die Veröffentlichung warten muss, erhält der Empfänger des Rundfunks eine besondere Motivation, sich eine Meinung über die Nachricht und ihren Inhalt zu bilden.[722] Von besonderer Relevanz sind hier Eilmeldungen und Sondersendungen, die Informationen mit großer Aktualität für das Tagesgeschehen kurz nach Eintreffen in der Redaktion bereits weitergeben können.

Die Besonderheit, besonders aktuell zu sein, hat die Presse über die Konvergenz für sich eingenommen. Sie ist nicht länger dadurch gekennzeichnet, auf den nächsten Druck ihres Erzeugnisses zu warten, um eine Nachricht, die ihre Redaktion erreicht, verbreiten zu können. Sie kann sich dafür ihrer Internet-Präsenzen bedienen. Vielfach nutzt sie auch die Möglichkeit, Eilmeldungen auf mobile Endgeräte wie Smartphones und Tablet-PCs zu senden. Dabei verwendet sie auch soziale Netzwerke wie Twitter.[723] Damit erreicht die Presse dieselbe Aktualität wie der Rundfunk. Auch sie lädt in besonderem Maße dazu ein, sich als Teil des Geschehens und an der Meinungsbildung zu beteiligen, indem sie die Nutzer ihrer Online-Angebote bereits umfassend informieren kann, bevor eine Nachricht überhaupt in Druck geht. Diese rundfunkspezifische Eigenschaft hat sich die Presse über die Konvergenz zu eigen gemacht.

Ähnlich verhält es sich mit der Breitenwirkung, die unter anderem die Unterscheidung zwischen Rundfunk und Presse begründet. Die besondere Breitenwirkung des Rundfunks ergibt sich allerdings nicht aus bestimmten technischen Details oder der Verwendung bewegter Bilder. Vielmehr ist es die Präsenz des Rundfunks in nahezu jedem Haushalt, die ihn von der Presse abgrenzt. Er ist ständig präsent und ohne großen Aufwand nutzbar.[724] Bei dieser Definition

---

721 BVerfGE 90, 60 (87).

722 Vgl. *Schulz* in: Hahn/Vesting, Rundfunkrecht, Anhang zu § 20 RStV, III, 2.3.

723 Vgl. *Beukelmann*, Surfen ohne strafrechtliche Grenzen, NJW 2012, 2617 (2618); zu den Online-Eildiensten der Presse vgl. http://www.spiegel.de/dienste/a-600490.html, abgerufen am 8.4.2013; http://www.bild.de/digital/mobil/bildmobil/relaunch-alles-neu-jetzt-mit-geo-lokalisierung-und-besserer-personalisierung-19917956.bild.html, abgerufen am 8.4.2013.

724 Vgl. *Schulz*, a. a. O.

der Breitenwirkung muss der Presse durch die Konvergenz der Medien eine wenigstens vergleichbar hohe Breitenwirkung zugerechnet werden. Über die Tatsache, dass ihre Erzeugnisse in großem Umfang über das Internet von jedermann abrufbar sind, ergibt sich, dass auch sie in den Haushalten über eine große Präsenz verfügt. Das Anklicken einer Internetseite benötigt jedenfalls keinen höheren Aufwand als das Einschalten eines Fernsehers und das Auswählen eines Kanals.[725]

Allerdings soll es gerade durch das Aufkommen der Online-Dienste, die diese Wirkung entfalten, bei der Feststellung der Breitenwirkung weniger auf die ständige Präsenz eines Mediums ankommen als auf seine Wirkung.[726] Dies bedeutet, dass letztlich entscheidend ist, was gesendet wird und ob dieser Inhalt geeignet ist, eine ebenso breite Bevölkerung anzusprechen, wie dies bei bewegten Fernsehbildern der Fall ist.

Die Konvergenz der Medien hat aber unter anderem dazu geführt, dass auch Presseunternehmen das bewegte Bild zur Verfügung steht und davon auch Gebrauch gemacht wird.[727] Somit kann, selbst wenn nicht länger auf die ständige und alltägliche Präsenz eines Mediums abgestellt wird, davon ausgegangen werden, dass die Presse auch dieselbe Breitenwirkung wie der Rundfunk erlangt. Filme sind grundsätzlich unabhängig vom Bildungsstand von jedermann nutzbar. Gerade die Tätigkeit der Presse im Bereich des Streamings und der Video-Nachrichten, die für alle abrufbar sind, ist in ihrer Wirkung vom klassischen Fernsehen nicht zu unterscheiden. Auch hier kommen vielfach Social-Media-Dienste zur Verwendung.[728] Es ist letztlich für den Nutzer nicht relevant, ob ein bewegtes Bild über das Fernsehen oder über You-tube übertragen wird. Die besondere Wirkung im Hinblick auf die Meinungsbildung bleibt bestehen. Die Presse kann mit ihren Angeboten, nachdem sie nicht mehr nur auf das gedruckte Papier beschränkt ist, eine mindestens ebenso hohe Breitenwirkung erzielen wie der Rundfunk.

Dass sie auch in einer neuen Breite wirkt, zeigt die Relevanz ihrer Internetangebote für die öffentliche Meinungsbildung. Bei den 14- bis 29-Jährigen rangiert zum Beispiel spiegel-online.de an zweiter Stelle, wenn nach den re-

---

725 Vgl. *Klaes,* Verfassungsrechtlicher Rundfunkbegriff und Internet, ZUM 2009, 135 (139).

726 Vgl. *Schulz,* a. a. O.

727 Vgl. die Ausführungen unter E II a.

728 Zu den Video-Angeboten von Presseunternehmen vgl. http://www.youtube.com/user/BildNewsTV, abgerufen am 8.4.2013; http://www.youtube.com/spiegel, abgerufen am 8.4.2013; http://www.youtube.com/user/faz, abgerufen am 8.4.2013.

levantesten Medienangeboten für die politische Meinung gefragt wird.[729] Im Hinblick auf die Breitenwirkung besteht daher kein maßgeblicher Unterschied mehr zum Rundfunk. Auch hier bringt die Konvergenz eine erhebliche Annäherung.

Letztlich ist die besondere Suggestivkraft, die nur der Rundfunk entfaltet, ein wesentliches Merkmal der Unterscheidung zwischen Presse und Rundfunk in ihrer verfassungsrechtlichen Bewertung. Diese Suggestivkraft hängt mit der besonderen Authentizität zusammen, die der Rundfunk vermittelt. Insbesondere das Zusammenwirken von einem bewegten Bild mit gesprochener Nachricht erweckt den Eindruck der Echtheit der Nachricht beim Nutzer. Hinzu kommt die besondere Wirkung des bewegten Bildes. Anders als das geschriebene Wort bieten Nachrichten in Farbe, mit Ton und der entsprechenden redaktionellen Einkleidung wesentlich größere dramaturgische Möglichkeiten. Der Nutzer nimmt die Information unter größerem Einfluss seiner Emotionen wahr, als das beim geschriebenen Wort der Fall ist.[730] Diese lässt sich wiederum über den gesprochenen Text der Redakteure steuern.

Eben jene bewegten Bilder und gesprochene Sprache stehen der Presse ebenfalls über ihre Internetpräsenzen zur Verfügung. Auch sie kann durch die Konvergenz der Medien ebenso eindrucksvoll für den Nutzer über das Tagesgeschehen berichten. Dadurch, dass die Presse sich nicht länger nur des gedruckten Wortes, sondern auch des geschriebenen Wortes und des bewegten Bildes bedient, erhält sie die Möglichkeit, einen ebenso hohen Einfluss auf die Meinungsbildung wie der Rundfunk zu entfalten. Denn die Wirkung bewegter Bilder verändert sich nicht dadurch, dass sie auf einem Computer und nicht auf einem Fernseher wahrgenommen werden.[731]

Der Grund, weshalb Aktualität, Breitenwirkung und Suggestivkraft beim Rundfunk auch nach Wegfall der Frequenzknappheit das Erfordernis einer positiven Ordnung zur Herstellung der verfassungsrechtlichen Legitimität nach sich ziehen, ist die besondere Gefährdungslage, die sich aus den (bisherigen) Sondereigenschaften des Rundfunks ergeben hat.[732] Der Rundfunk darf nicht

729 Vgl. *Hasebrink/Schmidt,* Medienübergreifende Informationsrepertoires, Media Perspektiven 2013, 1 (9).

730 Vgl. *Schulz,* a. a. O.

731 Wobei zu erwähnen ist, dass auch das Bild eines Computers ohne großen technischen Aufwand auf den Fernseher übertragen werden kann, vgl. http://www.apple.com/de/appletv/airplay/, abgerufen am 8.4.2013.

732 Vgl. *Schmid/Kitz,* Von der Begriffs- zur Gefährdungsregulierung im Medienrecht, ZU 2009, 739 (743).

einer gesellschaftlichen Gruppe oder dem Staat ausgeliefert werden.[733] Denn seine besondere Bedeutung für die öffentliche Meinungsbildung würde die demokratisch konstitutive Meinungsbildungsfreiheit an sich gefährden.[734] Bewegte Bilder sind dem Herstellen von Meinungsmacht gleichzusetzen.[735]

Doch kann nicht davon ausgegangen werden, dass die große Zahl von Angeboten bewegter Bilder im Internet dieselbe Meinungsmacht wie das Fernsehen entfaltet.[736] Zwar nimmt die Relevanz des Internets für die politische Meinungsbildung zu. Grund hierfür ist ein Zuwachs der Reichweite, die Verdrängung anderer, traditioneller Medien, die große Bedeutung journalistischer und publizistischer Tätigkeit auch im Internet, das bewegte Bild und die Aktualität.[737] Gerade die Tatsache, dass trotz der größeren Anzahl an Autoren im Internet die journalistische Tätigkeit im Netz für dessen politische Relevanz mitverantwortlich ist, zeigt, dass die Presse ihren Einfluss auf die öffentliche Meinungsbildung durch die Verwendung des Internets zur Verbreitung ihrer Erzeugnisse maßgeblich erhöht hat. Sie hat sich insofern in ihrer „Meinungsmacht“ der des Rundfunks nicht nur angenähert, sondern zu diesem aufgeschlossen. Insofern verliert der Rundfunk im Vergleich zur Presse seine Sondersituation. *Dierking* und *Möller* fragen deshalb, ob das Erfordernis einer positiven Ordnung für den Rundfunk noch gerechtfertigt sei. Allerdings weisen sie zu Recht darauf hin, dass der Wegfall dieser „Sondersituation“ nicht die Gefahr einer Konzentration im Medienbereich banne, weil noch immer die Gefahr besteht, dass der Rundfunk aufgrund seiner besonderen Wirkung zum Ausüben von Meinungsmacht missbraucht wird. Dies vermöge auch das Internet mit seiner großen Vielfalt nicht zu leisten. Sie gehen daher richtigerweise davon aus, dass der Rundfunk zwar nicht mehr das einzige Medium ist, das sich des bewegten Bildes bedienen kann, aber doch noch eine positive Ordnung zur Sicherung der Meinungsvielfalt benötige.[738] Denn wie oben bereits aufgezeigt, sichert gerade der rechtlich im Zeitalter der Konvergenz

733 Vgl. *Bethge,* Die Problematik des Gesetzesvorbehalts bei der Finanzierung des öffentlich-rechtlichen Rundfunks, NJW 1990, 2451 (2452); *Fink* in: Spindler/Schuster, Recht der elektronischen Medien, C, Verfassungsrecht, Rn. 45.

734 Vgl. BVerfGE 12, 205 (262).

735 Vgl. *Schmid/Kitz,* a. a. O., (742).

736 Vgl. *Neuberger/Lobigs,* Die Bedeutung des Internets im Rahmen der Vielfaltssicherung, abrufbar unter: http://www.kek-online.de/kek/information/publikation/gutachten.html, abgerufen am 9.4.2013, S. 25.

737 Vgl. *Neuberger/Lobigs,* a. a. O., S. 48.

738 So auch *Dierking/Möller,* Online-TV und das „Long Tail"-Phänomen verändern die Grundlagen der Rundfunkordnung, MMR 2007, 426 (429 f.).

und des technischen Umbruchs beständige und rechtlich bindende RStV die verfassungsrechtliche Legitimation des Rundfunks, weil seine Regelungen die Rundfunkveranstalter zu umfassender Berichterstattung und Meinungsvielfalt verpflichten.[739]

Das bedeutet in der Konsequenz, dass eine Erhöhung der Aktualität, Breitenwirkung und Suggestivkraft einem Medium eine besondere Gefährdungslage verleiht, die wiederum zur Gewährleistung verfassungsrechtlicher Legitimation eine positive Ordnung verlangt.[740] Ansonsten kann sich das Grundrecht, auf das sich dieses Medium beruft, nicht ausreichend entfalten. Der Presse hat es bislang an dieser besonderen Gefahr für die öffentliche Meinungsbildung gefehlt. Durch die Konvergenz der Medien besteht diese Gefahr jetzt grundsätzlich auch für die Presse. Diese Umstände lassen somit nur den Schluss zu, dass die Konvergenz der Medien die verfassungsrechtliche Legitimation der Presse entfallen lässt. Ihre faktische Legitimation kann sich nicht länger daraus ergeben, dass sie im Vergleich zum Rundfunk „nur" auf dem gedruckten Wort beruht. Der fehlende Rahmen des Gesetzgebers zur Sicherstellung der Möglichkeit von journalistischer Tätigkeit und Meinungsvielfalt im Bereich der Presse bedroht die Entfaltung des demokratisch konstitutiven Rechts der Pressefreiheit.

Dieser Zustand erscheint verfassungsrechtlich bedenklich, als insofern die Einhaltung der Vorgaben der Meinungsvielfalt in den Medien eine größere Bedeutung erlangt als zuvor. Der Grund hierfür ist im Social Media Web zu sehen.

Wie bereits ausgeführt, verschärft das Social Media Web die Anforderungen an die Herstellung von publizistischer Meinungsvielfalt.[741] Obwohl sich grundsätzlich die Zahl der Teilnehmer an der öffentlichen Meinungsbildung durch die technischen Möglichkeiten von Social Media erhöht, ergeben sich ganz neue Missbrauchspotenziale. So kann der Staat heute mit dem Volk direkt in Verbindung treten, ohne dass es die mehr oder weniger objektive und kritische Vermittlungsleistung eines Journalisten bedarf.[742] Gleichzeitig erhöhen private Suchmaschinen wie google.de das Potenzial zur Manipulation der Meinungsbildung durch einzelne gesellschaftliche Gruppen. Sie bekommen hinsichtlich der für die Meinungsbildung relevanten Informationen eine „Schleuserfunktion".[743]

739 Vgl. hierzu die Ausführungen unter E III a.

740 So das BVerfG im Hinblick auf den Rundfunk, vgl. BVerfGE 90, 60 (87 f.).

741 Vgl. hierzu die Ausführungen unter E II b.

742 Vgl. hierzu insbesondere die öffentliche Kritik an dem Live-Video-Chat der Bundeskanzlerin, http://www.spiegel.de/netzwelt/netzpolitik/rundfunkrecht-ist-merkels-livestream-ein-piratensender-a-892687.html, abgerufen am 9.4.2013.

743 Vgl. *Hasebrink/Schmidt*, a. a. O., (8).

Die Ergebnisse von Suchmaschinen können beeinflusst werden.[744] Durch den Zugang zur Kommunikation mit den Massen für jedermann entsteht eine Vielfalt, die so groß ist, dass für den Nutzer Orientierungsschwierigkeiten entstehen. Nicht nur die Authentizität der Beiträge steht plötzlich in Frage. Auch die Verarbeitung dieser Fülle von Informationen, die traditionell Aufgabe der Journalisten war, kann zu einer Überforderung des Nutzers und somit zu einer fehlerhaften Meinungsbildung führen.[745] Das Bedürfnis nach journalistischer Tätigkeit, in Zeiten des Social Media Web eine sachliche, unabhängige und vielfältige Berichterstattung zu liefern, ist somit noch gestiegen.[746] Denn das Einhalten des Vielfaltsgebots lässt sich im Social Media Web durch gesetzliche Normen nicht sichern. Dies scheitert nicht zuletzt daran, dass eine Regulierung technisch nicht umzusetzen wäre.[747]

Somit ist die Presse mehr denn je gehalten, für ihre verfassungsrechtliche Legitimation die Vorgaben der Meinungsvielfalt einzuhalten. Dieses Gebot hat indes für die Presse, anders als für den Rundfunk, keine einfachgesetzliche Umsetzung erfahren. Ohne eine positive Norm, in der die Meinungsvielfalt presserechtlich ausgestaltet ist, ergibt sich kein Maßstab, an dem sich messen ließe, ob die Presse diesen erhöhten Anforderungen an die Meinungsvielfalt Genüge tut. Bei der Feststellung, ob die Presse die Vorgaben zur Meinungsvielfalt einhält, kam es bislang auf den Wettbewerb an, der ihre Tätigkeit bestimmt hat. Allerdings steht fest, dass das „Gleichgewicht“, von dem das BVerfG sprach, von anderen, niedrigeren Anforderungen an die Meinungsvielfalt geprägt war. 1981 reichte es nach Ansicht des Gerichts zur Sicherstellung umfassender Information und Meinungsbildung durch Meinungsvielfalt aus, „Bestehendes zu gewährleisten“. Gemeint war damit das große Angebot an überregionalen Tageszeitungen.[748] Damals gab es aber nicht die Herausforderungen an die Meinungsvielfalt und Information der Bevölkerung, wie sie das Social Media Web aufstellt. Es darf bezweifelt werden, ob dieser publizistische Wettbewerb, der sich bei der Presse vielfaltssichernd ausgewirkt hat, diesen erhöhten Anforderungen an die Mei-

---

744 Vgl. *Danckert/Mayer,* Die vorherrschende Meinungsmacht von Google, MMR 2010, 219 (220).

745 Vgl. *Brinkmann,* Zur Aktualität des Vielfaltsgebots in den Massenmedien, ZUM 2013, 193 (198).

746 So auch die Sicht der Nutzer, vgl. *Neuberger,* Journalismus im Internet aus Nutzersicht, Media Perspektiven 2012, 40 (47).

747 Vgl. *Ott,* Die vorherrschende Meinungsmacht von Google – Eine Replik zu Danckert/Mayer, MMR 2010, 219, MMR-Aktuell 2010, 301459.

748 BVerfGE 57, 295 (322).

nungsvielfalt gerecht werden kann. Denn schließlich ist auch Wettbewerb kein Garant für Vielfalt.[749]

Hinzu kommt, dass der die Presse bislang verfassungsrechtlich legitimierende Wettbewerb, der insbesondere aus der Konkurrenz von überregionalen Tageszeitungen bestand, zurückgegangen ist. Im November 2012 meldete die „Frankfurter Rundschau“ Insolvenz an.[750] Sie wurde von der „Frankfurter Allgemeine Zeitung“ übernommen, soll zwar ein eigenständiges linksliberales Blatt bleiben, aber nur noch mit 28 statt 450 Mitarbeitern.[751] Am 7. Dezember 2012 brachte die „Financial Times Deutschland“ ihre letzte Ausgabe heraus.[752] Bereits im November war die Einstellung der Zeitung beschlossen worden.[753] Am 15. Januar 2013 wurde publik, dass auch die „Westfälische Rundschau“ aufgegeben wird. 120 Redakteure stehen vor der Entlassung.[754] Die Auflagenzahlen der Zeitungen sinken. Gleichzeitig gehen zusammen mit der Leserschaft die Werbeeinnahmen zurück.[755] Die Verlage stehen unter einem enormen Druck, wirtschaftlichen Erfolg zu erzielen, und es wird die Frage in den Medien aufgeworfen, ob „das große Zeitungssterben“ begonnen habe.[756] Gleichzeitig schreitet die Medienkonzentration unter den Zeitungen voran. 2008 stammten etwa 45 % aller verkauften Zeitungserzeugnisse aus fünf Verlagshäusern. Fast 59 % entfielen auf die zehn größten Verlagshäuser. Gleichzeitig ist die Anzahl der Übernahmen von Regionalzeitungen erheblich

---

749 Vgl. hierzu die Ausführungen des BVerfG zum Wettbewerb im Rundfunkwesen und den Gefahren für die öffentliche Meinungsbildung, die diesem Wettbewerb innewohnen, BVerfGE 119, 181 (215 f.).

750 Vgl. http://www.handelsblatt.com/unternehmen/it-medien/amtsgericht-bestaetigt-frankfurter-rundschau-meldet-insolvenz-an/7383396.html, abgerufen am 9.4.2013.

751 Vgl. http://www.sueddeutsche.de/medien/faz-uebernimmt-frankfurter-rundschau-fr-mini-1.1612006, abgerufen am 9.4.2013.

752 Vgl. http://www.tagesschau.de/wirtschaft/ftd-letzte-ausgabe100.html, abgerufen am 9.4.2013.

753 Vgl. http://www.spiegel.de/kultur/gesellschaft/gruner-jahr-will-financial-times-deutschland-einstellen-a-868322.html, abgerufen am 9.4.2013; http://www.spiegel.de/kultur/gesellschaft/gruner-jahr-verkuendet-aus-fuer-financial-times-deutschland-a-868371.html, abgerufen am 9.4.2013.

754 Vgl. http://www1.wdr.de/themen/medienseite/westfaelischerundschau100.html, abgerufen am 9.4.2013.

755 Vgl. die Auflagenzahlen des 4. Quartals 2012 der Informationsgesellschaft zur Feststellung der Verbreitung von Werbeträger e. V., abrufbar unter http://daten.ivw.eu/index.php?menuid=5&u=&p=, abgerufen am 9.4.2013.

756 http://www.zeit.de/wirtschaft/unternehmen/2012–11/Tageszeitung, abgerufen am 9.4.2013.

angestiegen.[757] Zwecks Erhalt der Meinungsvielfalt wurden rechtliche Erleichterungen der Konzentration auf dem Pressemarkt vorgeschlagen.[758] Diese Vorschläge sind wiederum auf die Bedrohung durch abwandernde Leser und den Verlust von Werbeeinnahmen zurückzuführen. Konzentrationserleichterungen können zum wirtschaftlichen Überleben von Printmedien führen. Die eigentliche Vielfalt nimmt dadurch jedoch ab.[759]

Somit reduziert sich der die Presse bislang legitimierende Wettbewerb. Das vom BVerfG anerkannte Gleichgewicht des Pressemarktes hat sich in den letzten Jahren verschoben. Es ist durch Konzentrationen auf dem Pressemarkt gestört worden. Hinzu kommt, dass der wirtschaftliche Druck der Verlagshäuser, erfolgreich zu sein, erheblich gestiegen ist. Viele Zeitungen kämpfen um ihr Überleben. Der heutige Wettbewerb, der insbesondere auf Werbeeinnahmen ausgerichtet ist, könnte dazu führen, dass statt ausgewogener Berichterstattung besonders massenattraktive Angebote verbreitet werden. Das Ziel, die Zahl der Nutzer bei niedrigen Kosten zu maximieren, bedroht gerade die Maßgabe, die Meinungsvielfalt im Angebot in vollem Umfang zum Ausdruck zu bringen.[760] Es ist mithin festzustellen, dass der die Meinungsvielfalt in der Presse sichernde Wettbewerb in der Form, in der das BVerfG auf ihn Bezug genommen hat nicht mehr existiert.[761]

Die Konvergenz der Medien hat somit die Gefährdungslage des Rundfunks auf die Presse übertragen. Durch die Dienste des Social Media Web sind die Anforderungen an die Meinungsvielfalt gestiegen. Und der Wettbewerb, der die Meinungsvielfalt bislang in der Presse sicherte, kann dieser Anforderung nicht standhalten, gerade vor dem Hintergrund, dass er sich selbst minimiert. Die verfassungsrechtliche Legitimation der Presse ist infolge von Konvergenz und Social Media Web entfallen.

---

757 Vgl. *Röper,* Konzentrationssprung im Markt der Tageszeitungen, Media Perspektiven, 2008, 420 f.

758 Vgl. Referentenentwurf des Bundeswirtschaftsministeriums v. 25.5.2012, abrufbar unter http://www.bmwi.de/BMWi/Redaktion/PDF/G/gwb-8-aenderung-referent enentwurf,property=pdf,bereich=bmwi,sprache=de,rwb=true.pdf, abgerufen am 9.4.2013.

759 So *Brinkmann,* Zur Aktualität des Vielfaltsgebots in den Massenmedien, ZUM 2013, 193 (196).

760 So das BVerfG zur Begründung, warum publizistischer Wettbewerb beim Rundfunk nicht zum Wegfall der positiven Ordnung führen würde, vgl. BVerfGE 73, 118 (155 ff.).

761 Kritisch bezüglich der Frage, ob das BVerfG je dieser Auffassung war: *Gounalakis,* Regulierung von Presse, Rundfunk und elektronischen Diensten in der künftigen Medienordnung, ZUM 2003, 180 (182).

III. Neue Ansätze

Angesichts dieser Erkenntnis stellt sich die Frage, wie die verfassungsrechtliche Legitimation der Presse wiederhergestellt werden kann. Denn andernfalls würde ein Zustand eintreten, bei dem allein die Gewährleistung der Pressefreiheit gemäß Art. 5 I S. 2 nicht mehr ausreichte. Damit wäre ein für die Demokratie konstitutives Grundrecht nicht ausreichend entfaltet. Denn die Pressefreiheit hat mit ihrer objektiv-rechtlichen Dimension unter anderem investigativen Journalismus jederzeit zu garantieren.[762] Ein solcher Zustand wäre nicht nur verfassungswidrig. Es bestünde eine Gefahr für die Funktionsfähigkeit der Demokratie, die maßgeblich von einer freien Meinungsbildung abhängt.[763]

1. Pressefreiheit eine dienende Freiheit?

Der Grund, weshalb die verfassungsrechtliche Legitimation des Rundfunks im Vergleich zu derjenigen der Presse auch im Zeitalter von Konvergenz und Social Media Bestand hat, liegt im Bestand der positiven Ordnung des Rundfunks. Die Presse hat trotz ihrer objektiv-rechtlichen Dimension keine positive Ordnung, die ihre Legitimation sichern könnte.

Eine Möglichkeit, die verfassungsrechtliche Legitimation der Presse (wieder) herzustellen, könnte daher in der Einstufung der Pressefreiheit als dienende Freiheit liegen. Dies würde ebenso wie bei der Rundfunkfreiheit dazu führen, dass der Gesetzgeber den Auftrag erhielte, eine positive Ordnung zu erlassen, die sicherstellte, dass die Presse ihre öffentliche Aufgabe, umfassend unter dem Gebot der Meinungsvielfalt zu informieren, erfüllen könnte.[764]

Die Pressefreiheit verfügt ebenso wie die Rundfunkfreiheit über eine objektivrechtliche Dimension, die sich aus ihrer konstitutiven Rolle für die freie und individuelle Meinungsbildung ergibt. Sie gleicht insofern der Rundfunkfreiheit.[765] Die Einstufung der Rundfunkfreiheit als dienende Freiheit wurde schon früher kritisch betrachtet, da sie gerade vor dem Hintergrund der Vergleichbarkeit mit der Rundfunkfreiheit dazu dienen könnte, auch die Pressefreiheit als dienende Freiheit einzustufen.[766] *Degenhart* hat sich insbesondere dagegen gewehrt, dass der individual-abwehrrechtliche Gehalt der Pressefreiheit von ihrer Funktion

---

762 Vgl. *Tinnefeld*, Ein Plädoyer für Qualitätsjournalismus und Pressefreiheit, MMR 2008, XXVI f.

763 Vgl. BVerfGE 57, 295 (319).

764 Vgl. die Überlegungen von *Fechner* in: Stern/Becker, GG, Art. 5, Rn. 234 ff.

765 Vgl. BVerfGE 57, 295 (319, 323).

766 Vgl. *Degenhart* in: Bonner Kommentar zum GG, Art. 5, Rn. 643.

für Demokratie, Meinungs- und Volksbildung überlagert wird. Vor diesem Hintergrund hat er auch die Einstufung der Rundfunkfreiheit als dienende Freiheit kritisch betrachtet. In Anbetracht der Tatsache, dass der Rundfunk sich in seiner Wirkung auf die öffentliche Meinungsbildung bislang klar von der Presse unterschied, hat er jene Einstufung jedoch nicht abgelehnt, sondern als gerechtfertigt qualifiziert angesichts der besonderen Gefahren, die der Rundfunk für die öffentliche Meinungsbildung aufgrund der Besonderheiten seiner Verbreitungswege mit sich brachte.[767]

Betrachtet man die Feststellung, dass die positive Ordnung des Rundfunks entscheidend ist für dessen verfassungsrechtliche Legitimation, vor dem Hintergrund, dass das Erfordernis der positiven Ordnung mit der einzigartigen Wirkung des Rundfunks auf die öffentliche Meinungsbildung begründet war, war dessen Einstufung als dienende Freiheit zwingend. Ansonsten wäre vorzeitig ein ähnlicher Zustand eingetreten wie heutzutage bei der Presse, mit der Folge, dass die Rundfunkfreiheit sich nicht hätte entfalten können. Betrachtet man nun, dass sich die Presse in ihrer Wirkung für die öffentliche Meinungsbildung dem Rundfunk angepasst hat, drängt sich die Schlussfolgerung auf, dass auch die Pressefreiheit als dienende Freiheit zu qualifizieren ist und einer positiven Ordnung bedarf, die sicherstellt, dass sie umfassend informiert und Meinungsvielfalt gewährleistet.

Letztlich kann dem nicht entgegengehalten werden, dass hierdurch der individuelle Schutz, den die Pressefreiheit gewährleistet, wegzufallen droht. Denn auch die Rundfunkfreiheit ist (auch) ein subjektives Recht, dessen Schutzziele durch die Eigenschaft der dienenden Freiheit nicht verfehlt werden.[768] Eine solche Lösung würde auch der Tatsache gerecht, dass eine freie Presse notwendiger Bestandteil einer freiheitlichen Demokratie ist. Diese Wertung beruht nicht nur auf der Anerkennung des objektiv-rechtlichen Gehalts der Pressefreiheit. Vielmehr muss der Presse im Gegensatz zum Rundfunk und zu den neuen Medien, derer sich Presseunternehmen bedienen, eine Besonderheit zugeschrieben werden, die nur sie in dieser Form besitzt. Das BVerfG stützt den Pressebegriff noch immer auf das Druckerzeugnis.[769] Dies ist auch vor dem Hintergrund zu begrüßen, dass das gedruckte Wort anders zu verstehen ist als das bloß geschriebene. Heute kann ein geschriebenes Wort auch ohne den Einsatz von Papier und Tinte Verbreitung

767 Vgl. *ders.*, a. a. O., Rn 643 ff.

768 Vgl. BVerfGE 83, 238 (315).

769 Vgl. BVerfGE 95, 28 (35), *Neuhoff*, Die Dynamik der Medienfreiheiten am Beispiel von Presse und Rundfunk, ZUM 2012, 371 (375).

finden. Digital kann es die Massen erreichen.[770] Ein gedrucktes Wort weist allerdings gegenüber dem nur geschriebenen Wort eine ganz andere Beständigkeit auf. Einmal Gedrucktes lässt sich im Nachhinein nicht mehr verändern. Druckerzeugnisse können in Archiven lange Zeit aufbewahrt werden. Zwar existieren auch digitale Archive.[771] Diese sind jedoch im Nachhinein lösch- und manipulierbar, ohne dass Nutzer eines Artikels dieses anhand der Beschaffenheit feststellen könnten. Das gedruckte Wort aber verleiht einem Bericht, einer Stellungnahme oder einer Meinung die Garantie, dass Letztere(r) noch nachträglich für die Allgemeinheit in der Form verfügbar bleibt, in der er bzw. sie ursprünglich verbreitet wurde. Dadurch erhält die Presse eine spezifische Eigenschaft, die sie für eine Demokratie, in der es gerade bei der Kontrolle der Staatsgewalten durch die Medien insbesondere auf Wahrheitsfindung ankommt, unentbehrlich macht.[772] Denn das besondere Vertrauen, dass das gedruckte und aufbewahrte Wort entfaltet, da es jedenfalls weitgehend von nachträglichen Manipulationen frei ist, ermöglicht gerade die grundlegende Recherche. Investigativer Journalismus als wesentlicher Bestandteil der Garantie der Pressefreiheit wird nur durch nachhaltige Quellen möglich, die eine digitale Presse so nicht gewährleisten kann.[773] Die Einstufung als dienende Freiheit könnte dem nachdrücklich Rechnung tragen.

Allerdings bietet die Einstufung der Pressefreiheit als dienende Freiheit noch nicht die Lösung für die Abgrenzungsschwierigkeiten, die durch die Konvergenz der Medien entstanden sind. Insbesondere beantwortet sie nicht die Frage, wie eine positive Ordnung der Presse im Verhältnis zu einer positiven Ordnung des Rundfunks auszusehen hätte. Denn die Konvergenz der Medien wird dadurch bestimmt, dass die Presse sich auf Gebieten betätigt, die gerade jenseits des Gedruckten liegen. Sollte eine positive Ordnung der Presse nur die gedruckten Erzeugnisse erfassen gemäß dem Pressebegriff des BVerfG? Dessen ungeachtet schlägt *Bullinger* eine künftige Medienordnung vor, die auf dem herkömmlichen Begriff der Presse beruht. Er begründet das insbesonde-

---

770 Diese Eigenschaft lässt Teile der Literatur darauf schließen, dass der Pressebegriff technologieneutral und entwicklungsoffen zu verstehen sei, vgl. *Degenhart* in Bonner Kommentar zum GG, Art. 5, Rn. 370.

771 Siehe hierzu etwa das digitale Bildarchiv des Presse- und Informationsamts der Bundesregierung, vgl. http://www.bundesbildstelle.de/index.php?switch_lang=de, abgerufen am 10.3.2013.

772 Vgl. *Grzeszick* in: Maunz/Dürig, GG, Art. 20, Rn. 147.

773 Vgl. *Tinnefeld,* Ein Plädoyer für Qualitätsjournalismus und Pressefreiheit – Über Fragen des juristischen Zeitgeschehens in der Informationsgesellschaft, MMR 2008, XXVI f.

re damit, dass das Druckerzeugnis auch im Zeitalter der Digitalisierung ein hinreichendes Abgrenzungskriterium zu anderen Presseerzeugnissen bilde. Online-Angebote sollten auch dann, wenn sie von Funktion und Struktur her der Presse ähneln oder ihr entsprechen, nicht dem Pressebegriff unterfallen. Vielmehr sollten sie als Medien-Angebote eigener Art angesehen werden, die vom Rundfunk ausgehend reguliert werden müssten. Eine Regulierung der Druckerzeugnisse schlägt er nicht vor. Er ist für eine Beibehaltung der Sonderrolle der gedruckten Presse.[774]

Dieser Vorschlag vermag nicht zu überzeugen. Er zeigt vielmehr auf, worin die Schwächen einer Beibehaltung des Pressebegriffs liegen würden, selbst wenn man diese künftig als dienende Freiheit einstufe. Zwar ist *Bullinger* darin zuzustimmen, dass Medienerzeugnisse, die im Internet veröffentlich werden, reguliert werden müssen, weil sie ähnliche Eigenschaften wie der Rundfunk aufweisen. Allerdings nimmt er eine klare Trennung von gedruckten Presseerzeugnissen vor und solchen, die von der Presse online veröffentlich werden. Diese klare Trennung würde aber zu widersprüchlichen Ergebnissen führen. So könnte ein Artikel, der in einer Zeitung erscheint, aber zeitgleich auf der Internet-Präsenz des Presseunternehmens verbreitet wird, plötzlich einer Regulierung unterliegen, während dies für die gedruckte Variante nicht zuträfe, obwohl sie genau den gleichen Inhalt hätte. Auch ist damit keine Antwort auf die Frage geliefert, wie das E-Paper einer Zeitung zu bewerten wäre. Zudem würde die Trennung von gedruckter und elektronischer Presse keine hinreichende Lösung hinsichtlich der Konzentration auf dem Zeitungsmarkt bieten. Auch die gedruckte Presse bedarf einer positiven Ordnung, da auch sie der öffentlichen Aufgabe der Mitwirkung an der öffentlichen Meinungsbildung entsprechen muss. Auch das gedruckte Wort bedarf der Vielfalt.

Letztlich ist auch dem Umstand Rechnung zu tragen, dass sich Presse und Rundfunk in ihrer Wirkung maßgeblich angenähert haben und denselben Legitimationsanforderungen unterliegen.[775] Die positive Ordnung der Presse muss denselben Grundsätzen entsprechen wie die positive Ordnung des Rundfunks, weil beide Medien sich derselben Verbreitungswege bedienen. Die Notwendigkeit spezifischer Ausgestaltung der verschiedenen Gefährdungslagen ist somit entfallen. Um Abgrenzungsschwierigkeiten durch technische Neuerungen zu vermeiden und sicherzustellen, dass Rundfunk als auch Presse gleichermaßen

774 Vgl. *Bullinger*, Die Regulierung von Presse, Rundfunk und elektronischen Diensten in der künftigen Medienordnung, ZUM 2003, 180 (190 f.).

775 Vgl. BVerfGE 57, 295 (323).

legitimiert sind, drängt sich daher auf, von einer einheitlichen dienenden Medienfreiheit auszugehen.

2. Einheitliches Mediengrundrecht als dienende Freiheit

Die Legitimation der Presse ließe sich nämlich auch dadurch wiederherstellen, dass man ein einheitliches Mediengrundrecht annimmt, welches in seiner Gesamtheit als dienende Freiheit einzustufen wäre und einer einheitlichen positiven Ordnung unterliegt.

Die Idee eines einheitlichen Mediengrundrechtes ist nicht neu. *Hoffmann-Riem* hat frühzeitig eine Auslegung von Art. 5 I S. 2 favorisiert, der zufolge die Nennung von Rundfunk und Presse nur eine beispielhafte Aufzählung sei und von einer einheitlichen Freiheit aller Medien ausgegangen werden müsse. Die Medienfreiheit definiert er als „Freiheit publizistischer Vermittlung durch ein Massenmedium".[776] Allerdings möchte er die Unterscheidung von Rundfunk und Presse nicht vollends aufgeben. Vielmehr handele es sich um Teilfreiheiten desselben Grundrechts, die wiederum unterschiedlich ausgestaltet seien. Es könne nicht darum gehen, verschiedene Geltungsbereiche der Teilfreiheiten zu bestimmen, also die Begriffe Rundfunk und Presse zu definieren, sondern vielmehr darum, den verschiedenen Verbreitungsarten von Informationen Rechnung zu tragen. Die verschiedenen Bedürfnisse der Teilfreiheiten von Rundfunk und Presse seien anhand des speziellen Verbreitungsweges zu bestimmen.[777]

Dieser Ansicht ist vollumfänglich zuzustimmen. Nicht nur stützt sie ihre Begründung gerade nicht auf die Begriffe von Rundfunk und Presse, sondern trägt vielmehr den spezifischen Gefährdungslagen der Freiheiten angemessen Rechnung. So war es in der Zeit, in der Rundfunk nur über Radio und Fernsehen verbreitet wurde und die Presse aus einer Vielzahl von gedruckten Zeitungen bestand, gerechtfertigt, von individuellen Ausgestaltungen dieser Grundrechte auszugehen, weil die öffentliche Meinungsbildung durch die Presse nicht so stark beeinträchtigt werden konnte wie durch den Rundfunk in Zeiten von Frequenzknappheit. Diese Zeiten sind jedoch vorüber. Nur die Annahme eines einheitlichen Mediengrundrechtes ist den Herausforderungen der Medien durch die technischen Neuerungen gewachsen. Denn letztlich beruht *Hoffmann-Riems* Annahme der Teilfreiheiten auf den unterschiedlichen Verbreitungswegen, die Presse und Rundfunk bislang zur Verfügung standen. Die Konvergenz der Me-

776 *Hoffmann-Riem,* AK-GG, Art. 5, Rn. 139.
777 Vgl. *ders.,* a. a. O., Rn. 145.

dien hat Rundfunk und Presse dieselben neuen Verbreitungswege zur Verfügung gestellt. Aus diesem Grund muss eine Differenzierung zwischen den beiden Medien wegfallen, sodass alle Medien einer einheitlichen Medienfreiheit unterliegen.

Hierfür spricht auch die Tatsache, dass eine Regulierung der Medien sich letztlich daran orientieren muss, welche Gefährdungslagen durch ein bestimmtes Medium entstehen. Bislang war die Regulierung der Medien von medienrechtlichen Begriffen geprägt. Diese Begriffe sind aber einer ständigen verfassungsmäßigen Überprüfung zu unterziehen, um eine Entfremdung des Rechts von der gesellschaftlichen Wirklichkeit zu vermeiden. Die medienrechtlichen Begriffe dürfen kein statisches Recht begründen, das den Gefahren von Missbrauch der Meinungsmacht nicht mehr gerecht wird.[778]

Die einheitliche Medienfreiheit ist, wie die Presse- und Rundfunkfreiheit, geprägt von ihrem objektiv-rechtlichen Gehalt.[779] Aufgrund der besonderen Bedeutung der Medienfreiheit für die öffentliche Meinungsbildung bedürfen diejenigen, welche die Medienfreiheit in Anspruch nehmen, verfassungsrechtlicher Legitimation, unabhängig, ob sie sich Presse oder Rundfunk nennen. Wie oben festgestellt, ist diese Legitimation nur herstellbar durch eine beständige positive Ordnung, die auch in Zeiten technischer Neuerungen, bei der noch gar nicht absehbar ist, welche Medien sich in Zukunft ggf. noch herausbilden werden, für umfassende Berichterstattung und Meinungsvielfalt sorgt. Die Erfüllung der öffentlichen Aufgabe aller Medien ist zu bedeutend in einer Demokratie, als dass diese durch neue technische Entwicklungen in Gefahr geraten dürfte.

Es bedarf insofern eines Medienbegriffs, der entwicklungsoffen ist, um so auch neuen Fortschritten auf dem Medienmarkt gegenüberzutreten und gleichzeitig umfassende Information, Meinungsvielfalt und daher freie individuelle und öffentliche Meinungsbildung zu ermöglichen. Art. 11 II der Grundrechtecharta der EU hat diesem Gedanken bereits Rechnung getragen und formuliert: „Die Freiheit der Medien und ihre Pluralität werden geachtet." Die Grundrechtecharta der EU enthält eine eigene Garantie der Medienfreiheit.[780] Diese ist insbesondere in dem Bewusstsein formuliert worden, Informations- und Meinungsvielfalt angesichts von Medienkonzentration zu gewährleisten und dabei der Bedeutung

778 So auch *Schmid/Kitz*, Von der Begriffs- zur Gefährdungsregulierung im Medienrecht, ZUM 2009, 739 (743).

779 Vgl. *Hoffmann-Riem*, a. a. O., Rn. 147, der die Ansicht vertritt, dass das BVerfG bei seiner Gleichstellung von Rundfunk und Presse die Medienfreiheit an sich wegen ihrer Funktion für die allgemeine Meinungsbildung hervorgehoben hat.

780 Zur innerstaatlichen Anwendung des Gemeinschaftsrechts vgl. *Proelß*, Bundesverfassungsgericht und internationale Gerichtsbarkeit, S. 109 f.

von Rundfunk und Presse Rechnung zu tragen.[781] Die Erwähnung der Pluralität hebt die Bedeutung von Meinungsvielfalt für die Funktionsfähigkeit einer Demokratie hervor.[782]

Wesentliches Merkmal der Medienfreiheit muss die Massenkommunikation sein. Diese ist mithilfe von objektiven und subjektiven Kriterien von der Individualkommunikation, die im Social Media Web ausgeübt wird, abzugrenzen.[783] Eine Abgrenzung erfolgt kumulativ über die Fragestellung, ob überhaupt eine Massenkommunikation vorliegt, also Kommunikation mit einem unbestimmten Kreis von Personen, und ob derjenige, der die Kommunikation betreibt, hierzu überhaupt sich seiner medialen Sphäre bedienen will.

Zur Herstellung verfassungsrechtlicher Legitimation aller Medien bedarf es einer dienenden Freiheit der Medien in ihrer Gesamtheit. Der Gesetzgeber ist angehalten, eine positive Ordnung zu formulieren, die sicherstellt, dass die Massenkommunikation in ihrer Gesamtheit den Anforderungen aus Art. 5 I S. 2 entspricht und die Meinungsvielfalt in den Medien auch im Zeitalter von Konvergenz, Social Media Web und anderen noch nicht abzusehenden Entwicklungen Ausdruck findet.

Der tragende Grundgedanke einer neuen positiven Ordnung für alle Medien müsste sein, dass bei der Beurteilung der Frage, ob die öffentliche Aufgabe der Medien erfüllt ist, auf alle Medien gemeinsam abgestellt wird. Eine positive Ordnung muss mit der Maßgabe verfasst werden, dass alle Medien gemeinsam dieselbe öffentliche Aufgabe erfüllen. Entscheidend muss das gesamte Medienangebot sein, das Presse und Rundfunk gemeinsam erstellen. Es müsste gesetzgeberisch klar definiert werden, dass die Anforderungen an Information, Ausgewogenheit und Meinungsvielfalt für alle Mediengattungen gleichermaßen gelten, ohne aber dass ein einzelner Medienveranstalter unabhängig von der verwendeten Verbreitungsmethode alleine all diesen Anforderungen genügen muss. Auf diese Art und Weise könnte der Tendenzschutz der Presse in seinen Grundzügen erhalten bleiben. Dies entspricht der Feststellung des BVerfG, dass es dem Staat verwehrt ist, Einfluss auf die Tendenzen von Zeitungen zu nehmen. Der Staat darf auch keine rechtlichen Regelungen für die Presse formulieren, die den Tendenzschutz verletzen.[784] Tendenziöser Berichterstattung in der Presse und im Internet könnte durch ein höheres Maß an Ausgewogenheit und Vielfalt auf anderen oder denselben

---

781 *Callies* in: Callies/Ruffert, EUV/AEUV, GRCh Art. 11, Rn. 16 und 22 f.

782 Vgl. *Janik/Kühling* in: Beck'scher TKG Kommentar, § 50, Rn. 27; *Callies,* a. a. O., Rn. 17.

783 Vgl. hier die Ausführungen unter B VI.

784 Vgl. BVerfGE 52, 283 (296).

Verbreitungswegen begegnet werden. Zur Sicherstellung, dass das gesamte Medienangebot den verfassungsrechtlichen Vorgaben entspricht, könnte eine Stärkung des öffentlich-rechtlichen Rundfunks in Betracht kommen. Bereits jetzt dienen die besonders hohen Anforderungen an die öffentlich-rechtlichen Rundfunkanstalten in Form ihres Auftrages, ihrer besonderen Aufsicht und die Finanzierung über den Rundfunkbeitrag als Rechtfertigung dafür, den privaten Rundfunkanstalten die rundfunkrechtlichen Erfordernisse nur in abgeschwächter aufzuerlegen.[785] Es ist daher denkbar, den Auftrag des öffentlich-rechtlichen Rundfunks in einer solchen Art und Weise zu erweitern, dass er in der Lage ist, fehlende Meinungsvielfalt und Ausgewogenheit sowohl im privaten Rundfunk als auch in der gesamten Presselandschaft auszugleichen. Dazu müsste ihm jedoch rechtlich gestattet werden, sich neuer Verbreitungswege und Technologien genauso frei zu bedienen, wie es auch andere Medien tun.[786] Die erhöhte Verantwortung des öffentlich-rechtlichen Rundfunks könnte mit der Gestattung einhergehen, neue Verbreitungswege für sich frei zu erschließen. Gleichzeitig könnte die Aufsicht der Landesmedienanstalten sich auch auf die Aufsicht der Druckerzeugnisse erweitern. Denkbar wäre eine Aufsicht, die insbesondere im regionalen Pressebereich die Entstehung einer vorherrschenden Meinungsmacht verhindert.

In einer solchen Medienordnung würden alle Medien unabhängig von der Verbreitungstechnik denselben Anforderungen unterliegen. Durch Stärkung des öffentlich-rechtlichen Rundfunks könnten wiederum die Freiheit des privaten Rundfunks und die besonderen Charakteristika der Presse weitgehend erhalten bleiben, weil der erweiterte Auftrag des öffentlich-rechtlichen Rundfunks dafür sorgen würde, dass auch in einer einheitlich betrachteten Medienlandschaft die verfassungsrechtlichen Legitimationserfordernisse aus Art. 5 I S. 2 an Meinungsvielfalt und ausgewogene Berichterstattung gewahrt bleiben. Die genaue Ausarbeitung einer positiven Ordnung würde jedoch den Rahmen dieser Schrift erheblich übersteigen und sollte Gegenstand einer eigenen Ausarbeitung bilden.

785 Vgl. BVerfGE 87, 181 (199).

786 Vgl. hierzu die Ausführungen unter B III 2 zum Streit um die Tagesschau-App.

F. Ergebnis

Die Angebote des Social Media Web geben dem Einzelnen zwar die Möglichkeit, mit den Massen zu kommunizieren. Diese Fähigkeit ist nicht länger allein Presse- und Rundfunkunternehmen vorbehalten. Dennoch sind sie nicht in den Bereich der Massenkommunikation einzuordnen, auch wenn sie die Abgrenzung zwischen Individual- und Massenkommunikation erheblich erschweren.

Alle Medien – Rundfunk ebenso wie Presse – erfüllen gleich den Parteien die öffentliche Aufgabe, an einer freien und individuellen Meinungsbildung mitzuwirken. Hierdurch wird ihnen zwar kein Amt übertragen und sie sind auch nicht als vierte Gewalt im Staat anzusehen. Denn letztlich sind die Medien wie die Parteien in einem Übergangsbereich zwischen Staat und Volk angesiedelt, in dem sich die Bildung des Volkswillens und die demokratische Rückkoppelung des Staatswillens an das Volk vollzieht.

Aus dieser öffentlichen Aufgabe ergibt sich jedoch das Erfordernis verfassungsrechtlicher Legitimation. Denn die Frage, ob die Medien dieser öffentlichen Aufgabe entsprechen, bedarf der ständigen verfassungsrechtlichen Überprüfung. Dabei kann es allerdings nicht auf die Legitimationsprinzipien ankommen, die für die Staatsgewalten gelten. Nicht nur sind die Medien keine Staatsgewalt, sondern Teil der gesellschaftlichen Sphäre. Sie sind auch maßgeblich an der Herstellung demokratischer Legitimation beteiligt. Eine Legitimation aus einem Prinzip, das sie selbst prägen, schließt sich aus.

Entscheidend ist vielmehr die verfassungsrechtliche Legalität. Für die Frage der verfassungsrechtlichen Legitimation der Medien muss entscheidend sein, dass die Medien den Vorgaben, die Art. 5 I S. 2 durch die Gewährleistung der Freiheit der Medien etabliert, entsprechen. Diese Anforderungen setzen sich daraus zusammen, dass die Medien Nachrichten beschaffen, verbreiten, Kritik üben, Stellung nehmen und dabei die Vielfalt der Meinung Ausdruck in ihren Erzeugnissen findet. Die Verfassung fordert von den Medien umfassende Information und Meinungsvielfalt.

Rundfunk und Presse entsprechen diesen Anforderungen bislang auf unterschiedliche Art und Weise. Während der Rundfunk durch seine positive Ordnung, die maßgeblich vom RStV geprägt ist, legitimiert war und ist, wurde die Legitimation der Presse bislang faktisch sichergestellt. Durch die große Zahl der Zeitungen und deren jeweiligen Tendenzen war ein Meinungsmarkt entstanden, auf dem sich ein Gleichgewicht der Vielfalt eingependelt hatte.

Die faktischen Umstände der Medien unterliegen einem dynamischen Wandel. Nicht nur die Konvergenz der Medien wirkt sich auf die verfassungsrechtliche Stellung aus. Auch die größere Bedeutung der Meinungsfreiheit für die öffentliche Meinungsbildung verändert die Anforderungen, denen die Medien genügen müssen, um Art. 5 I S. 2 zu entsprechen. Während der Rundfunk seine Legitimation aus seiner positiven Ordnung zieht, an deren Bestand sich auch durch technische Veränderungen nichts ändern kann, beruht die Legitimation der Presse auf faktischen Gegebenheiten, die diesem Wandel unmittelbar ausgesetzt sind. Die Vielfalt der Presse ist durch die große Konzentration auf dem Zeitungsmarkt und den zunehmenden Wettbewerb unter den Printmedien gefährdet. Gleichzeitig hat das Aufkommen des Social Media Web die Anforderungen an das Herstellen von Meinungsvielfalt erhöht.

Die Konvergenz der Medien wiederum hat Rundfunk und Presse in ihrer Wirkung für die öffentliche Meinungsbildung angenähert. Die Presse befindet sich durch die neuen Verbreitungswege im Internet, die sie für sich erschlossen hat, in derselben Gefährdungslage wie der Rundfunk. Sie ist genauso aktuell, breitenwirksam und suggestiv wie der Rundfunk. Deshalb ist für die Presse nicht nur der sie legitimierende Wettbewerb weggefallen. Auch die Sonderstellung des Rundfunks, den dieser ihr gegenüber bislang eingenommen hat, besteht nicht mehr. Die Presse entspricht damit nicht mehr den Anforderungen an umfassende Information und Meinungsbildung von Art. 5 I S. 2 und ist nicht länger verfassungsrechtlich legitimiert. Durch abnehmenden Wettbewerb und die Herausforderungen des Social Media Web entfaltet sich die Pressefreiheit nicht mehr vollständig. Ausgerechnet zu diesem Zeitpunkt erschließt sie für sich neue Verbreitungswege, die dieselbe Gefährdungslage mit sich bringen wie die Rundfunkfreiheit.

Diese fehlende verfassungsrechtliche Legitimation lässt sich durch eine neue Auslegung von Art. 5 I S. 2 beheben. Statt wie bisher von zwei Freiheiten auszugehen, bei denen die eine trotz objektiv-rechtlicher Dimension primär ein subjektives Abwehrrecht ist, und die andere gemäß ihrem objektiv-rechtlichen Gehalt eine dienende Freiheit sein soll, ist von einer einzigen Freiheit auszugehen. Rundfunk und Presse erzeugen durch die Konvergenz der Medien dieselbe Meinungsmacht. Ein Missbrauch dieser Macht würde zu einer unmittelbaren Gefahr der freien und individuellen Meinungsbildung führen, die wiederum für die Demokratie konstitutiv ist. Dieser Gefahr gilt es verfassungsrechtlich entgegenzutreten. Die Meinungsbildungsfreiheit ist das elementare Schutzgut des Kommunikationsverfassungsrechts. Es kann dabei keine Rolle spielen, ob diese Gefahr von einem Rundfunkunternehmen oder einem Presseunternehmen ausgeht. Aus diesem Grund ist ein einheitliches Mediengrundrecht anzunehmen, in dessen Schutzbereich alle Medien fallen, sofern sie sich auf dem Gebiet der Massenkommunikation bewegen. Aus der besonderen Rolle, welche die Medien im Prozess der öffentlichen Meinungsbildung spielen, ist eine dienende Freiheit anzunehmen, die sich nur dann entfalten kann, wenn der Gesetzgeber einen Rahmen schafft, in dem umfassende Information und Meinungsfreiheit durch alle Medien sichergestellt sind. Auf diese Weise kann nicht nur den Abgrenzungsschwierigkeiten, die durch die Konvergenz der Medien entstanden sind, Rechnung getragen werden. Vielmehr bietet ein einheitliches Mediengrundrecht mit einer einheitlichen positiven Ordnung die Rechtsgrundlage, auch noch nicht bekannte Medien an die Grundsätze von Art. 5 I S. 2 zu binden.

Art. 5 I S. 2 schützt nicht bestimmte Medien unabhängig von ihren Verbreitungswegen. Vielmehr ist gerade durch die ausdrückliche Erwähnung von Presse und Rundfunk in Art. 5 I S. 2 die Anknüpfung an spezifische Verbreitungswege zu sehen, an deren Gefahren sich die Vorgaben des Grundgesetzes orientieren müssen. Denn letztlich schützt Art. 5 I S. 2 nicht die Freiheit, sich unbegrenzt auf dem Medienmarkt bewegen zu können. Zwar ist es legitim, innerhalb der Presse- und Rundfunkfreiheit wirtschaftliche Interessen zu verfolgen. Zentrales Schutzgut des Art. 5 I S. 2 ist aber die Freiheit, Meinungen frei bilden zu können – die Freiheit der Gedanken. Die Freiheit der Medien muss dort enden, wo die Gedankenfreiheit beginnt.

Literaturverzeichnis

Alexy, Robert, Theorie der Grundrechte, 6. Auflage, Frankfurt am Main 2006

Badura, Peter, Staatsrecht – Systematische Erläuterungen des Grundgesetzes, 5. Auflage, München 2012

Bamberger Christian, Sicherung der Meinungsvielfalt durch die Landesmedienanstalten, ZUM 2000, S. 551 bis S. 555

– Medienöffentlichkeit im Lichte der Rundfunkfreiheit, ZUM 2001, S. 373 bis S. 378

Bartosch, Andreas, Das Grünbuch über Konvergenz, ZUM 1998, S. 207 bis S. 209

Beater, Axel, Medienrecht, 1. Auflage, Tübingen 2007

Benda, Ernst / Maihofer, Werner / Vogel, Hans-Jochen, Handbuch des Verfassungsrechts der Bundesrepublik Deutschland, 2. Auflage, München 1995

Berberich, Matthias, Der Content „gehört" nicht Facebook! – AGB-Kontrolle der Rechteeinräumung an nutzergenerierten Inhalten, MMR 2010, S. 736 bis S. 741

Bethge, Herbert, Der Grundrechtsstatuts privater Rundfunkveranstalter, NVwZ 1997, S. 1 bis S. 6

– Die Problematik des Gesetzesvorbehalts bei der Finanzierung des öffentlich-rechtlichen Rundfunks, NJW 1990, S. 2451 bis S. 2452

Beucher Klaus / Leyendecker, Ludwig / Rosenberg, Oliver v., Mediengesetze Rundfunk Mediendienste Teledienste – Kommentar zum Rundfunkstaatsvertrag, Mediendienste-Staatsvertrag, Teledienstgesetz und Teledienstedatenschutzgesetz, 2. Auflage, München 2005

Beukelmann, Stephan, Surfen ohne strafrechtliche Grenzen, NJW 2012, S. 2617 bis S. 2622

Blaue, Andreas, Meinungsrelevanz und Mediennutzung – Zur Konvergenz und Regulierung elektronischer Medien, ZUM 2005, S. 30 bis S. 41

Bleckmann, Albert, Staatsrecht II – Die Grundrechte, 4. Auflage, München 1997

Brinkmann, Thomas, Zur Aktualität des Vielfaltsgebots in den Massenmedien, ZUM 2013, S. 193 bis S. 201

Bullinger, Martin, Private Rundfunkfreiheit auf dem Weg in die Pressefreiheit, ZUM 2007, S. 337 bis S. 344

– Regulierung von Presse, Rundfunk und elektronischen Diensten in der künftigen Medienordnung, ZUM 2003, S. 180 bis S. 192

Callies, Christian / Ruffert, Matthias, EUV/AEUV – Das Verfassungsrecht der Europäischen Union mit Europäischer Grundrechtscharta, 4. Auflage, München 2011

Creifelds, Carls, Rechtswörterbuch, 20. Auflage, München 2011

Danckert, Burkhard / Mayer, Frank-Joachim, Die vorherrschende Meinungsmacht von Google – Bedrohung durch einen Informationsmonopolisten, MMR 2010, S. 219 bis S. 222

Degenhart, Christoph, Staatspresse in der Informationsgesellschaft – Verfassungsrechtliche und wettbewerbsrechtliche Schranken für die Publikationstätigkeit der öffentlichen Hand, AfP 2009, S. 207 bis S. 215

- Rundfunkaufsicht und Wettbewerbsgleichheit im dualen Rundfunksystem, ZUM 1997, S. 153 bis S. 167
- Rundfunk und Internet, ZUM 1998, S. 333 bis S. 349
- Verfassungswidrige Zusammensetzung der Gremien des ZDF, Anmerkungen zum aktuellen Verfassungskonflikt, NVwZ 2010, S. 877 bis S. 880

Demmler, Wolfgang, Der Abgeordnete im Parlament der Fraktionen, 1. Auflage, Berlin 1994

Dierking, Laura / Möller, Simon, Online-TV und das „Long-Tail"-Phänomen verändern die Grundlagen der Rundfunkordnung, MMR 2007, S. 426 bis S. 430

Dieterich, Thomas / Hanau, Peter / Schaub, Günter, Erfurter Kommentar zum Arbeitsrecht, 13. Auflage, München 2013

Dörr, Dieter, Die Zukunft des umkämpften „Medienmarkts" – Wie das Feld der Presse und des Rundfunks abgesteckt werden kann, ZRP 2008, S. 133 bis S. 134

- Freies Wort, freies Bild und freie Berichterstattung vs. Datenschutz? Die Fortentwicklung der kommunikativen Freiheit durch den Datenschutz, ZUM 2006, S. 536 bis S. 543

Dörr, Dieter / Schwartmann, Rolf, Medienrecht, 4. Auflage, Heidelberg 2012

Dreier, Horst, Grundgesetz Kommentar, 1. Auflage, Tübingen 1996

Eberle, Carl-Eugen, Neue Verbreitungswege, neue Angebote – die Sicht des öffentlich-rechtlichen Rundfunks, ZUM 2007, S 439 bis S. 443

Engelbert, Anka / Kutsche, Martin, Staatliche Öffentlichkeitsarbeit und Demokratieprinzip, NJW 1993, S. 1233 bis S. 1237

Epping, Volker / Hillgruber, Christian, Beck'scher Online-Kommentar zum Grundgesetz, 13. Edition, München 2012

Fechner, Frank, Medienrecht – Lehrbuch des gesamten Medienrechts unter besonderer Berücksichtigung von Presse, Rundfunk und Multimedia, 9. Auflage, Tübingen 2008

Fiedler, Christoph, Zunehmende Einschränkungen der Pressefreiheit, ZUM 2010, S. 18 bis S. 27

Fritze, Ulrich, Zur Haftung des Informanten für Presseveröffentlichungen, GRUR 1967, S. 576 bis S. 579

Geppert, Martin / Piepenbrock, Herman-Josef / Schütz, Raimund / Schuster, Fabian, Beck'scher Kommentar zum Telekommunikationsgesetz, 1. Auflage, München 2006

Gounalakis, Georgios, Regulierung von Presse, Rundfunk und elektronischen Diensten in der künftigen Medienordnung, ZUM 2003, S. 180 bis S. 192

Gounalakis, Georgios / Zagouras, Georgios, Plädoyer für ein europäisches Medienkonzentrationsrecht, ZUM 2006, S. 716 bis S. 726

Graf Kerssenbrock, Rembert, Die Vereinigten Staaten von Europa, 1. Auflage, Hamburg 2013

Graf Kerssenbrock, Trutz, Der Rechtsschutz des Parteimitgliedes vor Parteischiedsgerichten, 1. Auflage, Baden-Baden 1994

Grimm, Christoph / Hummrich, Martin, Zum Einfluss der Landesparlamente auf die Stimmabgabe im Bundesrat im Fall der Übertragung von Länderkompetenzen, DÖV 2005, S. 280 bis S. 286

Grzeszick, Bernd, Der Telemedien-Auftrag des öffentlich-rechtlichen Rundfunks zwischen Verfassungs- und Gemeinschaftsrecht, NVwZ 2008, S. 608 bis S. 615

Hahn, Caroline, Der Online-Auftrag des öffentlich-rechtlichen Rundfunks, ZRP 2008, S. 217 bis S. 220

Hahn, Werner / Vesting Thomas, Beck'scher Kommentar zum Rundfunkrecht, 2. Auflage, München 2008

Hain, Karl-Eberhard, Die zeitlichen und inhaltlichen Einschränkungen der Telemedienangebote von ARD, ZDF und Deutschlandradio nach dem 12. RÄndStV, Rechtsgutachten, Baden-Baden 2009

Harte-Bavendamm, Henning / Henning-Bodewig, Frauke, Gesetz gegen den unlauteren Wettbewerb (UWG) Kommentar, 2. Auflage, München 2009

Hasebrink, Uwe / Schmidt, Jan-Hinrik, Medienübergreifende Informationsrepertoires, Media Perspektiven 2013, S. 2 bis S. 12

Hoeren, Thomas / Sieber, Ulbrich, Handbuch Multimedia-Recht – Rechtsfragen des elektronischen Geschäftsverkehrs, 32. Ergänzungslieferung, München 2012

Hoffmann-Riem, Wolfgang, Kommunikationsfreiheiten – Kommentierungen zu Art. 5 Abs. 1 und 2 sowie Art. 8 GG, 1. Auflage, Baden-Baden 2002

– Sozialwissenschaften im öffentlichen Recht, 1. Auflage, Darmstadt 1981

Holznagel, Bernd, Konvergenz der Medien – Herausforderungen an das Recht, NJW 2002, S. 2351 bis S. 2356

– Die Zukunft der Mediengrundrechte im Zeitalter der Konvergenz, MMR 2011, S. 1 bis S. 2

– BVerfG: Absolutes Verbot für Parteien, sich an privaten Rundfunkanbietern zu beteiligen, ist verfassungswidrig, Urteilsanmerkung zum Urteil des BVerfG v. 12.3.2008, MMR 2008, S. 591 bis S. 597

– Konvergenz in lokalen und regionalen Medienmärkten: Spielräume für eine Beteiligung kommunaler TK-Unternehmen an Rundfunkveranstaltern, MMR 2011, S. 300 bis S. 305

– Anreize für die vertikale Verflechtung von Presse und Rundfunk oder wirksame Konzentrationsabgrenzung – Zur Verfassungsmäßigkeit der §§ 33 a-33 d LMG-E NRW, ZUM 2009, S. 620 bis S. 629

– Frequenzeffizienz und Rundfunkspektrum, MMR 2008, S. 207 bis S. 215

Hömig, Dieter, Grundgesetz für die Bundesrepublik Deutschland – Kommentar, 9. Auflage, Baden-Baden 2010

Hufen, Friedhelm, Staatsrecht II – Grundrechte, 3. Auflage, München 2011

Ipsen, Jörn, Staatsrecht II – Grundrechte, 10. Auflage, Köln 2007

– Parteiengesetz – Kommentar, 1. Auflage, München 2008

Janssen, Albert, Die verfassungsrechtliche Bedeutung des Volkswillens für die Legitimation von Staatsgewalt, DÖV 2010, S. 949 bis S. 960

Jarass, Hans / Pieroth, Bodo, Grundgesetz für die Bundesrepublik Deutschland – Kommentar, 11. Auflage, München 2011

Jarvis, Jeff, Public Parts – How Sharing in the Digital Age Improves the Way We Work and Live, 1. Auflage, New York 2011

Kahl, Wolfgang / Waldhoff, Christian / Walter, Christian, Bonner Kommentar zum Grundgesetz, Band 1, Stand März 2013

Kettemann, Matthias, Das Internet als internationales Schutzgut: Entwicklungsperspektiven des Internet-Völkerrechts anlässlich des arabischen Frühlings, ZaöRV 2012, S. 469 bis S. 482

Kitz, Volker, Das neue Recht der elektronischen Medien – sein Charme, seine Fallstricke, ZUM 2007, S. 368 bis S. 376

Klaes, Roland, Verfassungsrechtlicher Rundfunkbegriff und Internet – Eine dogmatische Bestandsaufnahme vor dem Hintergrund des 12. Rundfunkänderungsstaatsvertrages, ZUM 2009, S. 135 bis S. 141

Klickermann, Paul H., Reichweite der Onlinepräsenzen von öffentlich-rechtlichen Rundfunkanstalten nach dem 12. RÄndStV, MMR 2008, S. 793 bis S. 797

Kloepfer, Michael, Verfassungsrecht Band 1 (Grundlagen, Staatsorganisationsrecht, Bezüge zum Völker- und Europarecht), 1. Auflage, München 2011

Koreng, Ansgar, Zensur im Internet – Der verfassungsrechtliche Schutz der digitalen Massenkommunikation, 1. Auflage, Berlin 2010

Kriele, Martin, Die Macht der Medien, ZRP 2012, S. 53 bis S. 55

Kube, Hanno, Zehn Thesen für Demokratie und Reformfähigkeit in Deutschland, ZRP 2004, S. 52 bis S. 55

Ladeur, Karl-Heinz / Gostomzyk, Tobias, Rundfunkfreiheit und Rechtsdogmatik – Zum Doppelcharakter des Art. 5 I 2 GG in der Rechtsprechung des BVerfG, JuS 2002, S. 1145 bis S. 1153

Lenski, Sophie-Charlotte, Parteiengesetz und das Recht der Kandidatenaufstellung, 1. Auflage, Baden-Baden 2011

Löffler, Martin, Presserecht, 5. Auflage, München 2006

Mangoldt, Hermann v. / Klein, Friedrich / Starck, Christian, Kommentar zum Grundgesetz, 5. Auflage, München 2006

Maunz, Theodor / Dürig, Günter, Grundgesetz – Kommentar, Loseblattsammlung, 69. Nachlieferung, München 2013

Mayer, Otto, Kleine Schriften zum öffentlichen Recht Band II, 1. Auflage, Berlin 1981

Meißelbach, Christoph, Web 2.0 – Demokratie 3.0 – Demokratische Potentiale des Internets, Baden-Baden 2009

Mende, Annette / Oehmichen, Ekkehart / Schröter, Christian, Gestaltwandel und Aneignungsdynamik des Internets, Media Perspektiven 2013, S. 33 bis S. 49

Merten, Detlef / Papier, Hans-Jürgen, Handbuch der Grundrechte – In Deutschland und Europa, 1. Auflage, Heidelberg 2006

Meyer-Ladewig, Jens, Europäische Menschenrechtskonvention – Handkommentar, 3. Auflage, Baden-Baden 2011

Michel, Eva-Maria, Rundfunk und Internet – Die Zulässigkeit von Internet-Aktivitäten von öffentlich-rechtlichen Rundfunkanbietern, ZUM 1998, S. 350 bis S. 357

- Konvergenz der Medien – Auswirkungen auf das Amsterdamer Protokoll und das Europäische Beihilferecht, MMR 2005, S. 284 bis S. 287

Möller, Erik, Die heimliche Medienrevolution – Wie Webblogs, Wikis und freie Software die Welt verändern, 1. Auflage, München 2005

Möllers, Christoph, Pressefreiheit im Internet, AfP 2008, S. 241 bis S. 247

Moorstedt, Tobias, Jeffersons Erben – Wie die digitalen Medien die Politik verändern, 1. Auflage, Frankfurt 2008

Morlok, Martin, Parteiengesetz – Kommentar, Baden-Baden 2012

Möstl, Markus, Politische Parteien als Medienunternehmer, DÖV 2003, S. 106 bis S. 113

Musiol, Christian, BVerfG: Politische Parteien dürfen sich an Rundfunkunternehmen beteiligen – Urteilsanmerkung zum Urteil des BVerfG v. 12.3.2008, FD-GewRS 2008, 256278

Münch, Ingo v. / Kunig, Philip, Grundgesetz – Kommentar, 6. Auflage, München 2012

Neuberger, Christoph, Online-Journalismus: Veränderungen – Glaubwürdigkeit – Technisierung, Media Perspektiven 2003, S. 131 bis S. 138

- Journalismus im Internet aus Nutzersicht, Media Perspektiven 2012, S. 40 bis S. 55

Neuberger, Christoph / Lobigs, Frank, Die Bedeutung des Internets im Rahmen der Vielfaltssicherung – Gutachten im Auftrag der Kommission zur Ermittlung der Konzentration im Medienbereich (KEK), abrufbar unter: http://www.kek-online.de/kek/information/publikation/gutachten.html, abgerufen am 9.4.2013

Neuhoff, Heiko, Die Dynamik der Medienfreiheit am Beispiel von Presse und Rundfunk, ZUM 2012, S. 371 bis S. 383

Noske, Esther, Ist das duale Rundfunksystem reformbedürftig?, ZRP 2007, S. 64 bis S. 66

Ott, Stephan, Die vorherrschende Meinungsmacht von Google – Eine Replik zu Danckert/Mayer, MMR 2010, 219, MMR-Aktuell 2010, 301459

Papier, Hans-Jürgen / Schröder, Meinhard, Verfassungsfragen des Dreistufentests – Inhaltliche und verfahrensrechtliche Herausforderungen, Rechtsgutachten, Baden-Baden 2011

Partikel, Andrea, Compliance der Presse, CCZ 2009, 174

Paschke, Marian / Berlit, Wolfgang / Meyer, Claus, Hamburger Kommentar – Gesamtes Medienrecht, 2. Auflage, Baden-Baden 2012

Paschke, Marian, Medienrecht, 3. Auflage, Heidelberg 2009

Pestalozza, Christian, Der Schutz vor der Rundfunkfreiheit in der Bundesrepublik Deutschland, NJW 1981, S. 2158 bis S. 2166

Petersen, Thomas, Tatsächliche und gefühlte Intoleranz, Frankfurter Allgemeine Zeitung v. 20.3.2013, S. 8

Pieroth, Bodo, Das Demokratieprinzip des Grundgesetzes, JuS 2010, S. 473 bis S. 480

Pöppelmann, Benno, „Die Meinungsfreiheit kann auf der Strecke bleiben" Die Innere Pressefreiheit muss gesichert werden, ZRP 2006, S. 237 bis S. 238

Proelß, Alexander, Bundesverfassungsgericht und internationale Gerichtsbarkeit – Mechanismen zur Verhinderung und Lösung von Jurisdiktionskonflikten, Kiel September 2009

Przygode, Stefan, Die deutsche Rechtsprechung zur unmittelbaren Demokratie – Ein Beitrag zur Praxis der Sachentscheide in Deutschland, 1. Auflage, Baden-Baden 1995

Reffken, Hendrik, Rundfunkbeteiligungen politischer Parteien, NVwZ 2008, S. 857 bis S. 860

Reinemann, Susanne / Remmertz, Frank, Urheberrechte an User-generated Content, ZUM 2012, S. 216 bis S. 227

Ricker, Reinhart, Die Nutzung des Internets als dritte Säule des öffentlich-rechtlichen Rundfunks, ZUM 2001, S. 28 bis S. 34

- Der Rundfunkstaatsvertrag – Grundlage einer dualen Rundfunkordnung in der Bundesrepublik Deutschland, NJW 1988, S. 453 bis S. 457

Ring, Wolf-Dieter / Gummer, Andreas, Medienrechtliche Einordnung neuer Angebote über neue Übertragungswege (z. B. IP-TV, Mobil-TV etc.), ZUM 2007, S. 433 bis S. 439

Röper, Horst, Konzentrationssprung im Markt der Tageszeitungen, Media Perspektiven 2008, S. 420 bis S. 437

Rossen-Stadtfeld, Helge, Beurteilungsspielräume der Medienaufsicht, ZUM 2008, S. 457 bis S. 475

- Grenzen der Staatsaufsicht im Bereich des kommerziellen Rundfunks, ZUM 2008, S. 1 bis S. 10

Sachs, Michael, Grundgesetz – Kommentar, 5. Auflage, München 2009

Saliger, Frank / Sinner, Stefan, Korruption und Betrug durch Parteispenden, NJW 2005, S. 1073 bis S. 1078

Sarcinelli, Ulrich, Das „Christiansen-Syndrom", Forschung und Lehre 2004, S. 422 bis S. 426

Schertz, Christian, Der Schutz des Individuums in der modernen Mediengesellschaft, NJW 2013, S. 721 bis S. 728

Schiller, Friedrich, Sämtliche Werke – Hrsg. v. Fricke, Gerhard und Göpfert, Herbert G.,– Band 2 – Don Carlos – Infant von Spanien, 5. Aufl., München 1974, S. 126

Schiwy, Peter / Schütz, Walter / Dörr, Dieter, Medienrecht – Lexikon für Praxis und Wissenschaft, 4. Auflage, Köln 2006

Schmid, Tobias / Kitz, Volker, Von der Begriffs- zur Gefährdungsregulierung im Medienrecht – Möglichkeiten und Grenzen von Fiktionen in einer modernen Medienordnung, ZUM 2009, S. 739 bis S. 744

Schmidt-Bleibtreu, Bruno / Hofman, Hans / Hopfauf, Axel, Grundgesetz – Kommentar, 12. Auflage, Berlin/Bonn 2011

Schmidt-Bleibtreu, Bruno / Klein, Franz, GG – Kommentar zum Grundgesetz, 12. Auflage, Berlin/Bonn 2011

Schmidt, Walter, Politische Parteien und andere Vereinigungen, NJW 1984, S. 762 bis S. 767

Schürmann, Frank, Staatliche Öffentlichkeitsarbeit – Unerwünschte Postzusendungen, NJW 1992, S. 1072 bis S. 1976

Seitz, Walter, Promischutz vor Pressefreiheit – Oder: Die Presse als vierte Gewalt, NJW 1997, S. 3216 bis S. 3217

Sendler, Horst, Abhängigkeit der unabhängigen Abgeordneten, NJW 1985, S. 1425 bis S. 1433

Sievers, Bahne, Digitaler Pressevertrieb über mobile Endgeräte, K&R 2011, S. 537 bis S. 543

Sodan, Helge, Grundgesetz – Beck'scher Kompaktkommentar, 2. Auflage, München 2011

Soehring, Jörg, Presse, Persönlichkeitsrecht und Vorverurteilungen, GRUR 1986, S. 518 bis S. 526

Soldt, Rüdiger, Nabelschau in Schwaben – Die Chronik von Stuttgart 21, Frankfurter Allgemeine Zeitung v. 30.11.2011, abrufbar unter http://www.faz.net/themenarchiv/politik/stuttgart-21/die-chronik-von-stuttgart-21-nabelschau-in-schwaben-1582946.html, abgerufen am 1.5.2013

Söllner, Sebastian, Die Bewegung der Massen durch Facebook – Praktische Probleme und rechtliche Aspekte neuer Massenkommunikation, ZRP 2011, S. 179 bis S. 182

Spindler, Gerald / Schuster, Fabian, Recht der elektronischen Medien, 2. Auflage, München 2011

Starck, Christian, „Grundversorgung" und Rundfunkfreiheit, NJW 1992, S. 3257 bis S. 3263

Stender-Vorwachs, Jutta / Theißen, Natalia, Das Persönlichkeitsrecht der Frau in den Medien, NJW 2006, S. 549 bis S. 553

Stern, Klaus, Das Staatsrecht der Bundesrepublik Deutschland – Band 1, 2. Auflage, München 1984

Stern, Klaus / Becker, Florian, Grundrechte-Kommentar – Die Grundrechte des Grundgesetzes mit ihren europäischen Bezügen, 1. Auflage, Köln 2010

Storr, Stefan, Die Regulierung von Beliehenen, DÖV 2007, S. 133 bis S. 141

Supp, Barbara, Der Mutbürger, Der Spiegel 42/2010, S. 42 ff.

Tillmanns, Lutz, Der Pressekodex sollte für alle Medien gelten – Der Presserat hat auch die Funktion des Streitschlichters – ZRP-Rechtsgespräch, ZRP 2004, S. 277 bis S. 278

Tinnefeld, Marie-Theres, Ein Plädoyer für Qualitätsjournalismus und Pressefreiheit – Über Fragen des juristischen Zeitgeschehens in der Informationsgesellschaft, MMR 2008, S. XXVI bis S. XXIX

– Sapere aude! Über Informationsfreiheit, Privatheit und Raster, NJW 2007, S. 625 bis S. 630

v. Arnim, Hans-Herbert, Das neue Abgeordnetengesetz, NJW 1996, S. 1233 bis S. 1239

- Die Parteiendiätennovelle – Ein Blitz-Gesetz, NJW 2011, S. 3013 bis S. 3015
- Parteienfinanzierung – Zwischen Notwendigkeit und Missbrauch – Alte Probleme und neue Entwicklungen, NVwZ 2003, S. 1076 bis S. 1080
- Wahl ohne Auswahl – Die Parteien und nicht die Bürger bestimmen die Abgeordneten, ZRP 2004, S. 115 bis S. 119

v. Mangoldt, Hermann / Klein, Friedrich / Starck, Christian, Das Bonner Grundgesetz – Kommentar, 4. Auflage, München 1999

v. Waldthausen, Christian, Gesetzgeberische Gestaltungfreiheit und öffentliche Kontrolle im Verfahren zur Festsetzung der Abgeordnetenentschädigung, 1. Auflage, Berlin 2000

Wassermann, Rudolf, Reihe Alternativkommentare – Kommentar zum Grundgesetz für die Bundesrepublik Deutschland – Band 1, Art. 1 – 37, 2. Auflage, Darmstadt 1989

Wietschel, Wiebke, Der Parteibegriff – Zur verfassungsrechtlichen und verfassungspolitischen Funktion des Parteibegriffs unter besonderer Berücksichtigung der Verbotsproblematik, 1. Auflage, Baden-Baden 1996

Willoweit, Dieter, Deutsche Verfassungsgeschichte – Vom Frankenreich bis zur Wiedervereinigung Deutschlands, 3. Auflage, München 1997

Yazar, Ceren / Ammerich, Florian, Facebook, Google & Co. – Chancen und Risiken, NVwZ 2012, S. 1156 bis S. 1158

Zippelius, Reinhold, Der Weg der Demokratie – Ein Lernprozeß, NJW 1998, S. 1528 bis S. 1534

Zippelius, Reinhold / Würtenberger, Thomas, Deutsches Staatsrecht – Ein Studienbuch, 32. Auflage, München 2008

Rechtsprechungsübersicht

Bundesverfassungsgericht

Urteil vom 23. Oktober 1952 – 1 BvB 1/52 –, BVerfGE 2, 1

Urteil vom 7. März 1953 – 2 BvE 4/52 –, BVerfGE 2, 143

Urteil vom 17. August 1956 – 1 BvB 2/51 –, BVerfGE 5, 85

Urteil vom 17. Januar 1957 – 1 BvL 4/54 –, BVerfGE 6, 55

Urteil vom 15. Januar 1958 – 1 BvR 400/57 –, BVerfGE 7, 198

Urteil vom 30. Juli 1958 – 2 BvF 3/58 –, BVerfGE 8, 104

Urteil vom 14. Juli 1959 – 2 BvE 2, 3/58 –, BVerfGE 10, 4

Beschluss vom 6. Oktober 1960 – 1 BvL 118/53 –, BVerfGE 10, 118

Beschluss vom 25. Januar 1961 – 1 BvR 9/57–, BVerfGE 12, 113

Urteil vom 28. Februar 1961 – 2 BvG 1, 2/60 –, BVerfGE 12, 205

Beschluss vom 1. Dezember 1965 – 1 BvR 412, 524/65 –, BVerfGE 19, 202

Urteil vom 19. Juli 1966 – 2 BvF 1/65 –, BVerfGE 20, 56

Teilurteil vom 5. August 1966 – 1 BvR 586/62, 610/63, 512/64 –, BVerfGE 20, 162

Entscheidung vom 17. Oktober 1968 – 2 BvE 4/67 –, BVerfGE 24, 260

Urteil vom 18. Dezember 1968 – 1 BvR 638 673/64, 200, 249/65 –, BVerfGE 24, 367

Entscheidung vom 26. Januar 1971 – 2 BvR 443/69 –, BVerfGE 30, 149

Entscheidung vom 27. Juli 1971 – 2 BvF 1/68, 2 BvR 702/68 –, BVerfGE 31, 314

Urteil vom 5. Juni 1973 – 1 BvR 536/72 –, BVerfGE 35, 202

Urteil vom 5. November 1975 – 2 BvR 193/74 –, BVerfGE 40, 296

Urteil vom 2. März 1977 – 2 BvE 1/76 –, BVerfGE 44, 125

Beschluss vom 10. Mai 1977 – 2 BvR 705/75 –, BVerfGE 44, 308

Beschluss vom 15. Februar 1978 – 2 BvR 134/76, 2 BvR 268/76 –, BVerfGE 47, 253

Beschluss vom 6. November 1979 – 1 BvR 81/76 –, BVerfGE 52, 283

Beschluss vom 3. Juni 1980 – 1 BvR 185/77 –, BVerfGE 54, 148

Urteil vom 16. Juni 1981 – 1 BvL 89/78 –, BVerfGE 57, 295

Beschluss vom 15. Juli 1981 – 1 BvL 77/78 –, BVerfGE 58, 300

Urteil vom 22. Juni 1982 – 1 BvR 1376/79 –, BVerfGE 61, 1

Urteil vom 16. Februar 1983 – 2 BvE 1/83, 2 BvE 2/83, 2 BvE 3/83, 2 BvE 4/83 –, BVerfGE 62, 1

Beschluss vom 8. März 1983 – 2 BvL 27/81 –, BVerfGE 63, 312

Beschluss vom 25. Januar 1984 – 1 BvR 272/81 –, BVerfGE 66, 116

Beschluss vom 16. Oktober 1984 – 1 BvR 513/78 –, BVerfGE 67, 329

Entscheidung vom 14. Januar 1986 – 2 BvE 14/83 – BVerfGE 70, 324

Urteil vom 14. Juli 1986 – 2 BvE 2/84, 2 BvR 442/84 –, BVerfGE 73, 40

Urteil vom 4. November 1986 – 1 BvF 1/84 –, BVerfGE 73, 118

Beschluss vom 24. März 1987 – 1 BvR 147/86, 1 BvR 478/86 –, BVerfGE 74, 297

Beschluss vom 12. Mai 1987 – 2 BvR 1226/83, 2 BvR 101/84, 2 BvR 313/84 –, BVerfGE 76, 1

Beschluss vom 30. September 1987 – 2 BvR 933/82 –, BVerfGE 76, 256

Beschluss vom 1. Oktober 1987 – 2 BvR 1178/86, 2 BvR 1179/86, 2 BvR 1191/86 –, BVerfGE 77, 1

Beschluss vom 1. Oktober 1987 – 2 BvR 1434/86 –, BVerfGE 77, 65

Beschluss vom 7. März 1989 – 2 BvQ 2/89 –, BVerfGE 79, 379

Urteil vom 31. Oktober 1990 – 2 BvF 3/89 –, BVerfGE 83, 60

Beschluss vom 18. April 1989 – 2 BvR 1169/84 –, BVerfGE 80, 81

Beschluss vom 6. Juni 1989 – 1 BvR 727/84 –, BVerfGE 80, 124

Urteil vom 5. Februar 1991 – 1 BvF 1/85, 1 BvF 1/88 –, BVerfGE 83, 238

Beschluss vom 9. Oktober 1991 – 1 BvR 1555/88 –, BVerfGE 85, 1

Urteil vom 9. April 1992 – 2 BvE 2/89 –, BVerfGE 85, 264

Beschluss vom 6. Oktober 1992 – 1 BvR 1586/89, 1 BvR 487/92 –, BVerfGE 87, 181

Urteil vom 22. Februar 1994 – 1 BvL 30/88 –, BVerfGE 90, 60

Beschluss vom 17. November 1994 – 2 BvB 1/93 –, BVerfGE 91, 262

Beschluss vom 14. Dezember 1994 – 1 BvR 720/90 –, BVerfGE 91, 346

Beschluss vom 8. Oktober 1996 – 1 BvR 1183/90 –, BVerfGE 95, 28

Urteil vom 10. April 1997 – 2 BvF 1/95 –, BVerfGE 95, 335

Beschluss vom 28. Oktober 1997 – 1 BvR 1644/94 –, BVerfGE 97, 1

Urteil vom 17. Februar 1998 – 1 BvF 1/91 –, BVerfGE 97, 228

Beschluss vom 19. Januar 1999 – 1 BvR 2161/94 –, BVerfGE 99, 341

Urteil vom 21. Juli 2000 – 2 BvH 3/91 –, BVerfGE 102, 224

Urteil vom 19. Dezember 2000 – 2 BvR 1500/97 –, BVerfGE 102, 370

Urteil vom 24. Januar 2001 – 1 BvR 2623/95, 1 BvR 622/99 –, BVerfGE 103, 44

Beschluss vom 5. Dezember 2002 – 2 BvL 5/98, 2 BvL 6/98 –, BVerfGE 107, 59

Urteil vom 12. März 2003 – 1 BvR 330/96, 1 BvR 348/99 –, BVerfGE 107, 299

Urteil vom 26. Oktober 2004 – 2 BvE 1/02, 2 BvE 2/02 –, BVerfGE 111, 382

BVerfG, Urteil vom 8. Dezember 2004 – 2 BvE 3/02 –, BVerfGE 112, 118

Beschluss vom 19. April 2005 – 1 BvR 1644/00, 1 BvR 188/03 –, BVerfGE 112, 332

Beschluss vom 24. Mai 2005 – 1 BvR 1072/01 –, BVerfGE 113, 63

Beschluss vom 26. Oktober 2005 – 1 BvR 396/98 –, BVerfGE 114, 371

Urteil vom 27. Februar 2007 – 1 BvR 538/06, 1 BvR 2045/06 –, BVerfGE 117, 244

Urteil vom 04. Juli 2007 – 2 BvE 1/06, 2 BvE 2/06, 2 BvE 3/06, 2 BvE 4/06 –, BVerfGE 118, 277

Beschluss vom 3. Juli 2007 – 1 BvR 2186/06 – BVerfGE 119, 59

Urteil vom 11. September 2007 – 1 BvR 2270/05, 1 BvR 809/06, 1 BvR 830/06 –, BVerfGE 119, 181

Urteil vom 12. März 2008 – 2 BvF 4/03 –, BVerfGE 121, 30

Beschluss vom 04. November 2009 – 1 BvR 2150/08 –, BVerfGE 124, 300

Bundesverwaltungsgericht

Urteil vom 4. September 2012 - 10 C 12/12 - BVerwGE 51, 386

Oberlandesgerichte

OLG Köln, Beschluss vom 22. November 2011 -15 U 91/11

OLG Köln, Urteil vom 21. Dezember 2013 - 6 U 188/12.A

Landgerichte

LG Hamburg, Urteil vom 20. April 2012 - 310 O 461/10

LG Köln, Urteil vom 27. September 2012 - 31 O 360/11

Studien zum deutschen und europäischen Medienrecht

Herausgegeben von Dieter Dörr und Udo Fink
mit Unterstützung der Dr. Feldbausch Stiftung

Band 1 Peter Charissé: Die Rundfunkveranstaltungsfreiheit und das Zulassungsregime der Rundfunk- und Mediengesetze. Eine verfassungs- und europarechtliche Untersuchung der subjektiv-rechtlichen Stellung privater Rundfunkveranstalter. 1999.

Band 2 Dieter Dörr: Umfang und Grenzen der Rechtsaufsicht über die Deutsche Welle. 2000.

Band 3 Claudia Braml: Das Teleshopping und die Rundfunkfreiheit. Eine verfassungs- und europarechtliche Untersuchung im Hinblick auf den Rundfunkstaatsvertrag, den Mediendienste-Staatsvertrag, das Teledienstegesetz und die EG-Fernsehrichtlinie. 2000.

Band 4 Dieter Dörr, unter Mitarbeit von Mark D. Cole: *Big Brother* und die Menschenwürde. Die Menschenwürde und die Programmfreiheit am Beispiel eines neuen Sendeformats. 2000.

Band 5 Martin Stock: Medienfreiheit in der EU-Grundrechtscharta: Art. 10 EMRK ergänzen und modernisieren! 2000.

Band 6 Wolfgang Lent: Rundfunk-, Medien-, Teledienste. Eine verfassungsrechtliche Untersuchung des Rundfunkbegriffs und der Gewährleistungsbereiche öffentlich-rechtlicher Rundfunkanstalten unter Berücksichtigung einfachrechtlicher Abgrenzungsfragen zwischen Rundfunkstaatsvertrag, Mediendienstestaatsvertrag und Teledienstegesetz. 2001.

Band 7 Torsten Schreier: Das Selbstverwaltungsrecht der öffentlich-rechtlichen Rundfunkanstalten. 2001.

Band 8 Dieter Dörr: Sport im Fernsehen. Die Funktionen des öffentlich-rechtlichen Rundfunks bei der Sportberichterstattung. 2000.

Band 9 Dieter Dörr (Hrsg.): www.otello.de. Klassik nur noch im Internet oder per pay? Symposium aus Anlass des 85. Geburtstages von Professor Dr. Heinz Hübner. 2000.

Band 10 Markus Nauheim: Die Rechtmäßigkeit des Must-Carry-Prinzips im Bereich des digitalisierten Kabelfernsehens in der Bundesrepublik Deutschland. Illustriert anhand des Vierten Rundfunkänderungsstaatsvertrages. 2001.

Band 11 Stefan Sporn: Die Ländermedienanstalt. Zur Zukunft der Aufsicht über den privaten Rundfunk in Deutschland und Europa. 2001.

Band 12 Christian Ebsen: Fensterprogramme im Privatrundfunk als Mittel zur Sicherung von Meinungsvielfalt. 2003.

Band 13 Dieter Dörr / Stephanie Schiedermair: Rundfunk und Datenschutz. Die Stellung des Datenschutzbeauftragten des Norddeutschen Rundfunks. Eine Untersuchung unter besonderer Berücksichtigung der verfassungsrechtlichen und europarechtlichen Vorgaben. 2002.

Band 14 Dieter Dörr (Hrsg.): Rundfunk über Gebühr. Die Finanzierung des öffentlich-rechtlichen Rundfunks im Zeitalter der technischen Konvergenz. 3. Mainzer Mediengespräch. 2003.

Band 15 Dieter Dörr / Stephanie Schiedermair: Die Deutsche Welle. Die Funktion, der Auftrag, die Aufgaben und die Finanzierung heute. 2003.

Band 16 Frauke Blechschmidt: Das Instrumentarium audiovisueller Politik der Europäischen Gemeinschaft aus kompetenzrechtlicher Sicht. 2003.

Band 17 Christine Jury: Die Maßgeblichkeit von Art. 49 EG für nationale rundfunkpolitische Ordnungsentscheidungen unter besonderer Berücksichtigung von Art. 151 EG. Eine Untersuchung am Beispiel öffentlich-rechtlicher Spartenkanäle. 2005.

Band 18 Sabine Groh: Die Bonusregelungen des § 26 Abs. 2 S. 3 des Rundfunkstaatsvertrages. 2005.

Band 19 Sylke Wagner: Das *Websurfen* und der Datenschutz. Ein Rechtsvergleich unter besonderer Berücksichtigung der Zulässigkeit sogenannter *Cookies* und *Web Bugs* am Beispiel des deutschen und U.S.-amerikanischen Rechts. 2006.

Band 20 Stephanie Reese: Der Funktionsauftrag des öffentlich-rechtlichen Rundfunks vor dem Hintergrund der Digitalisierung. Zur Konkretisierung des Funktionsauftrages in § 11 Rundfunkstaatsvertrag. 2006.

Band 21 Henrike Maaß: Der Dokumentarfilm – Bürgerlichrechtliche und urheberrechtliche Grundlagen der Produktion. 2006.

Band 22 Dorit Bosch: Die „Regulierte Selbstregulierung" im Jugendmedienschutz-Staatsvertrag. Eine Bewertung des neuen Aufsichtsmodells anhand verfassungs- und europarechtlicher Vorgaben. 2007.

Band 23 Johannes Gerhard Reitzel: Arbeitsrechtliche Aspekte der Arbeitnehmerähnlichen im Rundfunk. 2007.

Band 24 Ulf Böge / Jürgen Doetz / Dieter Dörr / Rolf Schwartmann: Wieviel Macht verträgt die Vielfalt? Möglichkeiten und Grenzen von Medienfusionen. 2007.

Band 25 Valérie Schüller: Die Auftragsdefinition für den öffentlich-rechtlichen Rundfunk nach dem 7. und 8. Rundfunkänderungsstaatsvertrag. 2007.

Band 26 Simone Naumann: Die arbeitnehmerähnliche Person in Fernsehunternehmen. 2007.

Band 27 Nathalie Hellmuth: ARTE – Europa auf Sendung. Verfassungsrechtliche Rahmenbedingungen für die Beteiligung von ARD und ZDF an supranationalen Gemeinschaftssendern am Beispiel des Europäischen Kulturkanals ARTE. 2007.

Band 28 Dieter Dörr / Stephanie Schiedermair: Ein kohärentes Konzentrationsrecht für die Medienlandschaft in Deutschland. 2007.

Band 29 Dieter Dörr / Simone Sanftenberg / Rolf Schwartmann (Hrsg.): Medienherausforderungen der Zukunft. Seminar zum nationalen und internationalen Medienrecht. Vom 06.–10. Dezember 2006 in Lech am Arlberg (Österreich). 2008.

Band 30 Nina Nicole Hütt: Zur Frage der Existenz von Hörfunkrechten des Sportveranstalters unter besonderer Berücksichtigung der Fußball-Bundesliga. 2008.

Band 31 Hans-Martin Schmidt: Rundfunkgebührenfinanzierung unter dem GATS. 2008.

Band 32 Julia Niebler: Die Stärkung der Regionalfensterprogramme im Privaten Rundfunk als Mittel zur Sicherung der Meinungsvielfalt durch den Achten Rundfunkänderungsstaatsvertrag. 2009.

Band 33 Jörg Michael Voß: Pluraler Rundfunk in Europa – ein duales System für Europa? Rahmenbedingungen für den öffentlich-rechtlichen Rundfunk in einer europäischen dualen Rundfunkordnung. Unter Berücksichtigung der Anforderungen der europäischen Meinungs- und Medienfreiheit. 2008.

Band 34 Nina Knorre: Die Abwicklung des Arbeitsverhältnisses nach erfolgreicher Statusklage im Rundfunk. 2008.

Band 35 Kai Friedrich Zentara: Medienordnung und Öffentlicher Diskurs. Die Pflicht des Staates zur Gewährleistung der Funktionstüchtigkeit des Öffentlichen Diskurses. 2009.

Band 36 Daniel Rudolph: Erhalt von Vielfalt im Pressewesen. Unter besonderer Berücksichtigung des publizistischen Wettbewerbs. 2009.

Band 37 Felix Heimann: Der Pressekodex im Spannungsfeld zwischen Medienrecht und Medienethik. 2009.

Band 38 Christine Scheunert: Europäischer Jugendschutz für das Fernsehen.Bestimmungen eines kohärenten Harmonisierungsgrades unter Berücksichtigung der Jugendschutzsysteme in Großbritannien, den Niederlanden, Deutschland und Polen. 2009.

Band 39 Kristoff M. Ritlewski: Pluralismus als Strukturprinzip im Rundfunk. Anforderungen aus dem Funktionsauftrag und Regelungen zur Sicherung in Deutschland und Polen. 2009.

Band 40 Carola Drechsler: Europäische Förderung audiovisueller Medien zwischen Welthandel und Anspruch auf kulturelle Vielfalt. Unter besonderer Berücksichtigung der Kulturkompetenz der Europäischen Gemeinschaft. 2009.

Band 41 Marco Rau: Der internationale Schutz von Domainnamen und Markenrechten im Internet. Analyse unter Berücksichtigung deutschen Rechts. 2010.

Band 42 Caroline Hahn: Die Aufsicht des öffentlich-rechtlichen Rundfunks. Bestandsaufnahme und Zukunftsperspektiven. 2010.

Band 43 Harald Bretschneider: Bewertung crossmedialer Verflechtungen im Medienkonzentrationsrecht. Eine rechtsvergleichende Untersuchung unter besonderer Berücksichtigung Deutschlands, Großbritanniens sowie der Entwicklung in der EU. 2010.

Band 44 Rolf Schwartmann: Die Beteiligung von Presseunternehmen am Rundfunk. Rechtsgutachten zur Novellierung des § 33 Abs. 3 LMG NRW. 2010.

Band 45 Christopher Wolf: Der Kulturauftrag des öffentlich-rechtlichen Rundfunks in der Rechtsprechung des Bundesverfassungsgerichts. 2010.

Band 46 Dieter Dörr (Hrsg.): Die Medienordnung der Zukunft. Zum 10jährigen Bestehen des Mainzer Medieninstituts. 2011.

Band 47 Laura Johanna Reinlein: Medienfreiheit und Medienvielfalt. Kontrolle crossmedialer Konzentration in Zeiten der Konvergenz. 2011.

Band 48 Eva Ellen Wagner: Abkehr von der geräteabhängigen Rundfunkgebühr. Die Neuordnung der Rundfunkfinanzierung. 2011.

Band 49 Dieter Dörr (Hrsg.): Die Macht der Medien. Medienrechtliches Kolloquium zum 75. Geburtstag von Hartmut Schiedermair. 2011.

Band 50 Christine Seehaus: Das Pornographieverbot im Rundfunk und in den elektronischen Medien. 2011.

Band 51 Eva Aernecke: Der Schutz elektronischer Daten im Verfassungsrecht. Bedrohungen durch neue Ermittlungsmethoden. 2012.

Band 52 Armin Kühne: Haftung von Suchmaschinenbetreibern. 2012.

Band 53 Christian Gehweiler: Immaterialgüterrechtliche Vorbenutzungsrechte. 2012.

Band 54 Philipp Karl Julius Mohr: Legitimationsdefizite bei der Bestimmung der Höhe der Rundfunkgebühr. Eine verfassungsrechtliche Untersuchung zu dem Spannungsverhältnis zwischen Rundfunkfreiheit und Demokratieprinzip. 2012.

Band 55 Giselle Camargos Becker: Massenkommunikation in Brasilien. Regulierung und Praxis. 2013.

Band 56 Cora Brunner: Melodienschutz im Urheberrecht. 2013.

Band 57 Regine Sprenger: Optionen zur Regulierung des publizistischen Wettbewerbs. Eine konzeptionelle Untersuchung des Kartellrechts und des medienspezifischen Konzentrationsrechts in Bezug auf die Verhinderung vorherrschender Meinungsmacht. 2013.

Band 58 Christian Strieder: Der Bestand von Fußballübertragungsrechten in der Insolvenz und deren Ertragssicherung durch Hedging. 2014.

Band 59 Jessica Sänger: Mediale Verwertung von Sportveranstaltungen. Zivilrechtliche Grundlagen der Verwertung und kartellrechtliche Analyse der Einkaufsgemeinschaft der EBU. 2015.

Band 60 Freya Gräfin Kerssenbrock: Die Legitimation der Medien nach dem Grundgesetz. Zur verfassungsrechtlichen Stellung von Rundfunk und Presse im Zeitalter von Social Media. 2015.

www.peterlang.com

www.ingramcontent.com/pod-product-compliance
Ingram Content Group UK Ltd.
Pitfield, Milton Keynes, MK11 3LW, UK
UKHW021854290926
8980IPUK00005B/825

9 783631 664308